国际组织与全球治理

王 辉·著

International Organizations and
Global Governance

时事出版社
北京

图书在版编目（CIP）数据

国际组织与全球治理 / 王辉著. —北京：时事出版社，2024.6
ISBN 978-7-5195-0595-0

Ⅰ.①国… Ⅱ.①王… Ⅲ.①国际组织②国际政治 Ⅳ.①D813②D5

中国国家版本馆CIP数据核字（2024）第079858号

出 版 发 行：时事出版社
地　　　　址：北京市海淀区彰化路138号西荣阁B座G2层
邮　　　　编：100097
发 行 热 线：（010）88869831　88869832
传　　　　真：（010）88869875
电 子 邮 箱：shishichubanshe@sina.com
印　　　　刷：北京良义印刷科技有限公司

开本：787×1092　1/16　印张：13　字数：210千字
2024年6月第1版　2024年6月第1次印刷
定价：85.00元

（如有印装质量问题，请与本社发行部联系调换）

目 录

导 论 ……………………………………………………………（1）

第一章 联合国与全球治理 …………………………………（10）
 第一节 联合国在全球治理中的地位 …………………………（10）
 第二节 联合国在全球治理中的作用 …………………………（17）
 第三节 联合国在全球治理中面临的挑战 ……………………（23）

第二章 世界贸易组织与全球贸易治理 ……………………（28）
 第一节 世界贸易组织的建立 …………………………………（28）
 第二节 世界贸易组织在全球贸易治理中的作用与成就 ……（38）
 第三节 全球贸易治理面临的困境与挑战 ……………………（41）
 第四节 世界贸易组织改革与多边贸易体制的前景 …………（48）

第三章 区域性国际组织与全球治理 ………………………（51）
 第一节 区域组织参与全球治理 ………………………………（51）
 第二节 欧盟的治理模式与实践 ………………………………（59）
 第三节 东盟的区域治理 ………………………………………（63）
 第四节 非盟的区域治理 ………………………………………（71）

第四章 全球治理中的非正式机构 …………………………（78）
 第一节 七国集团与全球治理 …………………………………（78）
 第二节 二十国集团与全球经济治理 …………………………（84）
 第三节 金砖国家与全球治理 …………………………………（90）

第五章 非政府组织与全球治理 （100）
第一节 非政府组织概述 （100）
第二节 非政府组织全球治理的领域 （105）
第三节 非政府组织在全球治理中的局限性 （112）

第六章 气候变化的全球治理 （116）
第一节 联合国框架下的全球气候治理 （117）
第二节 全球气候治理面临的挑战 （123）
第三节 全球气候治理的前景 （129）

第七章 网络安全问题的全球治理 （133）
第一节 网络安全问题概述 （133）
第二节 网络空间安全的全球治理 （139）
第三节 全球网络空间安全治理的困境 （144）
第四节 全球网络空间安全的治理前景 （146）

第八章 国际恐怖主义的全球治理 （149）
第一节 国际恐怖主义概述 （149）
第二节 国际恐怖主义的治理 （157）
第三节 国际恐怖主义治理面临的挑战 （163）

第九章 全球发展问题的治理 （167）
第一节 全球发展问题概述 （167）
第二节 全球发展问题的治理机制与实践 （173）
第三节 全球发展问题治理面临的挑战 （181）

第十章 全球公共卫生治理 （185）
第一节 全球公共卫生问题概述 （185）
第二节 世卫组织与全球公共卫生治理 （190）
第三节 全球公共卫生的治理困境 （195）

导　论

全球化是人类历史深刻变化的过程，其基本特征是在政治、经济、科技、文化、信息等人类生活的各个领域，世界范围内产生的一种内在的、不可分离的、日益加强的相互联系。随着商品、服务、资本、技术、思想在全球范围内迅速扩散与流动，金融危机、武装冲突、能源危机、粮食危机、生态恶化、恐怖袭击、传染性疾病等越来越直接地变成全球性问题。全球问题的多样性、关联性、危害性不仅超出了每个国家的地理边界，也超出了每个国家的治理能力范围。这类问题不断产生扩散效应，每个国家以及个人都可能与之发生种种利害关系，如何应对这些问题将决定人类社会的未来发展。要解决这些问题，人类不但需要有全球性的共识，而且需要有全球性的共同行动，需要国家、国际组织、跨国公司在内的所有行为体采取联合的、共同的行动，通过协商合作建立一套多层次、多领域的制度安排加以应对。

一、全球治理的兴起

全球治理的兴起，是人类应对全球性挑战、发展与转型的重要政治选择。自人们认识到全球性问题出现开始，就不断在思想上、实践上寻求有效的国际合作。人类社会对全球问题的关注始于20世纪60年代末。在这个时期，现代社会经济发展带来的负面效应逐渐明显起来，环境污染、核威胁的恐怖等问题开始引起人们的注意。1968年4月，一批富有远见的欧洲科学家、社会学家、经济学家和计划专家在罗马聚会，成立了罗马俱乐部，他们举行了讨论全球问题的国际学术会议。1972年，罗马俱乐部发表了第一份研究报告《增长的极限——罗马俱乐部关于人类困境的研究报告》。报告阐释了影响世界的五种主要趋势：加速的工业化、快速的人口增长、普遍的营养不良、不可再生性资源的耗尽、恶化的环境。报告认为，如果在世界人口、工业化、污染、粮食生产和资源消耗方面，按现在的趋势发展，这个行星的增长极限将在之后的100年中发生。为了避免这样的结果，必须尽早采取行动，建立全球的均衡状态。[①] 此后，罗马俱乐部又陆续发布了一系列重要的研究报告。罗马俱乐部认识问题的视角也开启了一个具有里程碑意义的进程，即人类社会及其赖以生存的环境是一个相互依赖的整体。

冷战结束后，世界发生深刻而复杂的变化，经济全球化迅速发展。随着经济全球化所诱发的全球性问题不断累积和风险增加，各行为体之间的复合相互依赖程度不断加深。经济全球化极大地冲击了传统的民族国家的国家主权和政治过程，因此迫切需求新型国际合作的出现。

在此背景下，1992年联合国成立了全球治理委员会，该委员会成为全球治理的最早倡导者。1995年，联合国成立五十周年之际，全球治理委员会发表了研究报告《天涯若比邻——全球治理委员会的报告》，成为全球治理学说的行动纲领。[②] 此后，全球治理不仅成为联合国体系下各国际组织在相关领域积极推动的任务，而且进入了许多国家、重要的地区性组织以及非政府组织的政策倡议和具体行动中。全球治理超越传统的国际政治模式，将民族国家与超国家、跨国家、非国家主体有机结合在一起，形成一种新的合作格局。对于全球治理的概念，全球治理委员会在发布的报告中指出，治理是或公或私的个人和机构管理其公共事务的诸多方式的总和。它是个持续的过程，人们通过这样的过程可以调和冲突的或不同的利益，并且采取合作的行动。它既包括正式的机构和体制，也包含非正式的各种安排。全球治理委员会强调，在全球层次，人们过去一直认为治理是指政府间的合作，如今看来，它也与非政府组织、各种公民运动、跨国公司以及全球资本市场等相关联。

美国学者詹姆斯·N. 罗西瑙把"全球治理"界定为涵盖从家庭到国际组织各个层次的人类活动的规则系统，这些规则系统通过控制行动来追

---

① ［美］丹尼斯·L. 米都斯著，李宝恒译：《增长的极限——罗马俱乐部关于人类困境的研究报告》，四川人民出版社1984年版，第20页。

② ［瑞典］英瓦尔·卡尔松、［圭］什里达特·兰法尔主编，赵仲强、李正凌译：《天涯若比邻——全球治理委员会的报告》，中国对外翻译出版公司1995年版，第44—45页。

求各种目标，进而对各层次人类活动产生跨国性的影响。尽管全球治理存在概念分歧，但是大致可以将它们分为两大类：一类将全球治理定位为一组可以观察到的现象；另一类则将全球治理视为一种政治方案。作为现象，说明全球治理是现实存在的；作为政治方案，说明全球治理是一种理念或设想，具有可塑造性。按照这种区分，关于全球治理的定义之争，主要集中在应对各类新问题时，如何设计出有效且被广泛接受的政治方案，如何在全球层面开展活动。在这个意义上，对于全球治理的界定不能只强调多主体和多层次的治理形式，更要强调其人类命运共同体意识。全球治理是在全球层面上多主体为了解决全球性问题所做的努力，其目标是实现全球人类命运共同体。

21世纪，人类面临的全球性问题日益增多，全球治理成为国际政治领域中引人注目的研究议题。无论从实践层面，还是从理论层面，全球治理都具有十分积极的意义。从实践层面看，全球治理强调国际关系的公平和公正，客观上有利于钳制和制约国际关系中的单边主义和霸权主义。随着全球化进程的日益深入，每个国家主权事实上日益受到侵蚀，而人类所面临的经济、政治、生态等问题也越来越具有全球性，需要国际社会的共同努力去解决。全球治理顺应了世界历史发展的这一内在要求，有利于在全球化时代确立新的国际政治经济秩序。从理论层面看，全球治理这个跨国界、跨领域的新现象和作为一种新的分析范式，涉及多层次和多主体，不同领域的学者通过建构不同的分析框架，分析全球治理具体领域中的问题，提出解决思路，这些研究推动了全球治理作为理念的广泛传播。

全球治理是指国际社会以一系列国际制度、规则、规范为基础，解决全球问题的国际合作过程。全球治理中的国家、国际组织、区域组织、非政府组织等将以平等关系，共同承担对于全球性问题的责任。全球治理是一种规则的治理，全球性规则是治理过程的权威来源，规则的制定与施行是各国及不同组织共同参与的结果。有效的全球治理需要在尊重差异的基础上，建构"和而不同"的价值取向。有效的全球治理既要求各国遵循人类的共同价值，又要求尊重各国的文化传统和多样性需求，从而使人类因全球化的发展而面临的共同问题有新的解决路径。

综上所述，全球治理是包括国家、社会、市场、公民个人在内的各类行为主体为了应对全球变革和全球问题带来的挑战，通过协商合作、共担风险和责任，有效管理全球性公共事务的实践活动。全球治理具有多主体参与、多层次、多领域、多形式等特征。由于各种全球性挑战还在演化之中，全球治理的实践也一直在曲折中前进，因此人们对全球治理的理解和认识将会不断发展。

二、全球治理体系

作为一种问题解决机制，全球治理本质上是一种国际合作。行为体的多元化是其根本特征。参与的行为体不但包括主权国家和由主权国家组成的政府间组织，而且包括各种非政府组织、社会运动，甚至公民个人。多元行为体的多层治理互动构成了一种相互联结的治理体系。关于全球治理体系，学术界并无共识。从现有的研究成果看，全球治理体系至少包括治理主体、治理客体、治理规则和制度、治理观念等要素，这些要素之间的有机联系就构成了全球治理体系。

全球治理主体是全球治理体系最核心的部分。全球治理主体是非常多元的，包括了主权国家、国际组织、跨国公司、地方团体，甚至个人等。从体系角度来看，全球治理体系更关注的是主体之间的结构关系。由于全球治理体系中不存在最高的强制性权威，权力实际上呈现为一种分散的状态，不同权力的行为体有不同的影响与运作范围。从全球治理的发展进程看，由于非政府组织的数量、覆盖领域以及它们的跨国性、全球视野、公益性等特点，非国家行为体地位与作用的上升一度成为学界关注的焦点。全球治理体系在主体结构方面关注的主要是主权国家和其他各种非国家行为体之间的关系问题。正如以美国学者詹姆斯·N. 罗西瑙为代表的观点，全球治理体系实际上有两个：一是支配事件进程的国家间体系；二是由其他行为体组成的多元中心体系。这两个体系同时存在，时而竞争，时而合作，相互影响。随着大国竞争的加剧和新兴国家的群体性崛起，国家主义回归世界政治，使全球治理体系中的国家间主体结构重新被强调。它不仅是大国间力量对比的变化，而且是新兴国家群体在全球治理体系中地位和作用的提升。这种变化打破了原有西方大国主导全球治理的局面，同时增强了新兴国家的代表性和发言权。

全球治理的客体是指治理的对象。随着全球交往的扩大和深化，全球治理的客体越来越多元化、层次化、复杂化。全球性的风险和挑战不仅体现在政治、安全、经济、文化以及社会生活等各个领域，而且体现在全球层面、区域层面、国家层面及次国家层面等不同层面，很多问题在不同领域和不同层面上相互交织，成为影响人类生存的重大问题。在全球治理体系中，治理客体的存在及其变化，需要治理主体的认知以及主体间达成有效合作的共识，它反映了治理主体的共同责任。

全球治理的规则和制度是涉及治理能否有效的问题。由于解决全球性问题需要的不是偶发的合作，而是需要采取系统的和系列的共同行动，在合作进程中会形成各种约束行为体行为的规则体系。全球治理是一种以合作为特点的管理模式，这种合作靠制度来规范。从某种意义上说，全球治理的规则和制度在全球治理中处于核心地位。因为如果没有一套能够为全人类共同遵守、确实对全球公民都具有约束力的普遍规范，那么全球治理便无从说起。美国学者詹姆斯·N. 罗西瑙认为，正是由于国际规则和制度在维护当代世界秩序中发挥了实际作用，在国际政治生活中才会出现一种"没有政府的治理"的新治理体制。随着全球治理主体结构的变化，全球治理体系中制度的合法性、代表性出现问题。现行全球治理机制是二战后美国及其盟友主导建立起来的，其中包括集体安全机制、全球经济治理机制（世界银行、国际货币基金组织、世界贸易组织），还有在其他具体问题领域逐渐成立的治理机制等。美国主导的体系是霸权主义的，并且它反映了美国式的政治机构和组织原则。[①] 在多极化的世界，美国的霸权相对衰落，新兴国家参与全球治理的积极性提升，它们希望通过全球治理的制度变革，能在制度上反映它们的权力与责任的平衡。

全球治理的观念体现着治理中的价值。行为体在治理全球问题时进行合作，就需要确立共同的行为规范。当今的全球问题是国际社会必须面对和解决的问题，因此进行合作和确立规范是唯一的适当途径。但是全球治理不是靠权力结构实施强制而是靠规范起约束和建构作用，所以规范的确立就成为治理是否有效的关键。在2008年金融危机之前，西方大国所主导的全球治理体系，其指导性的观念是新自由主义，这种观念带有明显的市场化主张和西方强权的色彩，在资本逻辑支配下带来世界的不均衡发展。

---

① ［美］兹比格纽·布热津斯基著，中国国际问题研究所译：《大棋局》，上海人民出版社1998年版，第39页。

2008年金融危机造成西方国家的普遍衰退,也使新自由主义观念失去吸引力,对全球公平、正义的价值诉求成为人类对未来全球治理的基本愿景。

总体而言,随着全球化的发展和新兴国家的崛起,国家间的相互依存关系越来越强,跨国性的全球公共问题也逐渐增多,全球治理的主体结构、客体内涵都发生了复杂性的变化,不断冲击着原有以西方发达国家为主导的治理体系,特别是体系中所蕴含的制度和价值,因此,全球治理体系变革成为现实需要。同时,全球治理体系的变革还存在着诸多制约因素,其过程将是长期的、艰巨的,对此我们必须有清醒的认识。

三、全球治理的困境

随着世界格局加速调整演变,全球化进程的不平衡发展导致各种全球问题的频发交织,加之新冠疫情和俄乌冲突的冲击,全球治理体系面临新的转型。在转型过程中,不同国家遭遇不同问题,出现了"逆全球化"、反现代化和民粹主义思潮。"逆全球化"和民粹主义思潮加剧了国际社会分裂,全球化分裂使全球治理面临双重困境。一方面,全球化带来的全球性挑战依然存在,时刻威胁着人类的生存和发展;另一方面,全球治理体系转型进程和应对理念遭遇困境。具体而言,主要表现在几个方面。

第一,大国竞争导致全球治理理念分歧扩大。全球治理是在尊重多元行为体在利益诉求和价值观念等方面差异的基础上,通过协商达成共识并促进共同行动。全球治理的重要基础是大国间的政治协调与合作。随着国际力量对比发生深刻变化,美国明确将中国视为战略竞争对手,将中国视为对其自身优势地位和其主导的现行国际秩序的重大威胁和挑战,不断加大对中国的打压与遏制。俄乌冲突爆发后,美欧等西方大国与俄罗斯的关系全面倒退,世界日益分裂为两个敌对的阵营。大国博弈使得以往那些支持全球化发展的政治因素遭到严重削弱。在新冠疫情冲击下,各国加强了相互间的边界意识、领土意识、主权意识和民族意识,导致全球治理的基本共识陷入危机。在应对全球经济复苏、气候变化等一系列全球性挑战方面,大国竞争和狭隘的民族主义政策使得以多边合作为基础的全球治理面临巨大困境,使原来的"全球治理失灵"转变为更加严重的"全球治理分裂"。

第二,全球治理赤字的困境日趋严重。从实质上讲,在经济危机、气候变化、环境污染等全球性风险面前，全球治理更多体现的是主体的责任问题。全球治理中最突出的矛盾就是国家利益和全球利益之间的冲突问题，只有主体认识到全球性风险的严重危害并承担相应责任，才能形成主体间合作的有效治理，否则就会使全球治理陷入集体行动的困境。理论上讲，一个国家在全球治理体系中的地位、作用及能力，是其国内治理水平、状态的自然延伸，国内治理与全球治理是一个互动的过程。但现实中，一个国家内部的治理能力与其参与全球治理的诉求之间往往存在着很大差距。新冠疫情暴发后，美国内部的贫富两极分化与政治极化进一步加剧，使得新自由主义趋于消亡，呈现"美国优先"的利己民族主义政策取向，明显强化了国内治理与全球治理诉求之间的分裂。在俄乌冲突和新冠疫情冲击下，越来越多的国家更加重视国内问题，提供全球公共产品的能力和意愿明显下降。不但使国际社会多年来在全球减贫和缩减社会不平等方面取得的进展发生倒退，而且进一步威胁社会凝聚力和全球合作。

第三，制度弱化降低全球治理体系效能。全球治理需要依靠有效的国际制度。尽管针对几乎所有的全球性问题都形成了不同程度的治理机制，但是要实现有效治理还面临着诸多的困难和障碍，其中最主要的是制度效能。二战后国际制度的产生主要是基于主导国的利益需求，但同时国际制度也成为一种国际公共产品。基于这样一种双重属性，国际制度变革过程中，主导国极力维护原有的制度以"锁定"其霸权地位。而新兴国家希望改变原有制度中的不公平、不公正的现象，提高自身的权利和地位。由于不同地位的主体对待制度变迁的态度不同，使他们在制度变迁过程中产生博弈，从而带来制度效能的不足。尤其在新冠疫情暴发后，部分西方国家的国内政治全面右转，充斥着对"全球主义"的攻击，减少对多边制度的政治和资金支持，严重冲击了现行全球治理体系的多边制度支柱，使得一些重要的多边制度在功能上受到削弱，极大降低了全球治理体系的效能。

第四，观念分歧是全球治理体系变革的重要影响因素。在全球治理体系中，观念发挥着不可忽视的作用，观念不仅在正式规则中有支配的作用，而且更深入到非正式规则和社会塑造过程中。由于西方发达国家对世界的长期支配，无论是在国内治理还是在区域和全球治理、在制度设计上还是理念塑造上，都无法摆脱西方文明的影响。实际上，在世界文明多样化的基础上，当前的全球治理还远远没有形成价值的共识，支撑全球治理体系的价值基础仍然主要是西方国家所奉行的自由主义观念，以及基于自由主义观念所建立的自由世界秩序。但是，随着新兴国家和发展中国家在全球治理中地位和影响力的提升，它们基于不同的文化基础所提出的全球治理的价值理念和秩序追求，已经在全球治理体系变革的进程中体现出来。中国提出的人类命运共同体思想和全球善治理念，是全球治理的根本价值取向，必然会与原有的西方观念产生交锋。西方与非西方的文化差异是客观存在的，全球治理体系变革是在文明交流、互鉴甚至对抗中寻求价值的共识，而这个过程将是长期的。

四、研究框架

作为促进国际交流与合作、增进国家间相互了解、维护世界和平促进社会发展的重要力量，国际组织在参与全球治理的过程中扮演着极为重要的角色。本书研究的出发点是探讨国际组织与全球治理的良性互动关系，结合全球治理实践的新发展，选择若干重点领域，系统梳理和考察不同国际组织在全球治理中的地位、角色以及面临的挑战。

本书共分为两个部分，第一部分重点考察全球性组织、区域组织、具有影响力的非正式机构、非政府组织等不同类型的国际组织在全球治理中的地位、角色和影响，揭示全球治理的多边、多元性特征。第一章分析了联合国在全球治理中的角色、实践与局限性。就当今的全球治理现状而言，以联合国为代表的政府间组织是各主权国家进行全球治理的平台。联合国在协调世界各国关系、保障世界和平与安全、确立公平正义的世界秩序等方面发挥了非常积极的作用，形成了具有鲜明导向的全球治理体系。第二章概述世界贸易组织（GATT/WTO）在全球贸易治理中的角色、实践与面临的挑战。随着世界局势复杂程度日增，主权国家的利益往往呈现出区域性特征，区域组织在全球治理中的作用日益上升。第三章以欧洲联盟（以下简称欧盟）、东南亚国家联盟（以下简称东盟）、非洲联盟（以下简称非盟）等区域组织为例，考察区域组织在全球治理中的角色。第四章对七国集团、二十国集团、金砖国家这类非正式集团在全球治理中的角色与实践进行梳理。与正式的政府间组织不同的是，这类集团组织形式松散、没有正式的组织章程、没有固定的秘书处或常设机构等。但这类非正式集团在全球治理中却日益活跃，试图扮演重要角色。这类非正式集团具有灵活的制度特征，具有强大的实力和影响力，在人口与地域方面也有一定的代表性，在全球治理中正在发挥越来越大的作用。除主权国家和国家多边机构外，非国家行为体也是全球治理的伙伴和利益相关方。第五章分析了非政府组织在全球治理中的角色特征、实践和局限性。

第二部分选择了全球治理中的若干议题，试图揭示不同问题领域的治理特征。从第六章至第十章分别以气候变化、网络安全、国际恐怖主义、全球发展问题、全球公共卫生等议题作为考察对象，从问题视角分析全球治理的复杂性、多样性及基本特征，探讨不同领域问题治理的共同性、差异性和多样性，讨论不同国际组织在不同问题领域治理中的角色和作用。

全球治理作为当代国际互动的一种结构，体现了一种新型的国际关系。这种关系不同于传统的权力政治，因为参与互动的行为体主要不是为了谋求权力而是为了协调与合作，它们所形成的关系不是权力关系。虽然参与其中的国家仍然是权力行为体，在合作中可能发挥某种权力的影响，但这种影响不是治理结构中的决定性因素。从这个意义上讲，国际关系在发生根本性变化，传统的权力政治关系已经受到了全球治理因素的制约，这种变化对我们思考国际政治，以及观察各国对外政策行为具有重要的启示意义。

第一章 联合国与全球治理

联合国的建立对战后国际秩序的建立、国际体系的发展,以及全球治理的推进发挥了不可或缺、无法替代的作用,是人类历史进步的重要里程碑。自成立以来,联合国一直为各国实践多边主义提供最佳平台,是最具全球性、代表性和包容性的全球治理行为体。21世纪以来,全球治理新议题不断涌现,大国地缘竞争重回世界舞台,多边主义和国际合作面临前所未有的严峻挑战。作为当代全球最具代表性、普遍性的国际组织,如何评价联合国在全球治理中的地位与作用,如何看待联合国与其他行为体的相互关系,这无疑对理解全球治理体系具有重要意义。

第一节 联合国在全球治理中的地位

作为战后国际秩序象征的联合国,在应对全球性问题和全球治理过程中处于基础的地位。从国际组织属性特征看,联合国通常被视为国际多边组织体系的核心。[①] 全球治理是国家在相互依赖程度不断加深、全球性问题和挑战不断增多的情况下,达成全球合作应对危机的共识。行为体的多元化是全球治理的根本特征,多元行为体的多层治理互动构成了一种相互联结的、整体性的全球治理体系。在全球治理体系中,主权国家、国际组织与非政府组织、跨国公司,以及其他次国家行为体都参与到了具有全球性联结的各种议题治理中。在推动全球各种不同行为体参与全球治理方面,联合国发挥了独特的、不可替代的作用。

---

① Ramesh Thakur, Grian Job, Monica Serano, and Diana Tussie, "The Next Phase in the Consolidation and Expansion of Global Governance," *Global Governance*, Vol. 20, No. 1 (2014), p. 1.

第一章 联合国与全球治理

一、联合国的普遍性

联合国组织具有其他组织所不具有的最广泛的代表性、普遍性和全球性特征。这些属性主要体现在两个方面：一是其成员国覆盖面广、涉及全球，不分大小、不分地域、不分种族和宗教，而且，几乎所有全球行为体，包括非政府组织和跨国企业等，都与联合国建立起某种正式或非正式的关系，并参与联合国的活动；二是联合国组织职能无所不包，联合国主要机构、附属机构和相关机构几乎覆盖全球各类问题的治理。联合国的这些属性与特征使得联合国明显不同于其他国际机构。

《联合国宪章》规定："凡其他爱好和平之国家，接受本宪章所载之义务，经本组织认为确能并愿意履行该项义务者，得为联合国会员国。"这一规定表明，联合国会员国不受种族、民族、宗教、文化以及其他政治与意识形态条件的限制。这种广泛性与包容性的会员国资格使联合国与欧盟、非盟、东盟等地区组织，或阿拉伯国家联盟、伊斯兰会议组织等具有一定宗教和种族身份差异的组织明显不同。在职能方面，联合国各主要机构的"问题领域"覆盖和平与安全、经济与社会发展、文化、人权、环境等各个方面。联合国的创立者在这一点上是明确的，就是要将联合国设计为一个具有普遍性和全球性的组织。

联合国是当今世界与其他行为体联系最广泛、最全面的国际组织，也包括非国家行为体。虽然联合国仍然是一个主权国家行为体主导的政府间国际组织，但由于全球性问题与挑战的日益增多，使得全球治理议题与治理空间急剧扩展，导致国家治理的自主性降低。从联合国成立以来的发展趋势看，联合国与区域组织、其他政府间组织以及非主权国家行为体之间的联系越来越密切。一个由主权国家和其他行为体组成的联合国伙伴关系已经形成，其中包括区域组织、次区域组织、国际专门组织、非政府组织以及跨国公司等。这些非国家行为体获得了新的治理空间，并日益扮演重要角色。

（一）联合国与各类国际组织的关系

根据《联合国宪章》，联合国经济及社会理事会（以下简称经社理事会）负责建立各类专门机构与联合国的关系。之所以称之为"专门机构"，是因为这些组织是一些在经济、安全、社会、文化、教育、卫生及其他某一具体领域具有专门特长的机构。这些机构在国际上也具有广泛的代表性，是"负有广大国际责任"的专门机关。这类机构包括联合国粮食及农业组织（以下简称粮农组织），国际民用航空组织（以下简称国际民航组织），国际农业发展基金（以下简称农发基金），国际劳工组织，国际海事组织，国际货币基金组织，国际电信联盟，联合国教育、科学及文化组织（以下简称联合国教科文组织），联合国工业发展组织，万国邮政联盟，世界银行等。

此外，联合国系统中还包括各方案和基金、一些与大会或经社理事会建立起联系的相关机构、研究及训练机构及其他一些实体。这些专门机构、方案和基金、相关组织及实体与联合国主要机构一起，共同构成联合国系统，包括区域组织在内的其他政府间国际组织也是联合国重要的合作伙伴。一些国际组织与联合国建立了正式联系，是联合国的专门机构或相关组织，如国际劳工组织、世界卫生组织、国际民航组织、国际海事组织、国际电信联盟、世界气象组织等。还有一些国际组织以联合国观察员的身份参与联合国活动，包括区域组织、次区域组织、跨区域组织及全球性组织等。

很多区域组织和国际组织具有联合国观察员身份，一些政府间国际组织长期受邀作为观察员参加联合国大会和相关工作，而且在联合国总部设立了常驻办事处，如欧盟、国际刑事警察组织、国际刑事法院、国际移民组织等。另一些组织虽然没有在联合国总部设立常驻办事处，但也长期受邀作为观察员参加联合国会议和工作，如东非共同体、中部非洲国家经济共同体、西非国家经济共同体、经济合作与发展组织（以下简称经合组织）及上海合作组织等。

（二）联合国与非政府组织间的关系

全球治理倡导一种共同参与的理念，强调不同的行为体共建有效的国际机制，参与全球性问题的解决。联合国重视非政府组织在全球治理中的重要作用。早在联合国创始阶段，非政府组织就与联合国建立了联系。《联合国宪章》第71条规定，即"经济暨社会理事会得采取适当的办法，俾与各种非政府组织会商有关本理事会职权范围内之事件"，被认为是有关联合国与非政府组织关系的规定，是最具权威的法律依据。1946年6月21日，根据经社理事会3号决议，联合国成立了负责非政府组织事务的"联合国经社理事会非政府组织委员会"，作为经社理事会下的一个常设委员会，以审查非政府组织提出的有关咨询地位的申请和其他相关事宜。

20世纪60年代，联合国确立了与非政府组织合作的制度框架。1968年，联合国通过1296号决议，规定了不同类别的组织参与联合国会议的权利和义务。此后，非政府组织参与联合国活动的次数稳步增加，联合国越来越重视非政府组织所展现的影响全球发展议程的能力。20世纪90年代，联合国与非政府组织的关系快速发展，参与联合国活动的非政府组织大量增加。1996年5月，联合国经社理事会通过第1996/31号决议，重新审议了联合国与非政府组织的关系安排，进一步细化了有关非政府组织咨商地位的规定。决议规定，对于那些几乎与所有经社理事会任务相关的大型国际非政府组织，给予"全面咨商地位"；对那些仅在若干领域与经社理事会任务相关的非政府组织，给予"专门咨商地位"；对那些经社理事会认为有时可对其工作作出贡献的非政府组织，给予"名册地位"。非政府组织由此可以通过三种途径与联合国建立伙伴关系：一是获得经社理事会非政府组织咨询地位；二是与联合国新闻部下属的非政府组织科建立联系；三是与联合国非政府组织联络服务中心建立合作关系。21世纪以来，在经社理事会注册的非政府组织明显增多，并越来越多地参与联合国的活动。非政府组织从最初主要参与联合国人道主义救援和环保方面的活动，到大量参与联合国在环保、扶贫、军控、教育、卫生保健和人道主义救助等方面的事务，承担了联合国大量的治理工作。非政府组织从此逐渐成为联合国的重要合作伙伴。

国际非政府组织参与国际社会生活，有效地弥补了主权国家在全球治理中的不足，有利于推动国际关系民主化以及改革国际制度。然而，国际非政府组织自身也存在着难以克服的缺陷，其中最典型的是合法性和责任性问题。因为国际非政府组织大多是依据注册地国家的法律进行注册的，在特定的主权国家内部的活动获得了合法性。但作为跨国行为体，它们在国际法的框架下，并不具有国际法主体资格。某些国际非政府组织建立的初衷就是为特定政府的某些政治势力服务的，并做出一些迎合其资助者意愿的行为。

（三）联合国与跨国公司的关系

全球治理理论的基本理念是各国政府并不能够完全垄断一切合法权力，而是由多样性的政府和非政府组织、跨国公司结合在一起构成的协调形式。在全球治理体系中，跨国公司已成为其中的一个重要行为体和权威来源机构。它在协调跨国性的生产、贸易和投资活动，推动各种经济规制的制定，拓展全球治理的渠道等方面发挥着重要作用。

长期以来，联合国重视跨国公司在全球治理中的作用。经社理事会于1974年设立了政府间的跨国公司委员会，后来又设立了跨国公司中心。20世纪80年代初，跨国公司委员会政府间工作小组提出了《联合国跨国公司行动守则（草案）》，其内容包括尊重所在国的主权和法律，促进所在国的经济和社会发展，等等。2000年7月，联合国出台"全球契约"。联合国推动签订"全球契约"，号召企业界对人类社会的良性发展承担社会责任，要求企业在各自的影响范围内遵守、支持，以及施行在人权、劳工标准和环境等方面的九项基本原则，以建立一个更为广泛平等的世界市场。规定联合国各组织在选择伙伴时要参考企业是否遵守了"全球契约"中的各项原则和责任，如支持《联合国宪章》和其他公约、条约中体现的联合国事业和核心价值，不违反人权标准、环境保护标准等。引导企业与联合国建立伙伴关系，鼓励企业成为联合国的直接捐助伙伴，或者通过技术援助项目、其他合作项目与联合国建立伙伴关系。由企业伙伴、联合国和政府签订三方协定，为受援国家提供技术援助。由联合国和企业伙伴共同开发符合并促进联合国目标、政策和活动的产品或服务。

为推进全球治理，联合国努力促使跨国公司承担社会责任。联合国向商业部门提供了技术标准规范、法律法规和行为道德准则。通过"道德投资"和"环境投资"引导企业注重改善劳工状况和保护环境。联合国、世界银行、经合组织、国际劳工组织、联合国环境规划署等为跨国公司的行为制定规则。规定商业部门要遵守《联合国宪章》提出的国际法基本原则，遵守相关的国际法规则。同时，商业部门也享受了联合国主持下制定的各种法律规则和技术标准带来的便利、秩序和安全保证。

二、联合国的权威性与合法性

联合国是具有最广泛代表性的国际组织。联合国的成立是二战胜利的成果和体现。《联合国宪章》作为最重要的国际法，确立了战后国际关系的基本准则，成为战后国际秩序的基础。联合国大会实行的一国一票制，使所有会员国享有平等的代表权，这在联合国其他机构中是没有的。尤其是广大中小国家，在联合国这一全球舞台上，享有了代表权、发言权。联合国的权威性与国际合法性正是来源于其广泛的代表性，因为它得到了会员国的同意。

就全球性国际组织而言，联合国所享有的合法性是最高的。从国际法角度看，《联合国宪章》被视为国际法的基本原则，是调节国家间关系的基础。联合国通过的决议、公约、条约等，是当代国际法的主要渊源。根据《联合国宪章》，联合国安全理事会（以下简称联合国安理会）。是可以授权实施国际制裁及合法使用武力的机构，这是其他国际组织所不具有的属性。尤其在美国发动伊拉克战争后，引发了国际社会对合法使用武力的讨论。多数会员国认为，在国际上，得到联合国授权后使用武力才是合法的。在面临对国际和平的重大威胁时，如果调解、斡旋等和平手段失效，根据《联合国宪章》规定，如果联合国安理会可以通过决议，对主权国家采取强制性手段，包括军事制裁和军事行动，以达到维持和平的目的。这种机制表明《联合国宪章》赋予联合国具有合法使用武力的权力。在联合国从事的维持和平、建设和平行动中，在一些特定情况下，联合国也扮演过重要角色，如组织和监督国家选举，协助国家安全、司法、人权、发展等方面的建设。

在无政府的状态下，主权国家维护相互交往的秩序，需要一个具有国际合法性的机构来确定国际行为的合法性。尽管由于东西方冷战和美苏争霸，联合国的作用受到极大限制，但联合国通过维持和平行动、非殖民化、发展十年战略等行动，仍然为世界和平、发展和人权等做出了巨大贡献。冷战结束后，特别是进入21世纪以来，联合国通过不断改革，成为各种行为体开展国际合作和全球治理的重要平台。联合国的权威性、合法性使其成为国际体系的核心。联合国倡导的和平、公正、人权、平等、发展等一系列具有普遍意义的原则、规范、价值，使其能够在应对气候变化、贫困、恐怖主义等全球性挑战方面发挥引领作用。

三、联合国的适应性

联合国功能广泛，近乎包罗万象。在《联合国宪章》主要内容不变，其主要机构和联合国安理会常任理事国保持稳定的情况下，联合国能够从战后保持到现在，这与其多样化、适应性、灵活性的组织属性密切相关。在应对全球性问题挑战方面，联合国根据时代和形势变化不断调整，展现了综合性国际组织的良好适应能力和灵活性。

联合国成立后，会员国希望建立一个和平、团结和联合的世界，但现实是东西方对抗、美苏争霸、南北不平等和差距越来越大。冷战严重制约了联合国发挥作用的空间。即便如此，联合国在实践中创新性地通过维持和平行动来处理国际冲突。冷战结束后，联合国发挥作用的环境和空间大为改善。随着联合国安理会五个常任理事国协商机制的建立，联合国安理会发挥了更为积极的作用。联合国维和行动的数量不断增加，并且更多地参与应对国家内部的冲突。联合国设立建设和平架构，实施"千年发展目标"，倡导"保护的责任"规范，为全球安全、发展和人权的治理提供新的路径。在联合国的推动下，防扩散和军控领域取得新的进展，《不扩散核武器条约》得以无限期延长，《全面禁止核试验条约》得以签署。"9·11"事件后，联合国建立了国际反恐机构。在 2008 年金融危机后，联合国建立了应对国际金融危机和金融改革的专门委员会。在非传统安全领域，联合国在打击海盗、处理难民移民等全球性问题上开展了大量工作。2015 年，联合国可持续发展峰会通过了具有里程碑意义的《2030 年可持续发展议程》，提出 17 个可持续发展目标和 169 个具体目标，成为全球发展的指导性文件。[①] 2015 年 12 月，《联合国气候变化框架公约》的近 200 个缔约方达成《巴黎协定》。可持续发展和气候变化成为联合国引领全球发展治理的两大关键议程。从维和行动、预防冲突和可持续和平到可持续发展和气候变化，体现了联合国在维护世界和平、促

---

① United Nations, "Transforming Our World: The 2030 Agenda for Sustainable Development," https://documents-dds-ny.un.org/doc/UNDOC/GEN/N15/291/89/PDF/N1529189.pdf? Open Element.

进全球发展方面的继承性和延续性,这标志着联合国在推进全球治理过程中治理理念、目标、手段的不断超越和转型。

第二节 联合国在全球治理中的作用

联合国是全球治理的公共政策论坛,是全球治理规则的制定者和执行者。在全球化进程中,许多地方性和区域性的问题,诸如贫困与贫富差距、一些国家的内乱与区域性国际冲突、疾病、生态环境的破坏、自然灾害、恐怖主义等,逐步具有了全球性质。随着当代人类面临的全球性问题与日俱增,联合国作为制定和执行全球战略最权威的全球性机构的重要性也日益突出。在过去数十年里,联合国在跨越国界和跨越各类专业机构的基础上,通过制定议程与战略、确定优先事项和目标、制订实现这些目标的方案等方式,在促进国际社会的和平与安全、经济社会发展,以及人权与法治等领域达成共识与采取行动方面,发挥了独特的重大作用。联合国主导的维和行动和可持续发展议程具有全球治理的意义。在全球安全和发展治理过程中,联合国培育了一整套全球治理的理念、机制和能力。

一、提出全球问题的治理议程

随着全球化的发展,除了生态安全、恐怖主义等非传统安全问题,极地、深海、太空、网络等全球公域问题的治理也被纳入全球问题的名单。应对这样的问题,需要各种不同的行为体在多个层面进行广泛的合作,这就需要有一个适当的平台和协调机构,以利于各行为体采取集体行动。联合国的体系特点和组织属性,使它能够在应对各类全球危机和挑战过程中发挥重要作用。联合国通过各类会议和文件,包括联合国大会和首脑峰会,将全球面临的重大问题提上联合国议程,使其成为世界各国政府和民众关注的全球议程。联合国会员国、联合国秘书长、大会主席,乃至非政府机构或个人,都可以通过联合国途径,将重要的全球问题通过联合国提上全球治理议程。

1972年联合国通过的《人类环境宣言》,提出保护环境是人类的共同目标,要求各国政府和人民,以及各团体、企业和各级机关承担起责任，呼吁开展国与国之间的广泛合作，也呼吁国际组织采取行动，以谋求共同的利益和目标的实现。1992年联合国环境与发展大会通过的《21世纪议程》将可持续发展提上全球议程，要求各国政府、政府间组织和非政府组织采取行动，承担起共同但有区别的责任，以实现朝可持续发展方向的转变，同时也以负责任的态度和公正的方式利用大气层和公海等全球公有财产。2000年联合国大会通过的"千年发展目标"将消除贫穷与饥饿、普及小学教育、两性平等、降低儿童死亡率、产妇保健、抗击艾滋病、提高保护环境能力和全球合作8项目标的实现提上全球议程，动员全球力量为这8项目标的实现共同努力。在安全领域，妇女安全、冲突中的儿童安全、国际反恐怖主义等也被列入联合国安理会议题。

随着网络安全问题日益突出，联合国根据2005年11月在突尼斯举行的信息社会世界峰会决定，于2006年11月设立了联合国互联网治理论坛（IGF），就相关问题展开谈论。2012年第七届互联网治理论坛的主题是"互联网治理，促进人类、经济和社会的可持续发展"，来自世界128个国家的1600名互联网治理专家、民间社会组织代表和政府官员，以及国际发展方、学术界和私营部门代表参加了会议，就互联网安全和网上儿童保护、社会网络以及与互联网相关的人权等问题进行了讨论。联合国大会曾于2010年通过决议，强调建立一个包容、透明和有效的多边制度对于应对全球性挑战的重要性。2013年5月，联合国经社理事会举行非正式会议，就联合国与全球治理问题展开讨论，提出作为"有真正普遍性和包容性的多边论坛，联合国在全球经济治理领域发挥着关键性的作用"，呼吁国际社会为2015年后的发展制定一个可行的议程，建立一个更为有效、更具包容性的全球治理体系。2014年，在抗击西非埃博拉病毒的行动中，联合国和世界卫生组织发挥了重要协调作用，调动了广泛的国际力量和资源，包括调动驻疫情国的联合国维持和平行动部队，以及派遣联合国"埃博拉应急特派团"。只有联合国具有这种条件和机制，将国际社会不同行为体和联合国系统所有机构动员起来，集中力量应对问题。

在环境保护、气候变化、妇女儿童保护、防灾减灾、艾滋病预防，以及粮食安全、能源安全、水资源、反恐怖主义、打击跨国犯罪等全球问题领域，联合国都提出了积极的全球行动议程。联合国会员国签署的一系列重要文献起到动员全球行为体、增强全球共识、提升全球意识等作用,推动联合国会员国政府、国际组织、非政府组织及其他行为体为全球问题的解决进行广泛的协商与合作。

二、推动全球治理体系的建立

作为国际体系协调中心,联合国致力于同各种行为体建立广泛的伙伴关系。联合国不仅协调大国之间的合作,如联合国安理会常任理事国之间的合作,也在更大范围地容纳其他国际组织、非政府行为体和私人部门。

无论在发展领域还是在安全领域,或在其他全球问题领域,联合国与区域组织之间的伙伴关系日益巩固。联合国安理会多次通过决议,强调区域和次区域组织在和平与安全领域的作用,这一点也得到广大会员国的支持。2013年8月,联合国安理会就"联合国与区域和次区域组织在维护国际和平与安全方面合作"这一主题举行了公开辩论。联合国呼吁区域组织以及次区域组织和联合国发挥各自优势,"构建更加富有创新性和灵活性的合作伙伴关系"。[1] 在维持和平行动方面,联合国已经与非盟、西非国家经济共同体、欧盟、加勒比共同体、南美洲国家联盟等区域组织开展了合作。

20世纪80年代以来,在经社理事会取得咨商地位的非政府组织数量增加很快。联合国与私营部门、企业部门的伙伴关系也不断发展。联合国秘书长1999年发起的"全球契约"也为联合国与企业界的合作提供了一个全面的框架,鼓励企业参加联合国机构或民间社会开展的发展伙伴合作项目。2004年,秘书长安南任命的"联合国与民间社会关系知名人士小组"还就如何促进联合国与民间社会、私营部门之间的关系提出一整套建议。联合国安理会关于建设和平委员会建立的决议中,"确认民间社会和非政府组织,包括妇女组织,对建设和平努力的重要贡献"。[2]

---

[1] 《潘基文呼吁区域组织与联合国结成更加创新和灵活的合作伙伴关系》,中国经济网,2013年8月6日,http://www.un.org/chinese/News。

[2] 《联合国大会决议》,A/RES/60/180号决议,http://www.un.org/zh/documents/view_doc。

1998年联合国设立了一个联合国国际伙伴关系办公室，作为联合国系统合作伙伴的枢纽，为促进联合国"千年发展目标"而推动新的合作和联盟，并为秘书长的新举措提供支持。联合国国际伙伴关系办公室为各类实体提供伙伴关系咨询和外联服务。所设立的联合国国际伙伴关系基金，其任务是促进同民间社会捐助者的新伙伴关系和联盟，推进联合国的事业。联合国国际伙伴关系基金与联合国实体合作，支持儿童健康、妇女与人口、环境，以及和平、安全与人权涉及"联合国千年发展目标"领域的合作项目。可以说，联合国试图建立起最广泛的全球治理伙伴关系，也具有动员、协调及整合不同行为体参与全球治理的机制。

三、促进治理规范和治理机制的建设

无论是国际主义的全球治理观还是世界主义的全球治理观，都强调国际法的重要性。全球治理委员会报告提出，"全球治理的实质是国际社会有能力保证社会准则得到遵守"。该报告围绕如何"加强国际法""促进国际法""实施国际法"提出一系列建议。相关建议与倡议包括加强国际刑事法院作用、加强强制性国际管辖、强化联合国人道主义干预能力等。在世界主义的全球治理中，更是强调对"世界主义的民主法律"的服从。在促进国际法治建设方面，联合国的作用显然是最突出的。

联合国通过的一些宣言、决议，虽然不属于有明确的法律约束力的条约，但同样能够对主权国家的行为产生影响。联合国体系中具有制度建设功能的机构可分为两类：一类是根据《联合国宪章》建立起来的机构，如联合国安理会、联合国大会、国际法院等。这些机构通过的决议，包括《联合国宪章》、各种公约以及各主要机构如联合国大会和联合国安理会通过的各种议案等，具有国际法属性，起着制约主权国家行为、调节国际关系的作用。另一类是根据条约建立的机构，被简称为"条约机构"。例如，联合国通过的一系列关于促进和保护人权方面的决议、公约和条约等文件，构成联合国人权规范的体制。联合国的条约机制，包括相关的正式制度与执行机构，由于具有普遍的约束作用、较为完善的执行机制得到广泛的接受，从而影响参与互动的联合国成员的行为，包括把这些国际规范内化为国内法律。

联合国大会于2012年9月在其法治问题高级别会议上通过了一项被称

为具有历史性意义的宣言——《国内和国际的法治问题大会高级别会议宣言》,各国首脑及代表在该宣言中重申将"致力于法治",强调法治是各国间友好平等关系的基石,是公正、公平的社会得以建立的基础。在推进国际法、国际规范建设方面,联合国具有独特的、不可替代的作用。

四、全球治理价值理念

全球治理不仅是实践探索,也是价值理念塑造。在全球治理理论中,价值原则是一个必不可少的要素。全球治理委员会报告提出,全球价值是全球治理的基石,公认的价值和行为准则对确立有效合法的全球治理方式不可或缺。[①] 在没有单一的权威治理主体条件下,全球治理更需要价值理念的引导和支撑。全球治理的价值,既可以指全球治理达成所依靠的一般性理念共识,也可以指全球治理具体领域所遵循的价值原则或者追求的价值目标。但无论是一般性价值,还是特定理念,都是全球治理达成所必需的条件。没有价值追求的全球治理是不可想象的。

全球治理所追求和遵循的价值有着多种来源。虽然理论上每个参与者都能在这些价值的形成和普及过程中发挥自己的作用,但是联合国发挥了突出的作用。这是因为联合国往往被视为全球治理实践的首要主体,具有价值理念的倡导责任。同时,面对越来越复杂多样的治理问题,联合国能够超越民族国家的局限性,更加自觉地关注全球治理价值的建构及其对实践的引导规范。

以可持续发展理念为例,联合国在促进这一理念的发展和普及进程中发挥了关键作用。可持续发展是全球治理的重要价值,也是从全球角度来思考问题的方法。在现代化条件下,人类的生存不仅要解决人与人之间的关系,还要解决人类与自然环境的关系,唯有实现发展的可持续,人类才能作为整体存续下来。1972年罗马俱乐部发布了《增长的极限》报告后,全球问题引发广泛关注。1972年,联合国在斯德哥尔摩人类环境会议上发表了《人类环境宣言》,提出人类生存和地球生存息息相关,生态环境的

---

① [瑞典]英瓦尔·卡尔松、[圭]什里达特·兰法尔主编,赵仲强、李正凌译:《天涯若比邻——全球治理委员会的报告》,中国对外翻译出版公司1995年版,第44—45页。

破坏、自然资源的枯竭、粮食问题、人口增长等是人类生存面临的迫切问题，应该将保护环境与争取和平和经济社会发展目标协调起来。1983年，联合国成立了世界环境与发展委员会。1987年，世界环境与发展委员会向联合国提交了《我们共同的未来》报告，提出了可持续发展理念。

联合国在20世纪90年代召开了一系列会议，试图主导国际发展议程。2000年9月，在联合国千年首脑会议上，世界各国领导人通过了《联合国千年宣言》，为发展和减贫建立了新目标。该宣言承诺在2015年之前实现在1990年基础上将全球贫困人口比例减半、普及小学教育、促进男女平等、降低母婴死亡率、抗击艾滋病和疟疾、促进环境可持续发展和推动全球发展伙伴关系8项目标。"千年发展目标"提出后，发达国家和发展中国家以及非国家行为体均围绕这一议程开展援助及发展活动。到2014年，全球极度贫困人口和缺乏安全饮用水的人口比例较1990年降低了一半以上，2亿多贫民窟居民的生活有了明显改善，初等教育方面的男童、女童入学比例已基本实现平等，联合国千年发展部分具体目标已经实现。[①] 2015年9月，联合国在纽约召开可持续发展峰会，发布《改变我们的世界：2030年可持续发展议程》。该文件指出，2015年后全球发展议程的核心挑战是如何同时考虑减贫和可持续发展，把减贫和可持续发展纳入统一的发展议程，把减贫拓展到冲突与和平、不平等和可持续发展等诸多领域。"2030年可持续发展目标"不仅要消除贫困，而且要共享繁荣；不仅是简单的国际合作，而且有具体的可操作的实施手段。尤其是增加了可持续的工业化、城市化、生产和消费等发展性领域和指标，直接指向人的发展的驱动力和环境可持续的压力；它不仅关注发展中国家，也关注发达国家的可持续发展实践。[②]

全球治理之所以可行，除了现实问题的推动外，也得益于以全球共同体为基础的共同价值理念的形成和分享。从环境观念到可持续发展观念，

---

① United Nations, "The Millennium Development Goals Report 2014, United Nations, 2014," https://sustainable development. un. org/content/documents/6176MDG report. pdf.

② United Nations, "Transforming Our World: The 2030 Agenda for Sustainable Development," https://documents – dds – ny. un. org/doc/UNDOC/GEN/N15/291/89/PDF/N1529189. pdf? Open Element.

再到新安全观,这些关系到人类整体存在的价值理念的发展,既展示了人类对自身生存问题认识的深入,也说明了威胁到人类共同利益的全球性问题在不断增多和日益紧迫。联合国及会员国签署的一系列具有国际法意义的文件,在引导每个国家中心主义的思维范式,构建全球治理价值理念过程中发挥了重要作用。

第三节 联合国在全球治理中面临的挑战

在当今时代,联合国在全球治理中的地位和作用越来越突出,无论在议题领域还是在职能领域上都在向纵深扩展。但与此同时,联合国自身和外部环境也面临各种压力和挑战,制约了全球治理的成效。联合国改革长期停滞不前,加上其他国际机制发展与活跃,使联合国在当今和未来全球治理中的角色和地位面临更多挑战。

一、联合国的局限性

长期以来,联合国以其权威性、合法性和稳定性在维护世界和平与发展、推进全球治理方面发挥着重要作用。然而,随着国际力量对比的深刻重塑和全球性问题的不断加剧,全球治理规则滞后于全球治理议题的不断扩张,联合国在越来越多的全球性问题上显得力不从心。

(一) 协调国家集体行动的困境

联合国之所以具有广泛和合法的全球治理能力,是因为《联合国宪章》赋予联合国某种超国家的权力、赋予其管理全球性事务的责任,但同时它仍是一个建立在主权国家之上、受主权国家制约的国际组织。这就使联合国的权限与主权国家的权限之间形成难以克服的矛盾——主权国家和有效国际组织之间的冲突。正如摩根索所言,国际组织如果有效,就必然损害它的成员的行动自由;成员国如果强调它们的行动自由,就必然损害国际组织的有效性。[①] 联合国会员国来自不同地区,有着不同的历史、文

---

① [美]汉斯·J. 摩根索著,徐昕等译:《国家间政治:寻求权力与和平的斗争》,中国人民公安大学出版社1990年版,第591页。

化、政治背景，存在各种意识形态、价值和文化认同方面的差异，处于不同的社会和经济发展阶段，国家力量对比相差悬殊，这使得联合国会员国在任何问题上都很难有相同的看法，更多是各种利益力量和观念价值在联合国的较量。会员国往往将维护自身利益作为优先选项，拒绝联合国公益性的制度安排，甚至以退出某种国际机制等不合作行为作为博弈筹码，各国在其中达成共识和有效方案的难度很大，使得多边机制陷入集体行动的困境，在应对全球性问题时存在严重的有效性危机，被称为"全球治理的能力赤字"[①] 在联合国内形成的不同集团反映了会员国之间的合作和竞争。联合国内部缺乏一致性，在政治认同、利益认同和价值认同上都处于矛盾和分裂状态。联合国曾经被东西方冷战的意识形态阵营所分裂，如今仍然存在西方和非西方国家之间的政治文化差异，被不同种族、民族、宗教影响下的政治文化和全球及地区范围的权力斗争和利益冲突所分裂。

（二）联合国面临单边主义的挑战

联合国是大国政治的产物，其现行的权力分配和组织管理结构主要反映大国的观念和利益。冷战时期，联合国成为大国争夺霸权的工具。冷战后，美国成为世界唯一的超级大国，对世界政治，包括联合国事务的影响力巨大，动辄抛开联合国采取单边行动，无视国际关系基本原则，一意孤行地推行单边主义和强权政治。进入21世纪，美国外交的单边主义色彩愈加浓厚。2003年，布什政府绕过联合国安理会悍然发动伊拉克战争；美国长期拖欠联合国会费和维和费用，是造成联合国财政危机的主要原因；在特朗普政府时期，美国先后退出10多个国际机构、国际机制和国际条约，涉及国际安全、经贸、人权、文教、卫生、气候变化等领域。美国的单边主义和保护主义行为加重了国际社会的治理赤字，增加了国际合作的难度，使联合国权威面临严峻挑战。如何避免霸权国家对多边国际规则的破坏，同时保持联合国在国际事务和全球治理中的核心地位，仍是国际社会面临的重大课题。

---

① 陈东晓：《试论全球政治的新发展和中国多边外交的再思考》，《国际展望》2009年第2期，第2页。

（三）联合国改革面临的挑战

作为一个庞杂的全球性机构，联合国存在机构重复、议题过多、财政困难、效率低下等问题。尽管联合国出台了一系列改革措施，包括提高效率、压缩经费、加强协调、精简机构等，但迄今为止，联合国在应对全球性挑战方面缺乏有效的制度安排和手段，其组织缺陷和局限制约了联合国在全球治理中的作用。传统地缘政治和大国竞争的重新加剧、全球性问题和威胁的层出不穷、国际力量对比的巨大变化，需要联合国不断通过改革，维护和加强其在国际秩序和全球治理中的权威和效力。否则，联合国将在国际秩序和全球治理中被边缘化。如何加强联合国的权威性和专业性，如何实现联合国内部的透明和高效，如何更好地发挥联合国在全球治理中的领导和协调作用，是联合国在全球化时代面临的新挑战。

二、联合国与其他治理机构的协调

全球治理从本质上应该是一个由多元行为体提供不同方案的竞争性平台。治理竞争是指在某一议题领域，多个治理者提出多个治理方案，这些方案之间在理念和方法上存在差异。由于各种治理方案所覆盖的议题领域和服务对象存在重叠，被治理者可以在方案间进行取舍，从而使各种方案间产生替代效应。随着全球化的深入发展，活跃在当今世界舞台上的各类组织和集团日益增多，一些区域组织、次区域组织、专门组织，尤其是二十国集团、金砖国家等非正式组织和集团兴起。随着这类组织和集团的发展与完善，它们在治理能力和制度建设方面得到提升。这一趋势使联合国在全球治理中的能力、效力及合法性均受到挑战，表明了全球各类组织和集团之间在全球治理上的竞争态势。

联合国在维护国际安全、推动全球发展、促进世界人权中的作用主要是通过联合国机构来实现的。联合国及其附属机构通过遍布世界各地的工作人员，在国际安全、贸易发展、社会人权、科技卫生、难民移民等领域开展工作。联合国虽然具有更广泛的代表与合法性，但由于会员国众多、效率低下，其在某些议题的治理方案面临其他国际机构的竞争。以二十国集团为例，由于联合国在应对全球金融危机中缺乏有效方案，因而二十国集团才被寄予厚望。二十国集团成员的治理能力以及在处理经济、金融等问题上的效率，比联合国更精悍、灵活、高效，其在全球经济协调与发展方面的解决方案显现出更大的优越性。2010年9月，在联合国一般性辩论开幕式上，瑞士前联邦主席、第65届联合国大会主席戴斯提醒人们关注联合国面临的边缘化挑战，称该组织的影响力有可能随着其他国际集团的发展而被掩盖。他呼吁会员国与联合国携手共建真正的"全球伙伴关系"。① 戴斯的言论代表了人们对联合国可能被二十国集团等国际组织弱化和边缘化的担忧。因此，如何确保二十国集团的行动和决策能够加强联合国而不是损害联合国，以及如何建立一个能够协调联合国和二十国集团关系的框架尤为重要。

在促进全球治理方面，联合国处于核心地位，发挥基础性作用。但是，围绕可持续发展，联合国还需要与二十国集团、金砖国家等跨地区和地区性的国际组织开展合作，通过利用各自优势，共享发展议程、共建发展秩序，形成合作共治的关系，以完善全球治理体系。其实，国际组织间合作广泛存在。例如，联合国多个机构在全球环境治理中的合作，联合国、欧盟、非盟等国际组织在和平行动中的合作，联合国难民署、联合国开发计划署和世界银行在难民保护和难民政策中的合作。② 国际组织间合作又是国际合作的一个新范式。由于和平、发展和人权之间的关系越来越密切，相关国际组织之间的合作就显得更加必要。探索联合国系统内部及联合国与其他国际组织间合作，是联合国面临的新挑战。

全球治理本质上是全球治理主体在国际社会普遍认可的一系列国际规则、规范、制度的指导下解决全球问题的国际互动、国际合作过程。因此，国际规则是全球治理体系中的深层次、关键性要素，是确保全球治理有效运作的主要依据和基本架构。尽管存在着种种缺陷和问题，但只有联合国能够在不同行为体之间搭建起合作的桥梁，具备动员、协调、整合全球不同行为体参与全球治理的条件。联合国的普遍性、代表性和权威性使其成为国际体系的核心、国际秩序的基石和国际法治的象征。在通过发起倡议、推动议程和塑造规范以应对全球性问题和挑战方面，联合国仍扮演

---

① 《第65届联大主席戴斯呼吁警惕联合国被边缘化》，联合国新闻中心，2010年9月23日，http://www.unmultimedia.org/radio/chinese。
② 张贵洪：《联合国与联合国学》，《国际政治研究》（双月刊）2020年第4期，第9页。

着不可或缺的推动者和组织者角色。联合国仍然是当今世界开展国际合作和全球治理的重要平台。联合国的使命要求其成为更具代表性、更有效、更开放、更透明、更负责任以及更有创造性的组织。为此，联合国必须进行重大改革，不仅要改革联合国的基本体制和主要机构，而且要改进同其他政府间国际组织、非政府组织的关系，与各类行为体形成崭新的伙伴关系。这对全球治理体系的完善以及人类社会所确立的各项重大目标的实现至关重要。

第二章 世界贸易组织与全球贸易治理

以世界贸易组织为代表的多边贸易体制是二战后国际社会创立的最重要的经济制度之一。作为一种全球贸易治理的最主要平台，世界贸易组织推动了全球贸易快速发展，为世界经济增长奠定了基础。进入21世纪，世界经济格局发生深刻变革，国际贸易出现新变化。世界贸易组织面临单边主义和保护主义的冲击，其贸易谈判、贸易监督及争端解决三大职能陷入困境。世界贸易组织成员关于自由贸易和公平贸易原则立场的分歧不断扩大，多边贸易体制运行效率与公平问题被不断诟病，发达国家和发展中国家关于构建新的国际经贸规则体系的博弈日趋激烈，现有的全球经济治理模式和世界贸易组织规则体系难以适应世界经济和国际贸易的新变化，无法充分满足世界贸易组织各成员方的实际发展需求，世界贸易组织的权威性和有效性遭遇严重挑战。为维护多边贸易体制的稳定发展，推动世界经济的可持续发展，适应全球经济格局新变化，应当完善全球经济治理模式，推动世界贸易组织现代化改革。

第一节 世界贸易组织的建立

当前全球贸易治理的主要框架是基于二战结束后为促进世界和平，以及全球经济复苏而建立的一系列制度和组织。世界贸易组织承担了贸易谈判、贸易监督以及争端解决三大职能，通过《关税及贸易总协定》八轮关税减让谈判维护了自由开放的多边贸易体制，对全球贸易增长和经济繁荣发挥了重要作用。

第二章　世界贸易组织与全球贸易治理

一、从《关税及贸易总协定》到世界贸易组织

(一) 世界贸易组织的建立

自近代以来，欧洲列强的贸易政策主要是歧视性的贸易政策以及限制竞争的垄断贸易。列强的普遍做法是纷纷建立自己的殖民体系以及势力范围。在殖民体系内部，禁止殖民地发展制造业以及和其他国家发展贸易活动。与其他被殖民国家达成诸如设立通商口岸、租界等不平等的贸易条约。这种以各自的势力范围为界限的帝国竞争体制，导致重复瓜分殖民地的战争不断。尤其在1929—1933年的世界经济危机时期，主要国家采取以邻为壑的政策，致使各国间的贸易战、关税战和汇率战不断发生。1929年，美国颁布《斯姆特-霍利关税法》，使美国的平均关税率从38%提高到52%，促使美国的贸易伙伴国采用了相应的报复性高关税，[1] 使得世界主要国家的关税和其他贸易保护措施陡增。关税战和汇率战成为二战爆发的重要经济原因。二战结束以后，以美国为首的西方国家决心建立新的国际合作机制，避免大国之间的冲突，其中维持一个稳定的世界经济是这种构想的重要组成部分。稳定的世界经济能够让主要国家在非歧视性基础上进入市场、获得资源供应以及投资的机会。在此背景下，1947年在联合国贸易及就业会议上，参加国际贸易谈判的23国签订了《关税及贸易总协定》，作为推行贸易自由化的临时契约。从1948年起，《关税及贸易总协定》便成为法律上非正式但实际存在的国际贸易机制。

《关税及贸易总协定》的主要目标是通过大幅度削减关税和其他贸易壁垒、取消国际贸易中的歧视、促进贸易自由化，以期达到充分利用世界资源和扩大生产与贸易的目的。在世界贸易组织建立前几十年，《关税及贸易总协定》在促成各国削减关税和非关税贸易壁垒、解决贸易争端上的工作卓有成效，其无歧视性、透明性、公正性原则被众多国家所接受。但这一系列原则主要适合于处理国与国之间的货物贸易，面对国际经贸领域不断涌现的服务贸易、技术贸易、与贸易有关的知识产权和投资措施等新

---

[1] 东艳：《全球贸易规则的发展趋势与中国的机遇》，《国际经济评论》2014年第1期，第46页。

的贸易形式，不能通过削减关税和解除非关税壁垒的自由化贸易措施来加以协调。因此，1994年乌拉圭回合谈判达成协议，决定在《关税及贸易总协定》的基础上成立一个更为正式的机构，世界贸易组织于1995年1月1日正式成立。世界贸易组织是《关税及贸易总协定》国际贸易治理的继续发展。世界贸易组织作为正式的国际组织，不仅管理范围扩大，内容涵盖从货物贸易扩展到服务贸易、与贸易有关的知识产权协议和投资措施协议等，还完善了争端解决机制，建立了贸易政策审议机制。

从《关税及贸易总协定》到世界贸易组织，全球贸易治理机制大体经历了四个发展进化阶段。[①] 第一，国际贸易治理致力于削减货物贸易关税及非关税壁垒。第二，国际贸易治理将服务贸易、知识产权等纳入贸易规则中。在1994年结束的乌拉圭回合谈判中，服务贸易、知识产权问题被作为新议题引入谈判，该回合谈判最终达成了《服务贸易总协定》和《与贸易有关的知识产权协定》。第三，全球贸易治理将更多涉及国内政策的议题引入区域贸易规则谈判中。第四，西方发达经济体推动建立面向21世纪的高标准国际贸易规则。在美国和欧盟的推动下，近年涉及国内政策的、要求提高市场开放度和规范性标准的贸易规则开始在区域贸易治理层面酝酿。

（二）世界贸易组织的宗旨

世界贸易组织的建立标志着基于规则和秩序的现代国际贸易制度和以自由贸易为宗旨的全球性多边贸易机制基本形成，它全面继承、捍卫了1947年《关税及贸易总协定》和1994年乌拉圭回合谈判的所有成果，并对已有规则进行不断修改和完善。

世界贸易组织的宗旨主要包括：一是提高生活水平、保障充分就业、稳步提高实际收入和满足有效需求。生产力的发展进步是流通扩大的前提基础，而流通扩大也会反过来推动生产力的进一步发展。同时，生产力的发展进步可以提高就业率，实现实际收入和有效需求的持续稳定增长，并达到提高生活水平的目的。二是扩大货物和服务的生产和贸易。服务贸易

[①] 东艳：《全球贸易规则的发展趋势与中国的机遇》，《国际经济评论》2014年第1期，第47—48页。

实现了快速发展，在当前世界经济格局中所占份额越来越大，《服务贸易总协定》的签署标志着国际贸易体制趋于完善，促进全球服务贸易自由化发展成为世界贸易组织的重要发展目标。因此，世界贸易组织在持续扩大货物生产与货物贸易的同时，还要进一步推动服务贸易的发展。三是坚持可持续发展目标，"合理利用"世界资源，保护全球自然环境，维护生态平衡。在国际贸易中，世界贸易组织将发展问题、资源问题和环境问题作为一个有机整体对待。基于可持续发展的考虑，其承认各成员方有权制定和实施本国的环保政策。但是，不得将环保政策措施异化为非关税壁垒，阻碍世界经济和国际贸易的发展。四是保障发展中成员国家贸易经济的发展。世界贸易组织通过最惠国待遇原则和国民待遇原则坚持"非歧视"性发展，并将其普遍适用化，从而确保发展中国家成员在国际贸易中的平等地位不受侵犯。世界贸易组织明确提出要营造更加公平的国际贸易发展外部环境，以确保发展中国家成员（尤其是最不发达国家成员）在开展国际贸易的过程中，能够获得一定的且与其经济发展相适应的福利份额。五是构建更加开放的、有活力的、永久性的多边贸易组织管理机构，充分发挥协调、管理和监督等职能，以确保国际经贸秩序的稳定有序。世界贸易组织在《关税及贸易总协定》原有的架构基础上，为协调和处理成员方之间的国际贸易关系提供一个具有约束力的框架机制和制度遵循。

（三）世界贸易组织的机构及职能

世界贸易组织的机构包括部长级会议、总理事会、秘书处、多边委员会及其他附属机构等。部长级会议是世界贸易组织最高的权力机构和决策机构，具有准司法权、豁免成员方特定义务权等权力。部长级会议由所有成员方主管对外经济贸易的部长或者全权代表组成，至少每两年召开一次。总理事会负责处理世界贸易组织的日常事务。总理事会可以根据实际情况择机召开会议，自行拟定会议的议题和议程。总理事会有解决国际贸易争端纠纷和审议监督成员国贸易政策等职责。总理事会下设有：货物贸易理事会、服务贸易理事会和与贸易有关的知识产权理事会等。秘书处是为世界贸易组织的各类机构提供秘书性工作的办事机构。秘书处由总干事领导。秘书处的工作职责有：组织召开部长级会议；向各理事会和委员会提供专业化的指导支持；向涉及国际贸易争端纠纷的发展中国家提供无偿、有效的技术援助；监测、分析世界经济和国际贸易的发展情况；向希望加入世界贸易组织的国家提供无偿的咨询服务等。总干事并非世界贸易组织的最高权力负责人，只是世界贸易组织秘书处的负责人，没有特殊的法律权利。总干事是国际组织职员，履行自身职责时，不得寻求或接受任何政府或世界贸易组织之外机构的指示。总干事履职期为四年，可以连任。总干事的职责主要有：最大限度地向各成员方施加压力，督促其严格遵守世界贸易组织的规则条款；制定有助于推动国际贸易和世界贸易组织发展的方针指南；帮助解决成员方之间的国际贸易争端纠纷；负责落实秘书处的工作，管理资金预算，处理好与成员方相关的行政类事务；协调成员国开展正式和非正式谈判等。另外，在部长级会议和总理事会下还设立一些专门委员会（机构）。在总理事会的牵头下，处理特定的贸易及其他相关事宜，诸如贸易发展委员会，国际收支限制委员会，预算、财务与行政委员会，贸易与环境委员会以及区域贸易协议委员会等10多个专门委员会。

世界贸易组织的职能主要包括：一是促进世界贸易组织多边自由贸易协定的执行和管理，并对贸易协定的执行和管理提供必要的组织机制支持。二是为各成员方提供开展多边贸易谈判的平台场所，并为执行谈判结果提供一套操作性较强的实施框架。三是解决成员方之间的贸易争端纠纷。当开展国际贸易的成员方之间发生争端纠纷且不能磋商解决时，应统一诉诸争端解决机制和上诉机构。四是通过贸易政策审议机制来审议各方的贸易政策。其目的是提高世界贸易组织成员方贸易政策和实际执行情况的透明度，促使成员方更好地遵守规则与承诺。五是与相关机构展开交流合作。以适当的方式与国际货币基金组织、世界银行等国际经济组织展开合作，以便促进全球经济政策的协调性。六是对发展中国家成员提供必要的技术援助和培训，以提高发展中国家成员开展国际贸易的能力，促进发展中国家成员深度参与到经济全球化的进程中来。

二、全球贸易规则的制度性安排

多边国际贸易是实现全球经济增长的重要引擎。多边贸易规则是各成员方基于共同利益进行谈判、协商和合作的结果。多边贸易规则并不是一个超国家的国家权力机构制定的，世界贸易组织只是为各成员方提供一个进行多边贸易谈判的场所,多边贸易谈判受到规范的制度安排约束。

(一)世界贸易组织遵循的基本原则

世界贸易组织确立了一系列被各成员方所普遍接受的基本原则。主要包括最惠国待遇原则、国民待遇原则、透明度原则和互惠原则。这些基本原则体现在世界贸易组织涵盖的多边贸易协定中,是成员方制定国际贸易政策时遵循的基本准则。另外,整个规则体系建立在协商一致的决策机制之上,并通过磋商和争端解决机制来保证"承诺"的执行。

1. 最惠国待遇原则

最惠国待遇原则,即边境外(国际市场)的非歧视原则,是指世界贸易组织的任何一个成员方在货物贸易、服务贸易和知识产权等方面给予另外成员方的优惠待遇(如优惠、豁免和特权等),应不得低于现在给予或将来可能给予其他成员方的优惠待遇。成员方在签订的多边贸易协定中加入"最惠国待遇条款",以确定优惠待遇的具体款项等。最惠国待遇原则可以进一步开放国内市场,推动贸易自由化进程,增加成员方之间的经贸交流合作。

《关税及贸易总协定》中的最惠国待遇原则仅适用于缔约国之间的货物贸易,世界贸易组织则将其延伸至服务贸易、与贸易有关的知识产权等领域,确保成员方在国际贸易的不同领域享有同等的优惠待遇,从而维护各类成员方(尤其是发展中国家成员和最不发达国家成员)的发展权益,实现国际贸易的公平竞争和均衡发展。各成员方在作出关税减让、市场开放等优惠待遇时,必须从世界贸易组织成员方整体利益出发,而非仅考虑满足某些成员方的个别需求,否则就会直接违反最惠国待遇原则,引发国际贸易争端。最惠国待遇原则在实际运行过程中存在一定的例外。据统计,在《关税及贸易总协定》和世界贸易组织框架下,约有 25% 的国际贸易不受最惠国待遇原则约束。货物贸易领域的一般例外情况主要有:为维护公共道德,保护人类、动植物的健康或生命所必需的措施,以及涉及国家安全的例外,等等。

2. 国民待遇原则

国民待遇原则,指东道国对在本国境内从事经济活动的外国自然人、法人提供不低于本国自然人、法人所享有的民事权利。世界贸易组织国民待遇原则指对其他成员方的产品、服务、服务供给者、知识产权所有者等提供的待遇权利，不得低于本国所享受的待遇权利标准，国民待遇原则是世界贸易组织的基本法律原则之一，是对最惠国待遇原则的重要补充，可以有效降低交易成本，营造稳定贸易环境，提高全球的福利水平。

国民待遇原则的主要内容包括：国民待遇原则适用的对象既可以是物，也可以是人；国民待遇原则只涉及在经济贸易领域的权利和待遇，不涉及政治领域的权利和待遇；国民待遇强调"不低于"。如果提供更优惠的待遇，亦不违背国民待遇原则。国民待遇原则具有普遍适用性。国民待遇原则的实施具有强制性，世界贸易组织负责针对国民待遇执行情况的审查，督促成员方更加严格遵守其国民待遇原则。

3. 透明度原则

透明度原则是指各成员方应必要、及时地公布能够影响国际贸易活动的法律、政策和贸易政策措施等（未实施的措施可不予公布）。各成员方要将公布及修订情况及时告知世界贸易组织，并承担起应其他成员方要求提供相关信息和咨询内容的义务。此外，各成员方签署的能够影响国际贸易政策的国际协定，也要及时告知世界贸易组织并予以公布。透明度原则贯穿于成员方承诺的始末，侧重于贸易政策措施的及时公开和可获得度，涉及范围是货物贸易、服务贸易和知识产权等领域，旨在各成员方能够更好地了解、监督国际贸易行为。世界贸易组织贸易政策审议机制和争端解决机制是负责监督其成员方实施透明度原则的保障体制。世界贸易组织透明度原则的法律属性划分为三个层面：一是公开与开展国际贸易相关的法律法规；二是确保与开展国际贸易有关的政策措施，必须按照既定的程序规则予以通过、实施等，并且该程序要保持透明、公开与公正；三是构建独立、公正和有效的监督审查机构，能够对政策措施进行审查和监督等。

透明度原则是世界贸易组织法治化治理的应有之义。如果贸易政策措施缺乏足够的透明度，就难以监督成员方是否充分履行世界贸易组织规定的义务，导致世界贸易组织一系列协议难以得到有效实施，也就无法营造稳定、可预期的国际贸易外部环境。严格、及时地公布相关贸易政策措施及其变化情况，是增强世界贸易组织的工作效率和权威性所必不可少的前提条件，有利于维护成员方的利益，确保在国际贸易市场中开展公平竞争，维持国际贸易秩序稳定，营造公平和透明的法律政策环境，推动贸易自由化发展。因此，保证各成员方贸易政策措施的充分透明，是世界贸易组织成员方应当严格履行的基本义务之一。

4. 互惠原则

互惠原则是指成员方在开展国际贸易过程中相互给予对方一定的对等性优惠待遇（国家之间利益的相互让与），强调成员方在关税减让方面的对等互惠以及履行义务的相互性和对等性，通过实质性地削减关税、贸易壁垒等，从而消除歧视性待遇，促进市场更加开放，构建互惠互利的多边贸易关系，推动经济全球化和贸易自由化的发展进程。

互惠原则是开展多边贸易谈判的基础，成员方之间相互给予优惠待遇，在最大限度上可以有效减少由最惠国待遇所引起的成员方"搭便车"行为。尽管《关税及贸易总协定》和世界贸易组织均未对如何衡量、量化互惠做出正式或非正式的具体规定，但是《关税及贸易总协定》与世界贸易组织的贸易协定都是在互惠互利的基础上签订的。同时，具有互惠性质的关税减让和多边谈判可以视为多次重复博弈，在整个博弈过程中实现权利与义务的总体平衡。另外，成员方采取报复性反击举措亦是互惠原则的一种体现，即互惠原则要求成员方之间进行平衡地削减关税，但当一方成员方政府试图修改或退出先前签署的关税减让协定，其他成员方即可对此做出相应的报复性回应，使得受影响的成员方尽可能地实现损失最小化。随着服务贸易、数字贸易等新经济形态的快速发展，标准、知识产权保护等议题逐渐成为多边谈判的焦点。随着新兴经济体和发展中国家在世界经济格局中的地位不断提升，发达经济体对其提出了更高的互惠新要求。因此，在未来世界贸易组织谈判过程中，成员方关于互惠原则的探讨将进一步深入和细化。

互惠原则同样存在一些例外情况。基于发展中国家成员仍处于发展初级阶段、整体发展水平较低等客观现实，"肯尼迪回合"提出发达国家成员承担对发展中国家成员的减免关税和消除其他贸易壁垒等相关义务，但不能同时要求得到发展中国家成员同等的互惠，以及做出与发展中国家成员自身发展水平不相称的"贡献"。基于此，创建"普惠制"，即发达国家成员给予发展中国家成员普遍的、非互惠和非歧视的关税减让特殊优惠，主要包括：发达国家成员给予发展中国家成员在削减非关税措施方面的优惠待遇；发展中国家成员之间可以相互进行区域性或全球性互惠，而不必将此优惠待遇授予发达国家成员；对最不发达国家成员，在关税减让幅度、受惠产品范围以及有效期限等方面作出详细的规范。实际上，由于发展中国家成员与发达国家成员在综合实力方面存在巨大差距，发达国家成员掌握国际贸易的制度性话语权，并长期掌控多边贸易谈判的议事议程，导致广大发展中国家成员难以获得实质性收益，无法实现真正的"互惠"和"普惠"。

（二）世界贸易组织的主要治理机制

1. 多边谈判机制

多边贸易体系是通过多边贸易谈判的方式逐渐降低各个国家的保护水平的。历史上常见的是，不同国家政府之间进行双边贸易谈判，在缺乏对双边谈判进行规则约束的前提下，双边贸易谈判中的机会主义非常严重。在上一次谈判中通过让步所获得的收益，有可能在下一轮双边谈判中因谈判主体发生变化而被侵蚀。如果只是一次性的谈判，那么谈判方就会谨慎地权衡出口能够获得的国外市场机会，以及进口所要出让的国内市场机会。如果前者更大，就可以进行交换，获得更多的利益；反之，则可能不会参加类似的谈判。如果每个缔约方都进行着累算计，那么整个多边谈判就很难推进。由于多边贸易体制下的贸易谈判是多边、多次、长期的重复谈判，一次谈判并不会将自己所有的市场机会交换掉，而是小批量多次交换。一次谈判，一个成员能够获得的出口市场机会可能与将要出让的市场机会不能平衡，但只要小批量多次进行基本平衡的交换，就会逐渐实现贸易自由化。长期来看，国内的进口竞争部门面临自我调整的压力，单纯等待只会坐以待毙。由于多边贸易体制下的多边贸易谈判是一个多方参加的多阶段的重复合作博弈，各成员政府出于本国（地区）利益需要在贸易政策上的竞争，也有必要为获得更大的贸易自由化成果而进行国际层面上的合作或妥协。因此，各成员通过博弈中不断地竞争与合作，最终实现权利与义务的基本平衡。多边互惠性谈判使成员贸易政策的国际协调在既定的框架下进行，减少了谈判成本、降低了谈判障碍，从而达到交易成本的有效节约。

2. 多边谈判约束机制

为推进贸易自由化，世界贸易组织创建了一套新的成员方约束条款，并渗入国内经济活动和立法的诸多领域，改变了国际社会对贸易进行调控的范围和力度。为了防止成员方走回头路，多边贸易体制特别设计了两个规则进行防范：一是约束关税的水平。将现有的关税约束起来，以后不能再提高。这意味着《关税及贸易总协定》缔约方或者世界贸易组织成员的关税水平只能降低。每一次多边谈判的承诺，也都纳入这种约束之中。二是报复机制。各成员方通过"承诺"将自身约束在规章制度的体系中，撤销任何一项承诺都需要向该组织提交放弃权利的声明，因而放弃组织义务日益变得不可能。如果一成员方违反规则，世界贸易组织将依法制裁，就会招致其他缔约方的报复。这使得每个缔约方都会谨慎行事，并对自己的承诺负责。这样的机制使缔约方内部的保护主义倾向受到多边贸易体制中其他缔约方强有力的约束。

3. 协商一致的决策机制

在多边贸易谈判和决策中，一个重要原则是协商一致，即在多边贸易谈判和其他决策上，只有在所有成员同意或至少是不反对的情况下，才能达成协议或形成决策。否则须继续磋商，直到实现协商一致为止。选择该原则的是因为贸易政策的制定涉及方方面面的利益，政治上非常敏感。协商一致则能够最大限度地保证各缔约方的利益。如果采取少数服从多数的投票等方式，那么反对的成员就会被强制要求接受它们反对的协议或者决策，这会导致国家主权的削弱。由于参与谈判成员众多且各方差异很大，为避免协商一致原则出现僵局，同时设立了谈判互惠机制。在这种机制下，允许市场规模小的谈判方在多边对等互惠谈判中不削减自身的关税。但同时规定，不进行关税减让就不能反对其他缔约方的谈判以及相关共识的形成。这些国家还可以通过《关税及贸易总协定》的最惠国待遇原则享受其他缔约方之间谈判所达成的关税削减成果。这样，虽然谈判方数量众多，但是协商一致原则还是能得到较好的贯彻执行。

从全球贸易规则的发展历程来看，自二战后至今的全球贸易治理是基于规则的治理。但新规则的引入主要由发达国家主导，反映了发达国家对国际贸易规则的制度供应及其利益诉求。同时，发展中国家在多边贸易体制中的参与度不断加深。贸易是各国经济交流的主要渠道，贸易往来使一国的国内政策受到国际相关利益方的考量。近年来全球贸易治理规则在全球经济治理规则中的地位加强，使国际贸易规则从贸易领域更多地向各国传统上由国内政策管辖的领域延伸,对全球经济治理的非贸易领域也开始发挥作用。

第二节 世界贸易组织在全球贸易治理中的作用与成就

全球贸易治理是全球化进程的逻辑结果,是国际经济秩序的新发展形态,也是国际规制有效性的现实要求。所谓全球贸易治理是指国际社会为处理贸易问题而建立的一系列国际制度、规则或机制的总和。全球贸易治理的核心问题是如何促进全球贸易的增长。世界贸易组织是当今全球范围内处理各国和地区间经贸关系的唯一国际组织,一直被视为全球贸易治理的核心,它既是一个多边贸易体制的框架,又是一套全球贸易治理的规范集合体。世界贸易组织以规则为基础,成员通过贸易谈判、政策审议、解决贸易争端等方式开创了全球贸易的治理模式,在推动全球贸易增长、解决贸易争端、实现经济发展上发挥了不可替代的作用。

一、世界贸易组织是全球贸易治理的主要平台

促进全球贸易增长是全球贸易治理的基本使命和核心目标。《关税及贸易总协定》为多边贸易体制的诞生提供了最初的政治和法律框架。自1947年在哈瓦那召开的联合国贸易和就业会议上获得通过后,《关税及贸易总协定》就成为多边贸易体制的基石。1994年,在建立世界贸易组织的《马拉喀什宣言》中指出,世界贸易组织宗旨就是"建立一个完整的、更可行的和持久的多边贸易体制",代表着所有国家迈向由共同的承诺、规则与机会组成的一个全球贸易体系,是以普遍公认的原则与规则为基础的经济共存与合作制度。

自世界贸易组织建立以来,成果显著。第一,国际贸易显著扩大。国际贸易对发展中国家的减贫事业具有明确、积极的影响,如降低贫困人口消费品的价格、增加从事生产经营活动的贫困者进入海外市场并获得更好回报的机会等。第二,世界贸易组织成员数量明显增加。根据世界贸易组织统计,1995年世界贸易组织成立之初的成员数量是76个,成员的全球贸易占比超过90%。到2020年年底,其成员数量已经增加到164个,成

员的全球贸易占比超过98%。全球主要经济体都已经成为世界贸易组织大家庭的成员。成员数量变化表明世界贸易组织多边贸易体制的代表性不断提高。第三，贸易谈判取得进展。世界贸易组织成立以来，其规则从货物贸易扩大到服务贸易、知识产权，从关税措施扩大到非关税措施，部分重点部门还实现了进一步自由化。在关税谈判方面，成员关税从1995年的15%降低到2019年的8%。2001年多哈回合谈判启动后，成员先后就贸易便利化、农业出口竞争等议题的谈判取得了成果。第四，争端解决功能作用明显。世界贸易组织争端解决机制是乌拉圭回合多边贸易谈判在机制建设领域的重要成果。世界贸易组织自成立以来，被诉诸争端解决机制的案件明显增加，对大部分案件作出裁决，总体维护了稳定的国际贸易环境。第五，在贸易政策审议方面，审议范围从货物贸易扩大到服务贸易和知识产权。在政策监督方面，世界贸易组织机制在反对保护主义、维护开放稳定的贸易政策环境上发挥了重要作用。此外，世界贸易组织还涉及金融服务、补贴和农业的国内支持措施等方面议题，调整范围从规范关税等边境措施延伸到成员方的国内政策。

为适应全球贸易环境的变化，作为全球贸易治理的主要平台，世界贸易组织不仅在各治理主体和治理机制内部加强协调与合作，还与其他相关治理主体如联合国、联合国贸易和发展会议、世界银行、国际货币基金组织、经济合作与发展组织、国际劳工组织、联合国环境规划署、二十国集团等加强联系和机制性的协调合作，共同有效应对全球挑战。国际协调合作是全球贸易治理秩序和平演进的唯一途径，也是确保全球贸易治理合法性和贸易规则有效性的关键。多元主义的世界观、伙伴关系管理和积极实践活动，是世界贸易组织国际协调合作重点建设的方面。

二、世界贸易组织在全球贸易治理中的成就

作为一种国际贸易制度安排，以世界贸易组织为代表的多边贸易体制的建立，极大地推动了战后世界贸易的发展。多边贸易体制创立了以规则为基础的国际贸易秩序，促进了国家之间的贸易自由化和国际分工的深化，为发展中国家和地区融入全球贸易体系提供了机遇，并带来了世界经济的繁荣。

(一) 创立了以规则为基础的国际贸易秩序

世界贸易组织为世界建立了一种基于规则的贸易体制和贸易治理体制。全球贸易治理不是一个简单的组织框架，而是代表了由一整套得到广泛认可和接受的规则来调整世界贸易和各国政府贸易的行为。这种体制不仅在多边体制内部使得成员之间的贸易以及商务活动更加确定、更加可预期，而且为体制外的区域贸易甚至全球贸易的自由化、价值链的构建创造了一种制度基础和治理模式。第一，多边贸易体制建立了透明的、可以预期的"以规则为基础的国际贸易秩序"。世界贸易组织最成功的安排是提供了以规则为基础，把不同信仰、不同发展水平和不同类型的国家都集合在一起的多边贸易体制。第二，多边贸易体制把主要以双边关系为基础的贸易体系转化为以多边为基础的贸易体系。第三，多边贸易体制为全球市场经济的发展创造了良好的外部条件。为全球的资源配置、投资和人员流动提供了一个稳定的营运环境，极大促进了世界经济的发展。

(二) 促进了全球贸易的发展

推进贸易自由化是全球贸易治理的基本使命与核心目标。多边贸易体制的建立降低了国际贸易和市场经济运行中的交易成本，既减少了不确定性，又大大促进了世界贸易的扩张以及国际经济的繁荣。世界贸易组织成功削减了国家的贸易保护，将自由化推进到新的领域。多边贸易体制的影响和作用最初主要局限于经合组织国家。与战后初期多边贸易体制建立时的情形相比，20世纪40年代末，发达国家的平均关税为20%—30%，且有很多非关税贸易壁垒。经过多轮多边贸易谈判，发达国家的关税已经降到乌拉圭回合谈判的4%，并且其中绝大部分是保护农产品的，制成品的进口关税大部分为零。尤其重要的是，多边贸易体制打破了战前各列强建立的相互独立的殖民体系以及相互竞争的国民经济体系，形成了国家之间的国际专业化分工，实现了自由贸易，避免了殖民体系以及国民经济体系竞争所造成的战争频发的悲惨宿命。冷战结束后，随着发展中国家和地区的加入，这种贸易制度安排和理念扩展到全球。

(三) 促进了世界经济的增长与发展

提高世界各国人民的生活水平，保证充分就业，实现实际收入和有效需求的巨大持续增长是所有国际经济组织或机构共同的宗旨。促进全球贸易的最终目的是实现世界经济增长与可持续发展。无论是与宏观经济相关的金融、贸易政策，还是社会和安全问题，最终的目的都是实现发展。世界贸易组织在成立之初就设立了贸易与发展委员会，通过技术援助和培训、对不发达国家成员的特别关注等行动和措施，推动贸易与发展。2001年11月，世界贸易组织第4次部长级会议启动多哈回合谈判，该轮谈判特别关注经济的可持续和平衡发展以及贸易增长对于减少贫困的重要性。世界贸易组织框架下的多哈回合谈判是联合国"千年发展目标"的重要组成部分，与粮食安全、气候变化以及有关发展的全球伙伴框架有着紧密联系。由于世界贸易组织在促进全球贸易增长方面十分有效，与良好的收入分配等经济政策相结合，世界贸易组织为世界经济发展尤其是减少贫困作出了卓越贡献。多边贸易体制是建立在市场经济之上的国际制度安排。本质上，它推进了跨国界的、开放的市场经济的发展和壮大。这种体制为冷战后的转型国家提供了一种更好的选择，贸易和投资的迅速发展使得发展中国家融入全球经济，成功推进了全球市场经济的扩大和发展，为随后全球化的发展打下了坚实基础。从国际制度运转成效角度看，以世界贸易组织为载体的多边贸易体制是成功的，它实现了"大幅度削减关税"的目标，并为国际贸易建立了一种透明、可预期的发展环境，为国家之间的贸易纠纷提供了有效的争端解决机制。通过"双轨制安排"较好地处理了不同类型缔约方贸易自由化与经济发展之间的关系，促成了世界经济的繁荣。

第三节 全球贸易治理面临的困境与挑战

以世界贸易组织为核心的多边贸易体系在维护自由贸易、推动世界经济增长方面发挥了重要作用。2008年金融危机后，世界经济格局及全球贸易格局发生新变化。经济全球化进程受阻，单边主义、贸易保护主义等抬头，加上新冠疫情影响，呈现"逆全球化"发展态势。标准更高的区域自由贸易协定削弱了世界贸易组织的作用和影响力，世界贸易组织面临被边缘化的风险。发达国家与发展中国家围绕国际经贸规则重构在多边、诸边、区域等层面同时展开博弈。国际贸易频繁出现争端纠纷暴露出世界贸易组织框架下的国际经贸规则和秩序，已经不能有效适应当前世界经济发展的新变化。全球贸易出现新变化和新模式，要求对国际贸易规则体系进行修订与完善。

一、经济全球化进程受阻

（一）"逆全球化"趋势发展

经济全球化促使世界经济出现结构性变化，这给各个国家带来不同的影响。一些发达国家认为在经济全球化进程中存在"贸易不公平"情况：其国内具有竞争优势的产业不断向国外转移，造成本国产业呈"空心化"发展趋势，导致以传统农业、制造业为代表的传统经济部门利益受损，部门内出现利润下滑和失业率增加等情况。与此同时，一些发展程度较低的发展中国家认为以欧美为代表的消费国和以新兴经济体为代表的生产国，在经济全球化过程中获得较大的收益。进口国得到由全球供应的廉价商品，生产国实现了技术的进步、资本的积累和劳动力素质的提高等。而处于价值链、产业链末端的国家不仅没有享受到经济全球化的收益，而且长期存在增长低迷、资源透支、环境污染以及效率低下等问题。因此，所谓的"受益群体"和"受损群体"之间发展不平衡、不匹配的矛盾导致经济全球化进程逆转。另外，经济全球化的发展需要加强全球经济的协调、治理和监管。但全球经济治理模式、多边贸易体制以及许多国家的政府都难以对快速发展的经济全球化作出及时的政策调整，无法适应世界经济和国际贸易出现的新变化。此外，一些国家的经济体制亟须改革，宏观经济政策的调控机制以及对外经济的方针政策体系等严重滞后于经济全球化发展。这些因素进一步激化国家之间的矛盾冲突，导致"逆全球化"趋势加剧。

（二）贸易保护主义抬头

自世界贸易组织成立以来，贸易保护主义始终贯穿于国际贸易发展的各个阶段。全球贸易体系面临的困境与近年来以美国为代表的发达国家推行的单边主义、贸易保护主义政策等有直接关系。2008年全球性金融危机暴露出世界经济诸多长期存在的结构性矛盾，引发主要大国国内深刻的社会危机，导致国际政治经济格局出现复杂变化，世界主要经济体进入缓慢的经济复苏期。在经济危机背景下，美国奥巴马政府对内大量增加财政开支，持续维持高额的财政赤字；对外为减少贸易逆差，采取倾向于贸易保护主义的对外经济政策；推动《跨太平洋伙伴关系协定》谈判，力图重塑环太平洋的国际经贸规则；限制劳动密集型产品的进口，推动国外产业向美国本土回流，确保美国就业水平。特朗普执政后，强调"美国优先"和"美国利益第一"，将本国利益置于别国利益之上。在国际贸易领域，特朗普政府积极奉行单边主义，颁布实施加征关税、外国投资安全审查等政策，对内实施不断减税和促进制造业回流等政策，这就增加国际经济秩序的不稳定性和市场运作风险，损害世界贸易组织非歧视原则，加剧成员方之间的利益冲突，给经济全球化发展带来较大的冲击。特朗普政府公开质疑当前多边贸易体制和世界贸易组织规则的合理性，公开指责世界贸易组织"职能不健全"，认为现有的国际经贸规则体系"对美国不公平"，表示要修订世界贸易组织规则体系，对世界贸易组织进行全面改革。特朗普政府认为世界贸易组织体系存在两大缺陷：一是其无法维护美国的国际贸易权益；二是其体系的透明度缺失。特朗普政府认为现有的世界贸易组织规则造成全球贸易格局失衡，这也导致了美国出现制造业空心化，虚拟经济和实体经济产出比例失衡等问题。世界贸易组织框架下的多边贸易体系无法充分保证美国的利益，本国建立的国际经济秩序已成为其他经济体获取国际经济合作利益的保护伞。[①] 特朗普政府多次扬言要"退出世界贸易组织"，并直接无视世界贸易组织的贸易原则和规则，根据美国国内法采取歧视性的进口限制等措施，对包括中国、日本和欧盟在内的多个国家和地区出口至美国的货物产品，加征关税或采取单边贸易制裁措施等，挑起贸易战。特朗普政府采取的单边措施和贸易保护主义政策，不仅严重违反世界贸易组织最核心的最惠国待遇原则和关税减免等规则，损害世界贸易组织成员方的利益和福利，降低世界贸易组织的权威性和有效性，而且导致世界经济增速大幅度下滑，国际贸易频繁出现摩擦，严重破坏了以多边贸易规则为基础的国际经贸秩序。

特朗普的单边主义和贸易保护主义政策产生了明显的外溢效应。一些

---

① 佟家栋、刘程：《"逆全球化"的政治经济学分析》，《经济学动态》2018年第7期，第26页。

发达国家在面对经济发展困难加大和新兴工业化国家的快速崛起等问题时，其对外政治经济政策趋向保守，采取诸如关税、配额和海关监管等限制性对外贸易政策，对全球经济治理和多边贸易体制形成进一步冲击。例如，一些国家频频以维护国家安全为借口，对进口的产品肆意加征关税，并以不透明、不公开的方式实施出口管制，随意扩大实施范围，越来越多的国家对外资的态度趋于谨慎。再加上受新冠疫情的冲击，各国对外投资更加谨慎。西方国家的贸易保护主义政策不仅违反了世界贸易组织的宗旨和规则，而且削弱了支撑经济全球化发展的政治基础和社会基础，破坏了稳定的国际政治经济发展格局。

另外，始于2020年的新冠疫情在全球范围内大流行，重创了全球价值链、供应链，影响世界经济健康发展的不稳定性、不确定性的因素大大增加，促使国家之间竞合关系发生新整合。全球总需求大幅下降，经济循环和全球供应链受阻，国际贸易几乎处于停滞状态。新冠疫情也进一步加剧原有的国际政治经济格局、世界经济秩序和产业经济布局的对立冲突。新冠疫情在全球范围的蔓延进一步助长了贸易保护主义。一方面，因防控疫情蔓延的客观需要，各国海关采取更加严格的检疫举措，增加国际贸易成本，重创全球的经济生产，并导致各国对货物贸易、服务贸易等需求的大幅萎缩；另一方面，疫情在全球范围内的蔓延引发一定程度的心理恐慌，加速了"逆全球化"的发展进程。

二、区域经贸组织和协定对世界贸易组织的冲击

随着经济全球化的深入发展，全球价值链、产业链和国际分工体系深度调整，全球化转向区域化成为一种发展趋势。世界贸易组织多边规则体系不能完全适应世界经济发展的新形势和新要求，国际社会亟须确立新的贸易规则体系。由于世界贸易组织主导的多边贸易谈判坚持"协商一致"原则，致使谈判效率低下，长期以来在国际贸易重大决策和规则修订等方面毫无进展。现有的多边贸易体制和世界贸易组织规则体系已不能满足一些国家成员更高的标准、要求，再加上其本身的制度设计和实际运行中存在诸多问题，因此，这些成员转而对双边或区域自由贸易协定寄予厚望，以期通过双边或区域层面的贸易自由化来应对新的挑战。

相比于多边贸易协定，区域自由贸易协定成员数量少、灵活性更强、

谈判成本更低以及政策实施范围固定，所以更容易达到谈判目标。虽然区域自由贸易协定是世界贸易组织最惠国待遇原则的进一步小范围的延伸，但是其标准和自由化程度都高于现行的世界贸易组织规则体系。成员可以在特定区域内，基于国家产业竞争力比较优势的基础，有针对性地选择某些国家的特定产业开展互补性的分工合作。区域自由贸易协定是多边贸易体制下允许的一种制度安排，这为区域自由贸易协定的进一步发展留下充足空间。世界贸易组织许多成员对区域自由贸易协定的重视程度远大于多边贸易协定。2008年金融危机爆发后，以美国为代表的发达经济体在开展多边贸易谈判的同时，不断签订双边、区域自由贸易协定，力推高标准的国际经贸规则向多边层面渗透，试图重构新的国际贸易规则体系，这给全球多边贸易体制和世界贸易组织的发展带来较大冲击和挑战。进入21世纪以来，自由贸易协定的增长尤为明显。例如日本主导的"全面与进步跨太平洋伙伴关系协定"、日本和欧盟签署"经济伙伴关系协定"、欧盟和加拿大签署"综合经济与贸易协定"、美国出台的"印太经济框架"协议、东盟主导推动"区域全面经济伙伴关系协定"谈判。目前世界上很多国家都签订了区域合作协定，整个世界的区域合作协定交叉重叠。

区域经济的发展对世界贸易格局和全球贸易治理产生了深刻而复杂的影响。一方面，区域经济一体化的发展补充了多边贸易体系的不足。世界贸易组织并不排斥和禁止地区性自由贸易区，区域一体化的蓬勃发展在一定程度上弥补了多边贸易体系难以协调的不足，其在促进区域贸易自由化、深化双边经济合作方面发挥着重要作用。以自由贸易区协定和关税同盟为主导形式的区域经济一体化，不仅涉及贸易的自由化，而且涉及投资、知识产权保护、劳工标准和环境标准等多方面的合作。另一方面，在区域经济一体化的发展中，区域内国际贸易的比重上升，国家之间的竞争向区域集团之间的竞争演变。由于区域经济合作将国家之间的合作和竞争关系转变为区域集团之间的关系，虽然这一合作有助于解决全球贸易治理中的区域问题，但对全球贸易治理的影响却存在一定的负面效应。区域合作具有歧视性，可能将一国的贸易保护主义扩大为整个区域的贸易保护，一定程度上扭曲了全球的资源配置。区域合作会削弱成员方参与多边合作的动力，无论是发达国家成员还是发展中国家成员都更愿意优先考虑便于协调的区域合作协定。例如，美国与欧盟的《跨大西洋贸易与投资伙伴协定》、与环太平洋国家的《全面与进步跨太平洋伙伴关系协定》等。

三、世界经济格局的新变化

随着新兴经济体的快速发展,世界经济重心由西方世界向世界范围逐步平衡扩散,推动原有国际经贸关系和全球贸易治理体系发生变化。全球贸易治理呈现"南北合作"的局面,全球经济治理重心正从发达国家之间的合作转向发达国家和新兴经济体的合作。世界贸易组织需要对世界经济发展的新形势和新变化作出及时的调整。世界贸易组织成为发达经济体和发展中经济体开展国际经贸博弈较量的平台。

(一) 新兴国家经济快速发展

随着经济全球化的深入发展,在新一轮科学技术革命、交通通信条件改善、管理理论创新等因素的共同驱动下,跨国企业在全球范围内配置资源成为可能,发达国家的企业纷纷剥离非核心业务,并把标准化的生产和经营环节转移出去,逐步形成发达工业国、新兴经济体、传统发展中国家的梯度国际分工格局。得益于国际分工的变化,以中国为代表的新兴经济体和发展中国家的经济实现快速发展,在世界经济总量中所占份额稳步提升,国际地位和国际影响力也不断提高,逐渐成为拉动世界经济增长的新引擎。与此同时,受全球金融危机等因素的影响,以美国为代表的发达国家经济发展遭受重创,其国际竞争优势逐步下降。发达国家和发展中国家的发展差距持续缩小,国际力量对比从极不平衡向相对平衡的方向逐步调整。国际经贸格局逐步由发达国家主导的金字塔式转变为兼顾发展中国家和新兴经济体的更加合理的扁平型结构。

(二) 发达国家与发展中国家博弈加剧

传统发达国家实力的相对下降与新兴经济体和发展中国家实力的相对上升深刻改变世界政治经济格局,各经济体都对国际经贸规则提出符合切身利益的主张。新兴经济体和发展中国家要求在国际经贸规则体系中拥有更多的话语权和规则制定权,试图打破西方发达国家的垄断局面,在全球经济治理体系中更多地反映自身的利益诉求。发达国家则要求规则体系和制度安排朝着更加有利于自身的方向调整,并尝试通过高标准、宽领域的

第二章 世界贸易组织与全球贸易治理

区域自由贸易协定继续垄断国际经贸规则的制定权，同时希望发展中国家在国际贸易治理中承担更多的责任与义务。因此，双方在世界贸易组织改革方向上存在较大分歧，无法达成有效共识，世界贸易组织自身的合法性和权威性受到挑战。

发达国家不断加快对国际经贸规则体系的重构，旨在建立能继续维护其国家竞争力的国际贸易外部环境。在新旧国际制度交替的过渡时期，现有的国际贸易治理仍然呈现出以权力为导向的特点，发达国家试图通过在现有世界经济格局和国际贸易体系中的主导权，利用国际公共产品供给出现滞后的不足，推行更多的"非中性"规则，构建更有利于自身发展的新型经济全球化和国际贸易规则。在这个背景下，发展中国家借助原有多边贸易规则体系谋求自身发展的空间被进一步压缩。

国际贸易带来的利益分配格局出现较大的变化，国际经贸关系进入新的调整期。发达国家"垄断"世界贸易组织谈判、决策的话语权和主导权的局面被逐步打破，世界贸易组织框架下的主要决策成员群体、利益诉求以及博弈格局发生改变，"协商一致"原则无法及时有效适应国际经济格局的调整变化和成员方国际地位的浮动变化。随着发展中国家综合实力的不断增强和国际地位的不断提高，越来越多的发展中国家希望不再被发达国家的意志所左右，在国际社会发出自己的"声音"，维护好切身利益。新兴经济体和发展中国家通过二十国集团、金砖国家等国际合作机制，以及对国际货币基金组织、世界银行进行份额和投票权改革，增加自身在全球经济治理过程中的制度性话语权。同时也积极尝试对多边贸易体制和世界贸易组织进行改革。在新议题谈判的过程中，发达国家与发展中国家关于国际经贸规则的博弈不断加剧。另外，发达国家对于发展中国家的身份认定，将会涉及对最惠国待遇原则和"差别待遇"等内容的重新调整，这将会进一步激化发达国家和发展中国家之间的矛盾摩擦。

世界经济格局新变化使各国开展贸易的比较优势发生改变，带来利益的重新分配，从而引发世界贸易组织各成员方对既有体制的公正性与有效性的质疑。一方面，美国等传统发达国家认为新兴经济体的快速发展冲击世界贸易组织的现行机制和规则体系，造成利益分配的不公平，然而世界贸易组织并未对此作出及时的规范和约束；另一方面，新兴经济体和广大发展中国家对美、欧、日等发达国家长期操控世界贸易组织谈判和决策，掌控国际经济组织的制度性话语权的行为产生不满，对当前多边贸易体制和世界贸易组织产生迫切的改革需求。双方在世界贸易组织改革方向上存在较大分歧，无法达成有效共识，世界贸易组织自身的合法性和权威性受到挑战。

第四节　世界贸易组织改革与多边贸易体制的前景

世界贸易组织构建了一个强大、有效的全球多边贸易治理体系，各国关税大幅降低，非关税壁垒有所减少，贸易自由化的程度和范围不断扩大，促进了世界经济与贸易的高速发展。世界贸易组织改革的本质是多边贸易体制框架内相关成员方之间的博弈，对所涉及利益的重新协调分配，对相关贸易行为进行制度规范与约束，从而实现多边贸易体制的持续发展。世界贸易组织改革的主要矛盾是发达国家成员与发展中国家成员之间的矛盾。

一、世界贸易组织规则体系不断完善

当前，世界经济发展形势和国际贸易格局发生重大变化，由发达国家主导的高标准区域贸易协定不断地适应、变化和调整，正重塑新一代全球贸易投资规则，同时反过来削弱了多边贸易规则体系的完整性。新一轮科学技术革命加快重塑全球产业链和全球价值链，深刻调整国际分工布局结构，新冠疫情的暴发更是加速全球产业链和供应链的回流，互联网和信息通信技术快速发展，带动数字贸易和跨境电商在全球范围内实现大幅增长，制造业和服务业加速融合，服务贸易已经成为许多国家经济发展的重要增长点，全球贸易正在逐步从商品、要素流动向规则重构、制度开放的方向转变，新兴经济体实现集体性崛起。世界经济明显进入了一个错综复杂、充满变数的时代。在以传统规则为基础的体系向以新规则为基础的体系转变过程中，国际贸易治理处于非均衡状态，国际贸易结构正在由以货物贸易为主体向货物贸易、服务贸易以及数字贸易的格局演化，世界贸易组织未能及时更新规则体系，已经落后于国际贸易新格局。传统的以管理货物贸易为主的世界贸易组织规则体系，已不能适应世界经济新关系和国际贸易新形式的现实发展需要，存在规则和制度的供给不足，在全球价值链、数字贸易和国际投资等领域存在严重的规则空缺，无法妥善调解出现的国际争端，阻碍世界经济和国际贸易的进一步深化发展。虽然各方推动世界贸易组织改革的立场分歧巨大，各国尚未对世界贸易组织规则改革达成共识，但世界贸易组织体制若不改革，将无法有效行使其全球贸易治理功能，其在全球贸易治理中的地位或将继续弱化，全球贸易治理体系也会呈现出治理越来越碎片化的特点对现有世界贸易组织规则体系进行更新修订，加快推进世界贸易组织新议题谈判进程，构建促进公平竞争的世界贸易组织现代化规则体系已经成为各国的共识。

二、发达国家试图主导全球经贸规则体系的重构

国际贸易规则应当根据国际贸易发展过程中出现的新特点和新趋势不断更新变化。但就目前发展情况看，以全覆盖、多领域和高标准为特征的区域自由贸易协定构建出的国际经贸新规则体系，反映了世界经济和国际贸易发展的新变化和新要求，但整体上还是集中反映了发达国家的利益诉求。规则条款的更新和引入主要由发达国家主导。全球性金融危机后，发达国家对本国经济进行结构性调整，面对新兴经济体国家的集体性崛起，发达国家开始启动新一轮多边贸易谈判，将谈判重点转向服务贸易和边境后管理措施等领域，试图重构国际经贸规则体系。例如，美国特朗普政府虽然退出诸多贸易协定和多边贸易谈判，但是美国重塑国际经贸规则，维持其绝对优势地位的根本目标没有改变。美国"去全球化"的实质是重塑一个以美国为核心的"再全球化"，其目的是规避新一轮全球化带来的要素收入变动对美国产生的不利影响。发达国家借助高标准区域自贸协定，试图构建全球贸易新格局，抢夺新一轮全球经贸规则制定权。从根本上看，以美、欧、日为代表的发达国家，无论是启动新的区域自由贸易协定谈判，还是推动世界贸易组织改革，其主要目的都是为了重塑国际贸易、国际投资、知识产权、市场竞争等规则体系，将所谓21世纪高标准的经贸规则纳入双边、区域自由贸易协定，实现对其有利的国际竞争。美、欧、日等发达国家在推动区域自由贸易协定的同时，还着手推动对以多边贸易体制为核心的世界贸易组织框架进行改革，希望在重构新一代国际经贸规则体系的过程中，继续占据主导地位。

三、以规则为基础的全球贸易体系将继续发展

世界贸易组织以规则为基础,通过组织谈判、审议政策以及解决争端等方式开启了全球贸易治理的新模式,对推动世界经济与贸易的发展作出了巨大的贡献。世界贸易组织多边贸易体制存在的必要性和重要性不容置疑。然而,无论是当前错综复杂的国际形势,还是世界经济格局的深刻转变,都对世界贸易组织多边贸易体制提出了新的规则诉求。国际社会亟待确立新的贸易规则,以规则为基础的多边贸易体系仍然是各经济体的共同追求。在当前错综复杂的国际形势下,国际社会在全球治理和多边主义等方面的基本共识是,经济全球化是不可阻挡的历史潮流,多边主义是合作的最大公约数。未来经济全球化发展趋势不会彻底扭转,全球经济治理过程中开展多边合作必不可少。如果将关涉世界贸易组织成员方发展利益的世界贸易组织改革异化为大国之间争夺世界经济主导权的恶性竞争,那么多边贸易体系将会处于崩溃边缘或引发更大的世界经济危机。虽然当前世界贸易组织的规则体系需要更新、组织机构需要完善、机制运行陷入困境,但是其仍然具有较强的权威性,是开展多边贸易不可缺少的制度保障,在维护国际经贸秩序稳定,推动经济全球化发展等方面仍发挥着核心支撑作用。因此,世界贸易组织改革不能改变世界贸易组织的基本原则、多边贸易体制的完整性和贸易自由化的总体方向,更不能以所谓的新概念、新表述混淆并否定多边贸易体制的权威性,坚持世界贸易组织的基本原则就是世界贸易组织改革的出发点和建立新贸易秩序的基本前提。因此,世界贸易组织的现代化改革应积极倡导践行多边主义,完善多边贸易合作机制,建立开放包容非歧视的多边贸易体系,提高多边贸易规则的公正性、合理性,探索多边贸易合作的新方式,建立高级别的多边磋商机制,为世界经济发展和国际贸易增长营造更加稳定的制度环境。

第三章 区域性国际组织与全球治理

随着区域一体化的广泛兴起，使得与之对应的区域性国际组织成为在全球治理中发挥重要作用的行为体。区域一体化的进程大大推动了区域性国际组织的建立和发展，同时区域性国际组织的建立又进一步促进了区域一体化发展的深度和广度。这类国际组织最主要的一个特征是其成员来自某一特定的地区，具有特定的地理特征或地缘关系。区域性国际组织的目标主要是加强区域协调与合作，共同维护和提升成员国的利益，管理和治理本地区的事务。当前，区域性国际组织大量涌现，本章选取其中最具代表性的欧盟、东盟、非盟等组织，展现区域性国际组织在解决区域问题和全球问题中扮演的重要角色。

第一节 区域组织参与全球治理

区域治理既是全球治理的有机组成部分，也是全球化时代以地区为单位的治理实践。区域组织治理的成功经验，不仅为其他区域组织的治理所借鉴，也为全球治理机制的发展提供了重要参考。由于各地区国家的经济发展水平、政治制度安排以及历史文化背景存在诸多差异，区域组织在全球战略中的优势与地位各不相同。

一、区域组织在全球治理中的优势

区域治理可跨越地区界限走向全球治理。随着区域一体化和全球化的深入发展，对全球利益和全球价值的追求必将逐步超越地区主义的局限，地区治理也将跨越地区阻隔，走向全球治理，但这不是一个自然过程，它是在地区治理的基础上，由承载着全球治理的各行为体不断总结地区治理经验，经过长期努力探索和实践的结果。区域治理之所以可能成为全球治理的一个发展阶段，是因为它具备全球治理所不具有的优势。例如，某个区域内国家在经济水平、政治制度和历史文化方面具有更多相似性，它们更可能遇到共同的全球或区域性问题，因此寻求共同利益、解决共同难题的动力就更多，区域合作的可能性会增加，相应的区域治理机制就会建立起来。全球范围内的国家行为体呈现出更多的异质性，为国家间合作增加了难度，由区域治理逐步演进为全球治理不失为一个较好的选择。区域性国际组织最早开始进行区域国际共同事务的治理，在治理实践、治理机制、治理效力方面，区域组织都具有自身的优势。

（一）区域组织的治理经验

区域组织是最先出现的多边主义机构，是后来全球性、普遍性国际组织的先驱。许多区域性国际组织的成立早于联合国甚至国际联盟这类具有普遍性会员国的国际组织，是最早致力于国际问题治理的多边机构，其机构设置和国际治理经验成为后来联合国等国际组织效仿的样板。全球治理概念的提出在很大程度也与国际区域的治理经验和模式有关。

早期对国际共同事务的管理或治理是从地域相邻的国家间合作开始的。西方学者将国际组织的起源追溯到古希腊的城邦时代——为解决战争问题，各城邦间订立了联盟，彼此进行谈判。19世纪初，在结束拿破仑战争的维也纳会议后，英国、俄国、普鲁士、奥地利和法国建立了"欧洲协调"机制。欧洲大国坐在一起，共商欧洲安全事宜，以维持欧洲的和平。这种"欧洲协调"机制是区域合作的开始，也是后来联合国安理会的原型。这一时期出现的"欧洲行政联盟"主要是为解决国家间经济、文化、社会交往需要而建立的，以协调和管理国家间技术、行政层面的问题。它所要解决的问题超越了国家边界，超越了单一主权国家政府的行政管理范围。因此，"行政联盟"不仅是政府外交层面的形式，还包括专家、技术人员、商人及私人集团、非政府组织等，最具当今"国际治理""区域治理"的特征。

历史悠久的区域性国际组织在区域问题治理中发挥了重要作用，一些早期建立的区域性组织一直延续至今，经过与时俱进的制度创新，成为开展区域合作、解决当今区域和全球性问题的重要行为体。1816年创立的"莱茵河航运中央委员会"，其目的是保障莱茵河的环境和航运安全，以促进欧洲的繁荣，其确立的基本原则一直延续至今，成为当今历史上最长久的一个国际组织。这一由莱茵河流域有关国家派代表组成的"莱茵河航运中央委员会"主要负责组织有关国家进行外交谈判，制定和修改管理章程等法律、经济和技术方面的事务。该委员会负责有关运行规定，如《危险商品运输条例》《检查条例》《检疫条例》和《警察条例》等。该委员会力图在自由、平等原则基础上，保障莱茵河的自由与安全运输，这种模式为莱茵河管理与治理奠定了多边合作的基础。这些历史悠久的区域性组织在长期实践活动中积累了治理经验，其治理机制和能力也得到提升，成为当今区域问题治理和全球问题治理的重要行为体。

（二）区域组织的治理成效

区域问题往往也是跨区域的全球问题，如国际冲突、难民问题、流行性传染病、毒品问题、气候变化、环境保护、能源问题、粮食问题、国际反恐、预防跨国犯罪等。因此，区域问题的治理是全球问题治理不可分割的部分，区域组织也是全球治理重要的多边行为体之一。由于区域内国家对本地区问题的治理具有更直接的利益关联，也更具有发言权，是区域问题和区域相关全球问题治理最直接的主体。因此，区域组织在许多问题领域的治理比联合国和其他组织更有针对性，效果也更明显。

艾滋病、埃博拉病毒、SARS、非典型肺炎等流行病都是首先在某一地区发生，成为紧迫的区域性问题，同时也具有扩大为全球性威胁的可能。在这类问题的治理上，区域或次区域组织的作用显得尤其明显。再如，区域组织对本地区共享流域的治理与保护最有针对性，也最有效。因此，各国际性共享河流大多建立了流域内国际组织，以解决水资源保护、航运管理、危机处理等问题。除了前面提到的莱茵河流域保护与管理机构外，类似的组织还有多瑙河保护国际委员会、冈比亚河流域开发组织、湄公河委员会等。在治理的技术和战略层面，区域组织往往在问题治理方面更具有交通便利、操作便利的优势。在联合国维和行动中，欧盟、非盟、拉美国家都是本地区维和行动的主要派遣国家，这与区域组织的区域优势密切相关。不仅是因为地区和平与地区成员国息息相关，也是因为本地区国家的参与更能满足区域国家自主解决本地区事务的意愿，以及更能适应本地区文化、宗教、语言和自然环境等方面的条件。

由于地域相邻，区域内国家面临更多共同的威胁和挑战，利益相关性更高。这使区域组织更能够针对本地区存在的问题，制定更适合本地区的治理政策和措施。例如，美洲国家组织针对本地区存在的腐败问题、跨国犯罪问题、毒品问题、种族歧视问题等，采取了相应的区域治理措施。20世纪90年代以来，该组织成员先后签署了《西半球反毒品战略协议》《美洲反腐败纲领》《美洲消除贫困和歧视纲领》《谴责任何形式恐怖主义决议》《反对生产和非法交易武器决议》和《美洲国家消除杀伤地雷倡议》等文件。鉴于艾滋病、结核病和疟疾的流行对非洲国家公共卫生安全造成的巨大威胁，非盟对在本地区预防与应对艾滋病、结核病和疟疾的传播高度重视，开展广泛的国际合作，举行相关首脑会议，在这一领域取得了显著成就。

非盟、欧盟、美洲国家组织这类综合性区域组织大都覆盖广泛的治理领域。美洲国家组织除了涉及军事合作问题外，还设立了泛美一体化发展理事会、美洲国家法律委员会、泛美人权委员会。综合性区域组织也会根据区域和全球形势的变化，随时扩大议题，应对日益多样化的区域和全球问题。

（三）区域组织的认同感和凝聚力

与联合国等全球性组织相比，区域组织一直受到泛区域主义、区域一体化的推动，更多体现了区域国家的价值理念、共同利益以及共同的挑战。因此，区域组织具有更强的地缘认同、历史和文化认同，也更有凝聚力，有助于在解决区域问题和全球问题上达成一致。从地缘角度看，区域组织存在某一地区，在推进经济一体化的同时，趋于政治、文化、法律、安全等方面的合作与制度化。成员对组织的认同与服从强于对联合国的认同与服从，区域组织对成员的制约也强于二十国集团等这类非正式集团。

虽然区域组织成员之间同样存在利益分歧与权力竞争，但区域组织成员国之间显然具有更强的认同感和地区意识。从欧盟、非盟、东盟等区域组织看，受地区主义、区域一体化推动，地区认同可以超越该地区现存的尚未解决的冲突。例如，南亚地区国家各国之间存在边界纠纷、水资源分配问题、恐怖活动、移民问题等，但仍然建立了南亚区域合作联盟。该组织在消除贫困、农业、交通通信、教育卫生、环境、文化体育、反毒品、反恐、粮食安全、维护妇女儿童权利等领域开展了广泛的合作，在解决区域问题、加强合作与信任关系方面发挥了重要作用。

（四）区域组织的治理机制

虽然不同区域组织之间存在很大差异，但从总体看，区域组织的治理机制建设和能力建设较为完善，具有权威性、合法性特征。

第一，区域组织的机构设置完整。一般综合性区域组织都设立了一套相对完整的机构，决策、立法、司法、执行机构俱全，组织职权和议题几乎覆盖各个领域。例如，欧盟设立了欧洲理事会作为欧盟最高决策机构，即欧洲联盟高峰会；设立了作为最高立法机构上议院的欧盟理事会，即各国部长理事会，以及直选产生的民意机构欧洲议会作为最高立法机构下议院；设立了欧盟委员会作为欧盟的常设执行机构；还有欧盟的最高仲裁机构欧洲法院和负责欧盟审计和财政管理的欧洲审计院。非盟也是个机构齐全的区域组织。非盟大会是非盟首脑会议，为非盟最高权力机构；非盟执行理事会由成员国外长或其他部长组成，负责实施大会决议和对成员国的制裁；非盟委员会是非盟常设执行机构，负责处理非盟的日常行政事务；非盟泛非议会由非盟成员国各派出5名议员组成，履行协商、建议及立法方面的职能；与和平非盟安全理事会主要机构包括大会、军事参谋委员会、贤人委员会、非洲快速反应部队、特别基金等，其职责是负责非洲地区的和平与安全，具有强大的干预和协调能力。此外，非盟还陆续建立起经济、社会和文化理事会，非洲法院，人权机构，金融机构等。

第二，区域组织大都具有完善的组织章程。章程相当于国际组织的"宪法"，一般涵盖共同的组织原则、价值观和法律法规，具有较强的权威性、强制性与合法性。一些区域组织对其成员既有价值层面的共识，也有组织制度层面的约束。这使区域组织具有某种程度的超国家性，欧盟是最具超国家多层治理特征的区域机制，非盟等区域组织的这类特征也日益增多。欧洲国家是区域治理和全球治理重要的推动者和实践者，欧盟的治理模式和经验被广泛关注，也是欧盟国家和一些全球治理倡导者对外积极推

国际组织与全球治理

广的模式。① 尤其对世界主义全球治理模式的支持者来说，欧盟的治理模式就是全球治理的样板。

二、区域组织对全球治理参与的扩大

在全球治理中，区域性组织的作用和地位的提高趋势明显，表现为区域组织治理能力的提升和参与领域的不断扩大。

（一）区域组织的治理地位提升

在全球问题日益突出背景下，区域组织积极参与全球问题的应对。区域组织在经济一体化、可持续发展、冲突解决、环境与气候变化、水资源问题、粮食安全、能源安全、国际反恐、反毒品、流行性传染病防治等重大区域和全球问题上，都发挥着越来越重要的作用。

欧盟基于自身治理经验，积极参与全球治理机制的改革，试图在全球治理中发挥引领作用，提出包括在全球范围促进"有效的多边主义"、推进民主、倡导全球治理机制改革和扩大多边伙伴关系等一系列倡议。非盟在本地区通信技术、交通合作、消除贫困、应对气候变化、艾滋病防治、实现千年发展目标、和平与安全等领域的作用不断上升。非盟和非洲次区域组织在外交斡旋、调解、维和、监督选举等方面也发挥着日益重要的作用。非盟还制定了多项联合反恐措施，包括设立联合反恐基金、为成员国反恐提供支持、签发非洲逮捕令、成立非洲警察合作组织、实现信息共享等，非洲区域组织正在成为区域治理的主角。东盟国家在应对气候变化、粮食安全和生物能源开发合作、灾害应对等多个领域扩大合作，如在粮食生产和分配领域加强合作以保障粮食安全，就加强应对恐怖主义、跨国罪犯以及加强海运安全等非传统安全方面的合作达成一系列共识。南亚区域合作组织也就气候变化、环境、能源等全球性问题达成一致应对立场。各区域组织在区域和全球治理方面的意识和能力都有了明显上升，在区域治理和全球治理中扮演着越来越重要的角色。

---

① 周弘、[德]贝娅特·科勒－科赫主编：《欧盟治理模式》，社会科学文献出版社2008年版，第5页。

（二）区域组织制度建设不断深化

21世纪以来，区域组织加快了组织制度建设步伐，尤其是加强了政治、安全、法治层面的一体化进程，强化了组织的价值认同，使区域组织在区域治理和全球治理方面的作用得到提升。自2009年12月1日《里斯本条约》生效以来，欧盟机构改革取得了重要进展。《里斯本条约》的生效为多年停滞不前的欧洲一体化进程注入新的动力，标志着欧洲一体化进程又步入一个新时期。根据《里斯本条约》，欧盟实施了一系列新的机构改革，包括外交与安全机构的改革。欧盟对其领导体制进行了重大改革，包括设立了新的欧盟外交和安全政策高级代表，全面负责欧盟对外政策。欧盟对外行动署的建立是欧盟外交机构改革的一个重大成果。此后，欧盟积极开展全方位外交，同160多个国家建立了外交关系，与多方建立了战略伙伴关系和定期领导人会晤机制。欧盟奉行有效多边主义，倡导自由贸易，积极引领国际能源及气候变化合作，强调维护联合国的地位和作用。

2008年12月，东盟第一份具有普遍法律意义的文件《东南亚国家联盟宪章》生效，确立了东盟的目标、原则、地位和组织结构，对各成员国都具有约束力。根据《东南亚国家联盟宪章》，东盟共同体将由东盟经济共同体、东盟政治与安全共同体和东盟社会文化共同体这三大支柱组成。2009年的东盟首脑会议又发表了《政治安全共同体蓝图》和《社会文化共同体蓝图》。东盟政治与安全共同体的目标是要把东盟建成一个具有共同价值观念、遵守共同规则与规范、团结合作、和平稳定、承担共同责任的联盟。东盟社会文化共同体的目标是要把东盟建成一个在发展水平、社会福利、社会公正与权利等方面逐渐趋同的联盟，并强调东盟成员国公民对统一的"东盟"身份的认同。

（三）区域组织与全球治理机构的合作

区域治理机制是全球治理机制的重要补充。区域层次的治理与全球层次的治理都包含国家共同治理与非国家共同治理，但区域治理的内涵更加丰富，也更有力度和特色。在全球层面对治理的需求是分散多样的，而在区域治理中，全球问题的体验和重要性序列容易趋同，易于求同存异。因此，需要建立地区和全球治理机构之间的有效伙伴关系，在联合国等全球治理机构中引入地区治理机制，使地区治理机构成为全球治理中多层协商与决策机制的重要补充。长期以来，联合国重视与区域组织的合作，发挥区域组织的作用。《联合国宪章》专门对区域组织作出规定，确认了区域组织的法律地位及其同联合国的特殊关系。《联合国宪章》指出，联合国并不排除区域协定或区域机构的存在，但这类协定或机构及其工作须"与联合国之宗旨及原则符合"。联合国大会、联合国安理会通过了一系列加强与区域组织合作的决议，要求为更好地维护国际和平与安全而进一步加强联合国与区域和次区域组织的合作。鉴于非洲复杂的安全形势，联合国尤其强调与非盟在和平与安全事务上的合作，支持非洲区域和次区域组织参与和平解决争端，包括预防冲突、建立信任和进行调解。区域组织有责任为联合国的维持和平行动获取人力、财政后勤和其他资源。在刚果民主共和国、中非共和国、利比里亚、科特迪瓦、苏丹达尔富尔、苏丹阿卜耶伊和索马里等问题上，联合国与非盟、西非经济共同体、中非经济共同体、东非政府间发展管理机构开展了广泛的合作。

三、区域组织参与全球治理的局限性

在全球治理体系中，虽然从整体看区域组织的地位和影响呈上升趋势，但在理念塑造、议程设置、发展融资等方面的治理能力无法与全球性治理机构相比。在重大区域问题的治理方面，各区域组织的能力和影响还存在很大差异。一些区域组织的治理机制和能力强大，治理成效明显。另一些组织其内部成员之间仍然存在明显的矛盾和争端，无法形成有效的治理。在一些问题上，区域内国家关系紧张影响了区域组织的凝聚力。区域外大国之间的竞争，区域内的权力竞争，形形色色的族裔、宗教冲突，都对区域组织的治理机制和治理能力产生影响。一些区域组织治理能力建设不够，缺少技术和资源。例如，维持和平行动方面，联合国与非盟和非洲次区域组织，以及欧盟、加勒比共同体、南美洲国家联盟等区域组织开展了卓有成效的合作。虽然这些区域组织凭借独特的地域优势在区域和平与安全方面得以发挥重要作用，但也在维和实践中暴露出区域组织能力欠缺、资源不足的问题。

另外，区域治理的排外性阻碍了全球治理的发展。在现实中，一些区域治理呈现出封闭性、排外性趋势，尤其是在全球或区域性经济危机爆发时，各地区为了尽快摆脱危机，往往选择狭隘的贸易保护主义措施，虽然短期内暂时缓解了经济困境，但从长远看不利于国家经济乃至区域经济一体化的发展。全球治理与区域治理在某种条件下可以相互促进，但也可能成为彼此的阻碍。只有在全球化顺利发展的条件下，全球治理与区域治理会形成协调关系。如果全球化得不到发展，区域主义反而容易形成与全球主义的对立关系。

综上所述，区域组织具有更多的治理优势，尤其在区域问题的治理上，区域组织显然是治理的主角。在全球治理多元行为体中，区域组织的治理机制日益成熟，治理能力不断提高，其作用和地位得以提升。与其他国际机构一样，区域组织存在一些难以克服的问题。区域组织如何排除内部和外部权力斗争的干扰，如何协调与其他治理主体之间的关系，如何处理好与利益相关大国之关系，这对区域组织在全球治理体系中的地位和作用具有重要影响。

第二节 欧盟的治理模式与实践

欧盟是区域一体化发展程度最高、机制最成熟、最具影响力的区域性国际组织。欧盟之所以能够成为一体化进程和区域治理的先行者，是由其深刻的历史背景、相似的文化传统等一系列要素促成的。欧盟多层级治理呈现出与其他地区治理不同的特征。欧盟的治理既为全球治理提供了宝贵的经验，同时也以治理主体的身份积极参与全球治理进程。随着欧洲一体化进程受阻，欧盟治理的困境不时显现。

一、欧盟治理的模式及特点

作为一个具有"超国家"性质的特殊行为体，欧盟在发展进程中形成了独具特色的治理模式与方式，即通过多层次的网络化治理成为区域治理的成功典范。欧盟的运行过程实际上就是一个治理过程，欧盟治理的特点主要体现在以下几个方面。

第一，多层级的治理结构。欧盟治理的主体包括以欧盟理事会、欧盟委员会、欧洲议会为代表的超国家机构，也包含成员国政府，还有次国家行为体或地方政府等。在具体问题领域，一些非政府组织也发挥重要作用。

第二，行为体之间是非等级、非隶属关系。超国家机构、国家政府、次国家政府之间有具体职责分工，但不是自上而下的等级或隶属关系。成员国政府多元的利益偏好通过讨价还价的过程影响超国家决策，欧盟机构作出决策后，成员国政府监督实施。次国家政府之间可以跨越国家边界在特定领域开展合作。

第三，治理模式的多样性。欧盟在不同的政策领域形成了不同的治理模式。根据制度化程度，其治理模式可以分为相互调整、政府间协商、超国家等级方式、共同决策和公开协商多种治理模式。① 根据权力向度及层次，可以将其分为垂直紧密型等级体系的国家主义、水平紧密型体系的政府间主义、垂直松散型等级体系的超国家主义和多元松散型的泛欧主义四种模式。② 多样化的治理模式增强了欧盟应对不同问题的能力，提高了治理效率。

第四，治理结构的独特性。欧盟治理的权威来源多样化，不局限于政府；权力运作的向度呈现上下互动特征，通过合作、协商等方式治理；治理结构突破了特定的民族国家领土界限，呈现超国家色彩；治理结构的权威基础体现为一种认同和共识，而非完全的强制性统治。③

二、欧盟治理的方式

欧盟治理进程是在实践中不断摸索的尝试，欧盟治理机制因区域内外动力与面对危机带来的压力而不断完善。作为全球治理的主要参与者，欧盟治理为全球治理进程贡献了丰富经验。

第一，欧盟以"市场"力量推动治理进程。欧盟成员国之间的经济发展水平有差异，但它们对内部市场的依赖性较强。相较于其他地区的经济状况，欧盟成员国的整体经济发展水平相对较高，差异较小，成员国市场

---

① 吴志成：《治理创新——欧洲治理的历史、理论与实践》，天津人民出版社2003年版，第358页。
② 张迎红：《试论欧盟多重治理结构中的民主机制》，《德国研究》2006年第2期，第4页。
③ 刘文秀、汪曙申：《欧洲联盟多层级治理的理论与实践》，《中国人民大学学报》2005年第4期，第125页。

化程度高。欧盟从一开始就建立了经济共同体，自由化进程比较快，从刚开始的关税同盟到共同体，然后到统一大市场、单一货币经济体，是逐级稳步推进的过程。这就在客观上推动了单一市场的形成和共同货币的推广，既能降低汇率变动的风险，还能减少成员国之间贸易往来的交易成本。欧盟将自己界定为一个"经济"行为体，然后展现其"市场"力量。欧盟能够在治理问题上展现其影响力，并非依赖常见的军事与民事的工具，而是欧盟能够提供广阔市场的能力。由于欧盟具有市场与科技的优势，因而有能力建立"规则"，并以"市场"其最重要的力量源泉建构外在的世界。

第二，欧盟超国家机制协调成员国在经济、政治等领域的立场，共同解决经济发展过程中遇到的各种难题，甚至是共同应对区域或全球性危机。欧盟理事会、欧盟委员会、欧洲议会是欧盟决策的最重要机构。欧盟在国家层面设立了专家小组指导专业领域的政策制定与执行。欧盟还设立了结构基金向经济较为落后地区倾斜，缩小成员国之间的差距，保持一体化进程中成员之间的相对平衡。欧债危机爆发后，欧盟的政治家意识到共同的货币政策与多元的财政政策之间的矛盾是引发危机的重要原因，欧盟在原有治理机制的基础上，增设了协调成员国财政政策的新机制，有力地缓解了危机的消极作用。

第三，欧盟多层级治理保证决策主体多元化，兼顾各方利益。欧盟政策的创意倡议和形成过程都有多层行为体参与和介入，协议和政策的形成采取相互调整模式，各层级、各成员之间没有共同行动的义务，都根据自身状况自主支配自己的行为，而欧盟采取的公开协调方法有利于成员之间信息沟通机制顺畅，有利于各层级、各成员都在判断其他层级和成员的行为后做出政策选择，也会因其他层级和成员政策的调整而变化，达成各方都能接受的政策，最终使各方利益在集体行动中均能得到保障。[1]

第四，治理手段法治化。欧盟以条约等形式确立的法律框架约束成员国行为，奖惩机制使签约各方认真履约。欧盟发展过程中不断强化法制建设，并已经拥有了一整套独特的法律体系，这为其内部和各成员国的活动

---

[1] 王再文、李刚：《区域合作的协调机制：多层治理理论与欧盟经验》，《当代经济管理》2009年第9期，第51页。

提供了可靠的机制保障。多层治理的法律保障体现了欧盟法律对超国家机构和主权国家在欧盟治理中权力分配的界定，以及欧盟法律在欧盟、成员国、地方层面的适用性，为欧盟的制度表述和制度实践的统一提供了基础，有效避免了行为体决策与行动的随意性。欧盟在治理实践中也不断强调需要通过将法制扩展到国际社会来约束权力。

三、欧盟治理的困境

欧洲一体化面临着诸多挑战，阻碍欧盟治理作用的发挥。欧盟全球治理的困境主要表现为以下三个方面。

第一，欧盟内部政策协调的困境。随着欧盟的不断扩大，多样的国家利益协调起来愈加困难。欧盟成员国数量庞大，新老成员的利益差异巨大，超国家层面的决策过程常常陷入僵局。虽然欧盟已经成为一个超国家性质的独特政治体，但与威斯特伐利亚体制下的国家仍有本质上的差距，它的共同体机制虽然在凝聚力上已经远远超越了国际组织，但是整体意志的执行无法与民族国家相比。由于受到历史、地缘及国内因素的影响，各成员国注定无法在全球治理问题上完全形成共同意志，经常无法采取连贯一致且有效的行动。

第二，主权让渡的困境使得欧洲一体化的深化举步维艰。欧盟在经济一体化方面取得了巨大成就，实现了单一市场、共同货币，建立了欧洲货币联盟和欧洲中央银行，但政治一体化进程缓慢，在共同外交与安全、司法与内务等涉及国家核心利益的领域，很多成员国不愿意继续向欧盟让渡权力。一体化发展越深入，前进的步伐就越慢。在涉及成员国核心利益的关键问题领域，成员国更倾向采用全体一致表决机制进行决策，这就使一体化的深化速度放缓。

第三，欧盟治理的民主不足和欧洲认同的滞后。欧盟的"民主赤字"主要体现在决策机构之间权力分配不公平，代表欧洲民众利益的、欧盟机构中唯一的民选机构——欧洲议会权力远小于成员国政府组成的欧盟理事会的权力；决策体制的封闭性和技术性使欧盟决策难以反映民意；在决策运转方面，政策制定机制缺少应有权力。欧洲认同的滞后则表现为欧洲认同与民族认同存在紧张关系；精英与大众之间的认同有差距；新老成员国之间存在认同分歧。

四、全球治理中的欧盟

冷战结束后,欧盟积极推进和深化区域一体化进程,倡导国际社会协同应对全球化挑战,并不断构建和完善自己的全球治理战略,特别是在全球环境治理、应对气候变暖等方面走在世界各国的前列。通过参与并融入全球治理进程,最大限度地维护既有国际关系秩序,推进全球治理机制改革以适应全球形势变化,防止新兴国家在现有国际体系之外建立与之抗衡的新机制,这是欧盟全球治理战略的核心内容。具体来说,以在国际关系中扩展"有效的多边主义"为目标,利用区域合作的成功经验,以欧盟整体的身份在重要的国际机制中谋求代表权与话语权;以参与全球安全治理为契机,逐步改变欧盟军事依赖北约的现状,为欧盟赢得对全球治理进程的持久影响力提供实力保证;以全球公益领域的治理为突破口,通过向霸权国缺失的公益领域提供全球公共产品,使欧盟逐渐成为全球治理进程中重要的领导力量。

欧盟参与全球治理进程呈现出以下几个特征。第一,具有双重特征。一方面吸引联盟外非成员国加入,另一方面对外实行较为严格的市场保护主义。第二,借助现有的国际制度框架开展多边合作。在不对既定国际秩序进行根本变革的基础上,构建"有效的多边主义"制度框架。方向是改革与全球权力对比严重不符的制度规定,平衡权力变化与制度设计之间的关系,减少冲突甚至局部战争爆发的可能性。第三,在治理的掩盖下推广欧盟式民主。欧盟通过扩大的方式,将对其具有重要战略利益的相邻国家吸纳进来,新成员如果要享受欧盟共同市场的宝贵资源,就必须事先接受欧盟式的民主制度。然而,共同体内部决策的政府间属性、欧盟不断扩大增加成员国在重大事务上达成一致的难度、全球治理与区域治理的矛盾、欧盟的全球治理能力受到军事协调能力差的掣肘等因素,制约了欧盟参与全球治理进程的能力和影响力。

第三节 东盟的区域治理

20世纪90年代后,东盟已经发展为东亚地区重要的区域性组织。在欧盟经济一体化取得巨大成就、北美自由贸易区也获得长足发展背景下,东亚区域合作开始展现出自己的活力,并依据自身特色和优势,形成了一种新的区域合作模式。东盟区域治理主要体现为成功推动东亚一体化进程。作为区域内的小国集团,东盟国家希望将域外大国纳入一体化机制框架中,既能制约大国行为,又能使大国承担更多的区域责任。为了推进东亚区域合作,东盟尝试与东亚大国在经济、政治、安全等诸多领域建立区域治理机制。东亚地区也逐渐形成了以东盟为中心的区域治理模式。与此同时,东盟国家间在政治经济体制、社会经济发展水平及文化等方面差距巨大、缺乏领导力、机制不健全等因素影响了东盟作用的发挥。

一、以东盟为中心的治理机制建设

20世纪90年代中期以来,随着东亚地区经济的崛起,东亚地区国家间贸易往来频繁、相互投资额增加,尤其是区域内中国经济的崛起,改变了东亚传统的"雁行模式",以中国为制造业中心形成了新的产业结构和布局。东亚各国具有相似的历史文化背景与共同利益,随着全球化的推进,东亚各国共同面临的非传统安全问题突出。东南亚金融危机使东盟各国意识到,必须在东亚地区建立多边合作机制。在构建东亚区域合作机制及推动各领域合作方面,东盟发挥了无可替代的作用。

(一)东盟共同体

东盟共同体建设不断推进,为深化东亚区域合作创造了重要条件。没有东盟内部一体化,就很难推进东亚地区整体性的一体化,更不可能推进以东盟为主导的东亚区域合作。东盟成立后的很长一段时期,在推进内部一体化方面一直没有进展。1997年亚洲金融危机,使东盟各国认识到只有加强各种区域合作机制建设,才能共同应对外部冲击和维护区域经济稳定,为此各国对推进经济一体化的态度也开始趋于积极。2002年1月,东盟自由贸易区正式启动。2003年10月,第九届东盟峰会发表《东盟协调一致第二宣言》,宣布将于2020年建成以安全共同体、经济共同体、社会与文化共同体为三大支柱的东盟共同体。2007年1月,东盟首脑会议签署《东亚能源安全宿务宣言》,决定将建成东盟共同体的时间提前至2015年。同年11月,东盟首脑会议签署《东盟宪章》和《东盟经济共同体蓝图》。2009年2月,东盟首脑会议签署《东盟共同体2009—2015年路线图宣言》

《东盟政治安全共同体蓝图》《东盟社会文化共同体蓝图》《东盟一体化倡议（IAI）工作计划Ⅱ》等合作文件。2015年11月，东盟首脑会议签署《东盟2025：携手前行》，明确了东盟共同体建设的目标、重点任务及推进路径。在东盟不断加强内部一体化建设的过程中，东盟推动东亚区域合作的意愿和能力也在不断提升。从东亚区域合作与东盟内部一体化的发展历程看，可以发现两者存在很大程度的正相关性，东盟内部一体化每次取得进展，东亚区域合作就有新的成果。东亚区域合作，无论是新的合作机制，还是新的合作议题，都与东盟积极推动密切相关。

（二）"东盟+"合作机制

东亚整体性区域合作的不断推进，主要得益于以东盟为主导的各种区域合作机制。东亚是全球范围内区域合作机制最多、最复杂的地区，大部分东亚国家都参与了多个自由贸易协定。在国际政治矛盾复杂、合作机制林立的区域环境下，如果没有整体性区域合作机制的整合作用，东亚整体性区域合作根本无从谈起。东盟在推动东亚整体性区域合作方面的作用，主要体现在推动建立东盟地区论坛，东盟"10+1""10+3""10+6"等一系列"东盟+"合作机制。基于冷战后期东亚地区的战略环境，1994年，近20个亚太国家签署协议成立东盟地区论坛，通过官方与民间联系推动国家间的信心构建。[1] 东盟地区论坛是东亚地区规模最大、影响最广的多边政治与安全对话和合作机制，拥有27个成员。在东盟地区论坛框架下，有关各方就地区传统安全与非传统安全问题展开了广泛的非正式磋商，在推动预防外交、建立地区信任机制以及非传统安全合作等方面都发挥了重要作用。1999年，东盟与中国、日本、韩国共同组成"10+3"合作机制，在培育东亚共同意识、推动打击跨国犯罪、经济技术合作、社会文化合作方面发挥了重要作用。2005年，在吉隆坡举办的第九次东盟与中国、日本、韩国领导人"10+3"峰会，发布了以东亚共同体为中心议题的《吉隆坡宣言》。东亚峰会是2005年以来，由东亚16个国家领导人参

---

[1] Jimbo Ken, "Emerging East Asian Community? —Political Process," in *An East Asian Community and New Dynamism of Regional Governance*, the Council on East Asian Community Report, Oct. 2005 – Sep. 2006, p. 3.

加的会议，东盟是会议的领导者，东亚峰会是开放、包容、透明的合作论坛，是东亚地区的新合作形式，旨在推动东亚一体化进程。

（三）《区域全面经济伙伴关系协定》

2020年11月，东盟10国和中国、日本、韩国、澳大利亚、新西兰5个亚太国家正式签署了《区域全面经济伙伴关系协定》。《区域全面经济伙伴关系协定》的签署是东亚区域合作发展进程中的一个里程碑，东亚整体性区域合作机制得以正式确立。各方能够就该协定达成一致，与东盟的主导作用密不可分，是东盟主导的"10+6"东亚峰会的进一步深化。一方面，《区域全面经济伙伴关系协定》谈判之所以能够启动，主要是因为在东盟的主导下建立了东亚峰会机制。2005年12月，召开了首届东亚峰会，参加国包括"东盟+3"所有成员及澳大利亚、新西兰、印度共16个国家。东亚峰会通过了推动《区域全面经济伙伴关系协定》谈判的倡议。2012年11月，在第七届东亚峰会上，16个国家领导人共同发布启动"区域全面经济伙伴关系协定谈判的联合声明"，一致同意于2013年年初正式启动谈判。另一方面，东盟与《区域全面经济伙伴关系协定》谈判的其他几个经济体均已缔结自由贸易协定，为谈判奠定了重要基础。由于中国、日本、韩国、印度、澳大利亚和新西兰已经分别与东盟签订自由贸易协定，在一定意义上讲，《区域全面经济伙伴关系协定》谈判就是在整合5个"东盟+"自由贸易协定的基础上进行再磋商。已经生效的5个"东盟+"自由贸易协定，既为东盟各国参与《区域全面经济伙伴关系协定》谈判确定了政策选择的基本框架，同时也鼓励其对谈判持更积极的态度。特别值得注意的是，中国始终支持东盟中心地位，在谈判陷入困难的关键时期做出了高水平的开放承诺，并对其他经济体的市场开放承诺采取更加务实的灵活态度，有力地推进了该协定谈判进程。当前，全面推进《区域全面经济伙伴关系协定》的相关规定成为东亚区域合作的核心内容。推进该协定框架下的区域合作的难点和重点都在东盟，东盟的主导作用仍然无可替代。

二、东盟区域治理的特征

东南亚地理位置极为重要，不仅是东亚主要大国重要战略利益的交会点，而且美国等域外大国也与该地区部分国家长期保持特殊的战略合作关系。由于东南亚各国历史上都曾深受殖民主义伤害，在对外政策选择方面均不同程度地带有民族主义特征，高度重视维护主权独立，对需要放弃和相互让渡部分国家主权的制度性区域合作一直态度极为谨慎。因此，东盟在推进合作的过程中才采取了所谓的"东盟方式"，即各项合作议题需要通过论坛性合作机制并协商一致确定合作方案。在各领域合作中坚持不干涉内政原则，对于成员国之间的矛盾和分歧主要通过当事双方协商解决。通过非正式对话和磋商机制达成的合作共识，没有强制性的外在约束机制要求各成员国必须履行。东盟在推进东亚区域合作过程中将"开放的地区主义"确定为区域合作的基本原则。无论在文化交流方面还是在经济交流方面，东亚区域合作都坚持面向世界开放性的地区主义，即内部以建立自由开放的相互依赖关系为目标，对外坚持全球主义，其主要特征有四点。

第一，坚持合作的自愿性而非制度的强制性。东盟主张在东亚区域合作中坚持开放的地区主义原则，其初衷是希望建立一个有别于欧盟（欧洲共同体）的区域合作新模式，即希望通过非制度化的灵活方式推进市场开放和区域合作，有关各国通过非正式的磋商最大限度地寻求共识并采取协调行动，而不是通过正式谈判达成相关正式协议并建立超国家组织机构。各种合作机制主要通过共同声明或宣言的方式表达合作共识，合作共识的落实主要依靠信誉机制，而不是正式的国际协定的外在约束力。因此各参与方都可以根据自身的实际情况自愿或者有选择性地落实有关共识，任何参与方都可以自行决定如何推进市场开放、是否参加以及如何参加有关经济技术合作。因此，包括共同声明、宣言在内的各种合作倡议对各参与方是没有法律强制约束力的，各参与方即使没有完全或者部分落实合作倡议，也不会受到指责或惩罚。坚持开放的地区主义原则的区域合作机制，其主要任务是培育区域认同、推动形成发展共识、促进共同行动、共享发展机遇，因而这种合作模式基本上不存在经济主权的让渡问题。

第二，坚持区域合作的非封闭性。开放的地区主义有别于传统区域合作模式的最突出特点就是开放性，即不建立封闭的贸易集团。欧盟等传统区域合作组织强调内部市场一体化，同时对外统一市场保护措施。贸易集团内部逐步取消一切关税和非关税壁垒，甚至不断推进各领域的经济一体化，但对外仍维持较高的市场保护措施。坚持开放的地区主义原则的区域合作机制则不存在一致的对外封闭措施,其所推动市场开放措施既适用于所有内部参与方,外部经济体也可以享受其好处。在开放的地区主义提出初期,非封闭性主要是指无条件或有条件地将贸易自由化措施对外开放。随着亚太地区各种经贸集团的建立和发展,东亚国家在实践中允许其他地区的经济体参与区域合作机制。因此,区域合作机制的跨地区性也被视为开放的地区主义原则的一种具体体现。另外,东亚较低的原产地规则标准,尽可能降低与非成员之间的贸易壁垒和贸易转移效应,也作为开放的地区主义的表现形式。因此,随着区域合作实践的发展,开放的地区主义内涵也越来越丰富。

第三,坚持与世界贸易组织等全球多边规则相一致。无论是支持开放的地区主义的倡导者,还是以东盟为中心的各类区域合作组织,都主张区域合作应该维护而不是取代全球多边贸易体系。正如一些学者所言,使经济政策尽可能有利于维护以《关税及贸易总协定》为基础的、开放的、非歧视性的贸易和经济体制,是东亚及太平洋国家利益之所系,并且完全有可能通过实施开放的地区主义来抑制保护主义政策蔓延。[1] 自 2005 年东亚峰会机制建立以来,领导人非正式会议发表的宣言都强调亚太地区合作坚持开放的地区主义,反对建立一个与全球自由贸易进程相悖的贸易集团。

第四,坚持多样性和平等包容原则。东亚区域合作之所以要实行开放的地区主义,主要是因为该地区国家类型复杂多样,不承认和尊重各国文化传统、社会制度、价值观念、发展模式等方面的差异,简单地推动区域贸易投资自由化和便利化,不仅不能将有关各国团结在一起并深化相互合作,反而会进一步加深区域内的分裂和对立。因此,在这样的地区只有以平等开放的精神,以灵活多样和循序渐进的方式,才能协力探索出一条符合地区特色的区域合作之路。

三、东盟区域治理面临的挑战

东盟及其主导的各种东亚区域合作机制推动了很多领域的合作。无论是在东盟内部,还是在东盟与中日韩"10 + 1""10 + 3"框架下,东亚国

---

[1] [澳]彼得·德赖斯代尔著,陈一林等译:《国际经济多元论:东亚及太平洋地区的经济政策》(中译本),东方出版社 1993 年版,第 3 页。

第三章 区域性国际组织与全球治理

家都开展了一系列的治理实践，对促进东亚地区包容性发展和区域共同体建设发挥了重要作用。但是随着国际形势变化，东盟主导的区域治理机制也面临严峻挑战。

第一，各种机制过多和治理领域重叠现象突出。东亚地区现有的治理机制较多，既有东盟内部机制，也有"东盟+"合作机制，还有一些国家之间的双边合作机制。治理机制过多，必然导致一定程度的竞争。这突出表现为东亚地区相互竞争的区域自由贸易协定大量涌现。经济领域的国家间竞争非常突出，特别是围绕关键领域关键地带、重要项目的竞争。例如，在交通基础设施建设和互联互通方面，一些国家围绕东盟国家的铁路等基础设施建设项目展开激烈竞争。如果没有有效的机制整合和建立更有效的治理机制，各种合作机制下的合作就难以避免相互重叠和相互竞争。

第二，公共事务领域治理机制不足。东亚复杂的国家间关系使其在公共事务领域的多边合作动力不足。东亚各国对于构建区域多边机制或深入参与全球治理进程大多持观望态度，该地区针对经济贸易、环境保护、公共健康等领域多边合作的顾虑仍然很多，国家之间的防范和猜忌难以在短期内消除。国家政府将主要资源集中用于加强国内政府的管理能力与维护国家传统安全利益，投入应对区域或全球性问题的资源极其有限，公共事务领域的多边合作机制建设进展缓慢。

第三，东亚区域合作受制于复杂的国际安全局势。尽管东亚区域经济合作已经高度发展，许多国家之间形成了高度的相互依赖关系，但是没有建立起政治安全互信，致使该地区政治安全形势非常严峻。东亚地区政治安全问题非常复杂，既有历史遗留的领土、领海争端及历史认识分歧，也有随着国家实力对比和国际格局重大变化而产生的新问题。无论是历史遗留问题还是新出现的重大现实矛盾，都很难在短时期内得到根本消除。特别是在美国强化对华战略竞争背景下，美国在强化美日、美韩同盟的同时，推动在亚太构建新的同盟关系，加快实施以美日印澳"四方安全对话"机制为核心的"自由开放的印太战略"，对话议题逐渐从海上安全扩大到基础设施、疫苗合作、网络安全、气候变化等领域，企图在重要竞争领域整合盟友伙伴力量联手应对中国。美国还极力拉拢东南亚国家等参与其主导的"印太战略"。美国及其盟友的上述活动严重影响东亚地区的安全环境，使得东亚区域合作深入推进面临越来越大的不确定性。

第四，东盟区域合作主导权面临挑战。由于参与东亚区域合作机制的各非东盟成员国家之间也存在着明显的矛盾，由任何一个主要大国主导的区域合作机制都可能遭到其他大国的抵制。与此相反，由实力相对较弱的东盟主导发起的合作倡议则更容易得到各实力较强大国的普遍响应和认同。东盟在东亚合作中的主导权，是东亚地区各种复杂矛盾综合作用的结果，也是东亚各国均能接受的现实选择。随着美国"印太战略"的推进，其介入"印太"地区事务的意愿越来越强烈，试图借助既定的合作框架优先解决它们关注的重要议题。这有可能严重削弱东盟在地区政治安全合作事务中的中心地位，甚至可能会威胁以东盟为主导的地区安全合作机制运作，阻碍了东亚治理进程的发展。

四、全球治理中的东盟

在当今世界东亚地区已成为影响全球治理发展的不可或缺的重要力量。在东亚区域合作中，东盟的主导作用十分显著。作为东亚区域合作的倡导者，东盟在创立并主导"10＋N"、东盟论坛、东亚峰会等东亚区域主要合作框架的同时，也以其自身一体化的经验作为东亚区域合作的典范。在东亚治理进程中，各种合作机制和政治、安全、经济等具体领域的互动建构了东盟与各国之间的关系，使其能够在区域合作议程的制定与规范的形成中发挥关键性作用，引导并协调区域合作中复杂的大国关系及影响。通过建构并巩固中心地位，东盟得以在保障和实现自身利益诉求的同时，将东亚区域合作网络中的主体紧密地联结在一起，共同推动东亚一体化进程。

东亚的治理机制建设经历了从以经济利益为驱动向以解决具体问题为动力的转变、从以次区域机制为治理主体发展为以整体身份积极参与全球治理机制的建设与改革、从依靠域外大国转变为以多边机制为桥梁共同应对危机、从"先区域后全球"的治理战略转变为"区域与全球同步进行"的治理战略。东亚主要国家或集团在国际机制构建过程中积极表达自身诉求，最大限度地维护本国乃至本地区的利益。

东亚地区的多样性、传统安全问题尚未解决的现状、"搭便车"行为造成国际公共产品供给不足、域外大国的干涉等因素导致该地区的全球治理战略颇具复杂性。近年来，东亚着力于制定旨在弥补本地区治理不足的有效策略，更广泛深入地参与全球治理进程。首先，协调区域内各国多样化的治理理念，鉴于东亚多边机制发展缺乏资源的现状，各国政府应该努力寻找国内治理与区域乃至全球治理的契合点，最大限度地利用有限的资源，建立资源共享的激励机制。其次，提高区域多边机制的效率并加强合法性，区域大国积极带动其他国家采取实用性措施着手对相关机制及其规则进行改革，动员国内民众参与区域多边机制建设，减轻民主赤字。最后，积极探索次国家层面针对全球或区域性问题开展合作的可能性。东亚参与全球治理进程以政府间合作为主，以跨国多边机制为合作平台，根据问题领域的性质与特点，重点探索跨越国界或区域界限的次国家、次区域层面合作的可能性，使之成为全球治理进程的有效补充。

第四节 非盟的区域治理

冷战结束以后，世界经济一体化和全球化趋势不断增强。作为较不发达的大陆，非洲面临被进一步边缘化的危险。面对全球市场的激烈竞争，非洲国家只有推动非洲经济社会一体化，才能应对全球化挑战。在此背景下，2002年非盟应运而生。非盟区域治理的主要目标是维护非洲大陆的和平与安全、推动非洲一体化进程。非盟成立以来，对非洲一体化的共同纲领目标、战略规划和具体项目的制定和实施，起到重要的引领和推动作用。

一、非盟的建立

由于历史和现实的原因，非洲地区国家的经济一直处于较为落后的状况。1963年，致力于促进非洲国家经济与社会一体化发展的非洲统一组织成立，它是非盟的前身。非洲统一组织是一个松散的国际组织，难以适应经济全球化的国际新形势。1991年《阿布贾条约》决定建立非洲经济共同体，其建设以区域合作组织为基础。非洲经济共同体的机构与西非国家经济共同体、中部非洲国家经济共同体、东南非共同市场和南部非洲发展共同体等地区经济合作组织都建立了直接的工作关系。非洲经济共同体是非洲区域合作的经济基础。为了应对全球化竞争挑战，非洲国家决定建立一个权力更大的区域性国际组织。2001年7月，第37届非统首脑会议正式宣布由非洲统一组织向非盟过渡。2002年7月，非洲国家在第38届非洲统一组织会议上，宣布建立非盟正式取代非洲统一组织。《非洲联盟宪章》重新界定了指导个人与集体行为的价值、原则和目标，非盟设立的机构确保各方尤其是民众能够广泛参与，"非洲发展新伙伴计划"在非洲各国之间、非洲与世界各国之间发展伙伴关系，建立区域经济团体，加速一体化进程。[1] 非洲发展论坛和区域合作组织积极研讨非洲实现经济和货币联盟的具体步骤及相关的政策协调问题。非盟在解决非洲地区冲突、部族矛盾中也发挥着至关重要的作用。

二、非盟的机构设置

非盟是一个综合性国际组织。与非洲统一组织相比，非盟具有更大的独立性和权威性，其组织机构与职能更趋完善。非盟的机构设置包括区域和次区域两个层面。在区域层面，非盟业已建立较为完善的组织机构，形成初见成效的合作机制，通过一系列组织文件，确立组织运行的规则、规范和决策程序；在次区域层面，非盟开启与次区域组织的合作，初步形成区内国际合作的机制网络。非盟主要机构有首脑会议、非盟委员会、执行理事会、常设代表委员会、泛非议会、非洲法院、专门技术委员会等机构。

其中，非盟首脑会议是最高权力机构。首脑会议由各成员国国家元首和政府首脑或他们委派的代表组成，每年召开1次例会，经2/3以上的成员国同意可召开特别会议。主席由成员国协商选举的国家元首或政府首脑担任。首脑会议的权力主要包括确定非盟共同政策、接受和检查非盟其他机构提出的报告和建议、通过非盟预算等。为加强权威性和有效性，非盟大会决议按照协商一致的原则，若不能达成一致，则采取2/3多数通过的原则，程序性事务以简单多数通过。

非盟委员会为非盟常设行政机构，负责处理日常行政事务和贯彻非盟决定，协调非盟的活动和会议。执行理事会是非盟的执行机构，对首脑会议负责，由成员国外长或其他部长组成，负责各部门的协调配合，执行首

---

[1] ［莫桑比克］阿金·阿尔贝托·希萨诺：《非洲联盟面临的挑战》，《外交学院学报》2004年第3期，第7页。

脑会议决定、对成员国实施制裁、决定对外贸易等领域的政策等。常设代表委员会由各国非盟常驻代表组成,主要职责是为执行理事会提出工作建议并为其准备工作,加强非盟委员会与成员国的沟通。

泛非议会是非盟的立法、监督与咨询机构。由各个成员国依据本国选举法选举产生的 5 名议员组成。泛非议会建立初期只履行协商与建议职能,从 2009 年起开始行使立法职能,议事内容包括非洲的人权、民主和法治、透明度和责任心等等。非洲法院是非盟的司法机构,负责调停成员国之间的争端及其他涉及法律的事务和处理非盟各机构提交的诉讼、首脑会议请求审理的诉讼等。专门技术委员会由成员国有关部长或负责有关领域的高级官员组成,负责处理各领域的具体问题。

维护非洲大陆的和平与安全,是非盟最重要的使命之一。作为组织保障,成立了非盟和平与安全理事会。非盟和平与安全理事会是预防、处理和解决冲突的常设决策机构。非盟另一个重要任务是推进非洲大陆经济一体化进程。为推动非洲一体化进程,非盟建立了泛非议会、和平与安全理事会、常设代表委员会等机构,初步搭建了一体化的组织框架和运行规则,这些机构涵盖政治、安全、经济、社会、司法、金融等领域,是推动非洲大陆经济一体化进程的制度保障。但这些机构的完善尚需时日,且因自身财政拮据及办事效率相对低下,非盟的决策与行动能力还亟待提高。

三、非盟区域治理实践

自 2002 年非盟成立以来,非洲区域治理取得了长足进展。《非盟宪章》明确将保护人权、确保非洲的良治和法治作为组织使命,在此基础上建立了一系列区域性治理机制。非盟在维护政局稳定、保护人权、促进经济合作与发展、维护地区安全等方面为成员国提供了巨大的帮助。

(一)强化成员国内治理能力

非洲国家的治理能力薄弱,构成了多数非洲国家所面临的最主要的主权和安全威胁。自 20 世纪 60 年代陆续摆脱殖民统治走上独立道路以来,多数非洲国家都经历了政局动荡。在冷战结束以后,非洲又经受了来自不断增多的内部冲突所带来的新挑战。非洲的军事政变、内乱和非程序性政权更迭事件仍时有发生,内战扩散与难民问题构成了地区安全的重大威胁。

  非盟在帮助成员国维护法治、国内政治秩序稳定和提高国家治理能力等方面发挥了重要作用。《非盟宪章》明确指出,谴责和拒绝以非宪法的方式变更政府的行为。非盟成立后,相继通过了促进民主和治理的决议,推动各国实现制度透明、民主原则、民众广泛参与的良政,反对违反宪法规定的政府更迭。2003年非盟第一次特别首脑会议通过《非盟宪章》修正案中指出,"当一成员国国内出现了严重威胁到合法性秩序的情势时,为维护和平与稳定的目的,非盟有根据其和平与安全理事会的建议对该成员国进行干预的权利"。① 这一修正案明显扩大了非盟干预其成员国内部事务的范围,及对于军事政变的"零容忍"态度。2007年,非盟首脑会议通过了《非洲民主、选举和治理宪章》,就制裁"非宪制"性政府更迭做了更详细的规定,指出在非盟大会授权下,允许对战争罪行、种族灭绝罪行和反人类罪行进行制裁,并对不按宪法程序攫取政权,或因国家内部不稳定导致难民外流、叛乱分子侵扰和其他殃及邻国的后果等进行干预。干预权由非盟和平与安全理事会行使。此后,非盟在实践中逐步确立了一系列冲突预防、干预和解决机制。针对非洲各国普遍存在的腐败问题,非盟建立了一系列反腐机构与机制,通过了一系列条约和决议。例如,2003年非盟通过的"预防和打击腐败公约";2009年,成立非洲反腐败咨询委员会,该机构出台了多个反腐战略计划文件。为有效执行反腐败政策,非盟在成员国之间建立了"非洲国家相互审查机制",规定加入国家必须接受其他成员国按照既定标准进行检查和评估。非洲国家相互审查机制是非洲发展新伙伴计划的一项重要内容,加入国家必须将其政府管理、经济政策、人权等情况公开,其功能主要是通过派专家去相关国家考察并评估其政府的民主和政治治理、经济管理等情况,以确定对该国采取何种惩罚或援助措施。非洲国家相互审查机制实际上靠外部"压力"的作用来加强非洲内部监督、提高政策制定水平、实施更为有效的方案、完成预定计划,其实施的基础是彼此间互信机制的建立。非洲国家相互审查机制已对多个国家展开了审查工作,有效促进了相关国家政府执政能力。非洲国家相互审查机

---

  ① Constitutive Act of the African Union, http://www.au.int/en/sites/default/files/Constitutive Act_ EN. pdf.

制依靠集体的力量,以外部成功的经验通过有组织的活动解决非洲发展问题,是顺应非洲国家和人民共同要求的重要举措,符合非洲发展实际,为非洲的区域治理提供了成功案例。

(二)促进各国经济增长与可持续发展

由于非洲国家市场机制还不完善,非盟积极指导成员国政府加强宏观调控,在非洲发展新伙伴计划中明确提出了政府发挥调控的作用,以维护各国经济的稳定。为此,非盟出台了一系列指导性措施,如制定财务市场透明、合法和规则性的框架结构,加强基础设施建设,加强汇率、财政和货币管理政策等等。这些政策的实施增强了各国的经济基础,提高了抵御外界风险的能力,有效推动了非洲国家经济的稳定增长。同时,非盟在成员国农业的发展上给予了高度关注,制定了《非洲农业综合发展计划》。该计划确定了改善土地和水资源管理、改善农村基础设施和改革农产品贸易政策、加强食品安全和促进灾害管理、推动农业研究和促进农业技术推广等措施,为成员国农业的发展提供了重要支持。在预防艾滋病等严重制约非洲国家经济发展的传染性疾病方面,非盟制订了各国共同行动方案、引导增加国际金融支持、加强国际合作等,取得了明显的成效。在可持续发展方面,非盟通过了"非洲发展新伙伴计划"。该计划的总体目标是促进非洲经济的快速可持续发展,消除非洲的贫穷,防止全球化进程中非洲被边缘化,其实施原则包括确保非洲的自主权、加强非洲独立发展与发达国家协调发展的能力等,主要内容涵盖成员国政治、经济、社会领域的发展和地区经济一体化、各领域的普遍合作、地区安全、构建新型国际伙伴关系等各个方面。该计划实施以来,非洲国家在解决非洲大陆贫穷、经济落后这个共同目标的指引下整合非洲资源,推进东南非共同市场、西非国家经济共同体、南部非洲发展共同体等区域组织的发展,促进了非洲经济一体化的发展。"非洲发展新伙伴计划"得到了国际社会的普遍支持,世界银行、国际货币基金组织、西方发达国家和新兴国家加强了与非盟的合作。世界银行、西方发达国家和新兴大国纷纷出台各自版本的"非洲行动计划",这些计划举措显著增加了国际社会对非洲的直接投资,促进了非洲各国经济的发展。在争取贸易公平方面,《非盟宪章》明确规定创造必要的条件以使非洲大陆能够在全球经济和国际谈判中发挥应有的作用。

"非洲发展新伙伴计划"中规定,通过集体商谈贸易措施并取得一致性,以加速推进非洲产品进入世界市场。在世界贸易组织多哈回合贸易谈判中,非洲国家以"一个声音"积极地参与国际经济规则的制定,向世界展示了非洲联合的力量,增加了在全球贸易体系中的发言权。

(三) 维护区域安全

在维护区域安全方面,非盟积极推进集体安全观。在《非盟宪章》中规定,各成员国须尊重实现独立时的边界现状;建立非洲大陆的共同防务政策;和平解决非盟成员国之间的冲突;禁止在成员国之间使用武力或武力威胁;任何成员国不得干涉另一成员国内政等。非盟还制定了《非洲联盟互不侵犯和共同防御条约》,逐步建立了以区域组织为依托、地区大国主导、协商一致和适度干预的冲突解决模式。依据该条约,非盟相继对布隆迪内战、苏丹达尔富尔危机、索马里内战等进行了不同程度的介入和干预,在一定程度上防止了冲突的失控,对冲突的解决发挥了一定的作用,维护了非洲大陆的和平稳定。非盟通过积极介入,调解政府与武装团体、调解部族冲突,促使冲突双方达成了停火协议,与联合国共同派出了混合维和部队等各种方式,有效地推动了冲突地区局势的缓和。此外,非盟还积极参与其他成员国国家间和国家内部民族矛盾的调解,对缓解这些国家内部的民族矛盾和政局稳定发挥了重要作用。

四、非盟面临的主要挑战

非盟在吸取非洲统一组织经验教训的基础上,为维护非洲大陆的和平与安全、促进经济增长与可持续发展,做了许多有益的尝试和探索,在区域治理方面取得了长足的进展。然而,由于非洲大陆的发展基础仍然十分脆弱,要全面实现全球治理的目标,仍然面临一些挑战。

首先,是非洲一体化与国家主权之间的矛盾。非盟成立以来,超国家层面的一体化机构与成员国之间的关系发生显著变化,非盟对成员国的依赖减少,其在安全合作领域内的核心领导能力增强,"集体主权"概念被引入,共同防务建设被纳入非盟的议事日程,"有限主权"概念开始被非盟采纳。然而,成员国政府并不愿意与非盟分享主权,尤其是安全防务领域。成员国与超国家机构之间的权力争夺是非洲一体化发展的重要障碍。

其次，非盟运作机制不够健全。非盟在内部机构运行上预算管理缺乏透明度、行政管理缺乏效率，影响了其执行力和权威性。非盟运行的主要财政来源于成员国上缴的会费，向非洲国家分摊经济负担并要求外部力量增加对非洲的发展援助。然而，非洲国家经济状况总体较差，履约能力与意愿不足，各国拖欠会费严重制约了非盟作用的发挥。"非洲发展新伙伴计划"是推进非洲全面发展的地区战略，涵盖领域广泛，工作复杂，需要大量的资金支撑，而非洲国家经济发展普遍落后，只能更多地依靠国际支持和经济援助，影响了非洲发展的自主性。

最后，非盟维护地区和平的行动能力不足。非洲国家饱受战乱和疾病困扰，外债沉重，基础设施建设滞后，导致各国之间经济发展水平差异较大，加之非洲内部矛盾重重，部族矛盾、领土争端短期内很难根除。非盟虽然建立了非洲快速反应部队，但由于资金短缺、军事能力有限等原因其维和行动受到制约，在地区矛盾的解决上往往需要借助于联合国维和部队和国际社会力量。

第四章 全球治理中的非正式机构

全球治理正是以共同认可的国际制度框架为基础而进行的协调与合作，其主要依托的是一些正式和非正式规则构成的制度网络。在全球治理的复杂制度网络中，有一类特殊形式的国家间制度化合作模式，人们称它为集团性组织或 G（Group）型组织，即以国家间论坛的方式来对共同关心的问题进行讨论和交流并处理相关的危机，以期合作而提升共同的外交政策利益。[①] 这类组织有别于传统的政府组织，其基本特点是：一般不具有常设机构，通常通过国家间的定期会议形式就共同关心的问题进行讨论；讨论的一般话题涉及国际社会的诸多方面；这类组织主要是依靠国家发起成立，目的也是促进国家间的合作；组织建立的基础不是国家协议，其成员权利和义务、机制成立与运作都没有法律依据。七国集团、二十国集体、金砖国家机制是这类组织的典型代表。

第一节 七国集团与全球治理

七国集团作为西方主要国家最重要的非正式会晤机制，自成立以来，尤其是在冷战结束之后，一直试图在全球治理中发挥更大的作用，甚至引领或主导全球问题的解决。但随着新兴发展中国家经济实力的迅速发展和日益强大，世界权力结构正在经历着一场历史性变革，其根本特征之一就是西方国家自 18 世纪末工业革命时期起取得的绝对优势地位已经不复存在。全球权力结构的变化必然要求全球治理机制作出相应的调整和改革。

[①] 饶戈平主编：《全球化进程中的国际组织》，北京大学出版社 2005 年版，第 49 页。

第四章　全球治理中的非正式机构

一、七国集团的组织机制特征

最初由美国、日本、英国、法国、德国、意大利六个工业国家组成，1976年加拿大加入后，七国集团正式成立。

七国集团成立于1975年，七国集团建立之初的目的和功能是为了解决石油危机和布雷顿森林体系崩溃给各国经济带来的问题。自创建以来，七国集团就成为典型的"西方"代表。其创建的初衷，是将之作为西方大国之间经济政策的协调工具，但不久七国集体议程就从经济方面扩展到政治问题，成为冷战时期反对共产主义的霸权工具。冷战后，七国集团的议程逐渐从经济方面扩展到政治问题以及全球化过程中出现的其他方面的问题。它主要通过促进国家和政府首脑政治领导之下的深入合作，解决全球化过程中各国由于相互依赖而出现的困境。

（一）非正式国际机制

传统的国际组织都是建立在成员国谈判达成的组织宪章或国际条约基础上的，并有常设的秘书处负责组织日常管理与权力的运作，联合国、欧盟和世界贸易组织都是这类传统的国际制度。与传统国际组织不同，七国集团没有建立在正式的国际条约基础上，更没有常设的秘书处。但正是这一非正式机制性的特征，为其成员提供更加灵活的交流平台。七国集团这一特殊的组织形式，为成员国领导人同其他国际组织、商业机构和非政府组织提供了信息交流和政策协调的平台。七国集体每年召开峰会成为最高级别的非正式经济会议机制。随着时间的推移，在首脑会议之外又发展了各种部长级会议（如财长会议、外交部部长会议、贸易部部长会议等），并发展了独立而稳定的部长会议系统。除此之外，七国集团为特定议题成立专家组和任务组。七国集团发展出的各种会议，成为七国集团治理系统的重要组成部分。七国集团最终演变成大七国集团体系，以首脑峰会为核心，辅之以部长级会议、首脑私人代表会议、专家组会议等，在国际舞台上发挥着重要的影响力。

七国集团具有机制灵活性的优势。G型组织模式依靠非正式机制的特点，使其能够随着国际形势的变化适时调整议题的方向，在不同时期确定不同的主题。与联合国这样的正式国际组织相比，联合国建立的基础是会员间达成的具有法律约束力的国际协定，其国际协定经常规定针对某一类"问题"发挥作用。如国际劳工组织、世界卫生组织、世界知识产权组织、世界银行等国际组织，它们有确定的组织章程，决定特定的国际领域。全球问题的领域如此广泛，问题涉及的领域越来越多，有些没有被包含在国际组织的管辖范围之内，这些组织在应对新的国际问题时就表现出无能为力。国际社会的传统治理模式无法满足急剧出现的诸多问题，暴露出诸多机制性缺陷。而七国集团的非正式机制恰恰弥补了传统机制的不足。七国集团采取峰会论坛的形式，峰会没有固定的议题。每年选取议题由轮值主席国与其他成员国协商确定，就成员国关心的国际问题交换意见，通过协调成员间的关系，达成共识。七国集团的峰会议题涉及范围广泛，从最初的经济领域不断扩展到政治领域和全球性社会问题，反映了全球变化的现实。我们可以通过每年的中心议题转换及其合作成果看出峰会在议题转化方面的灵活性、广泛性。

（二）便利、紧凑的协调平台

七国集团这种新的 G 型组织模式依靠非正式机制的特点，有利于协调成员国之间的关系。七国集团峰会只有七个或八个国家的首脑和欧盟理事会主席参加，因此参与会议的人就限定在很小的数量和范围内；即使邀请其他国际组织负责人和其他重要国家领导人参加会议，七国集团与会者的数量通常也比其他国际组织与会者数量少得多。例如，联合国大会有接近 200 个与会者，各国在其中达成共识和有效方案的难度很大。这一特征可以使成员国更容易达成共识，形成其推行全球治理的对策优势。

另外，七国集团协调能力和信息平台的功能要高于其他传统的国际组织。七国集团是一个小范围成员之间的就关切问题进行交流的平台。这样的机制能够为领导人提供一个更为方便、宽松的交流环境。在这种"限制性"的峰会上，领导人既不用担心媒体的介入，也不用担心国内政治的压力。这种交流方式还省去了烦琐的政府官僚机构，如总统下级部门和外交部门的协调作用，就避免了过多的官僚性程序。七国集团机制特点使得会谈在内容上比其他国际组织和国际机制更加务实，这样的模式最有利于国际问题的解决和国际合作的达成，克服了传统多边国际组织受到官僚机构束缚的障碍。

（三）七国集团与欧盟和经合组织的特殊关系

七国集团通过欧盟整合欧盟内各国的力量促进其影响力的发挥。七国集团中的英国、法国、德国和意大利是欧盟的成员，与此同时欧盟委员会和欧盟理事会主席从1977年开始每年都要参加七国集团峰会。虽然二者没有建立正式的组织关系，但是两个组织之间却保持着亲密的接触。欧盟虽然不能举办峰会，不能参与决定峰会的议程与议题，但是欧盟委员会和欧盟理事会主席基本上参加峰会的会议和所有讨论。欧盟主席代表整个欧洲联盟，包括那些非七国集团成员的欧盟国家参与讨论。欧盟参与七国集团的进程由欧盟委员会和欧盟主席办公室负责和准备。欧盟的峰会协调人由欧盟主席的内阁成员担任。欧盟峰会协调人员有三个助手，分别负责七国峰会中的外交事务、金融和经济事务以及政治事务。欧盟也有专门人员参加七国集团的部长级会议。因此七国集团与欧盟通常能够在峰会中就议题问题进行深入交流。由于七国集团同欧盟保持了密切的关系，因此七国集团在全球治理的政策和行动上都能很好地与欧盟进行沟通，使七国集团达成的共识能够顺利在欧洲地区推行。

七国集团还通过与经合组织保持密切的关系，促进集团全球治理的开展。经合组织的高级官员定期与七国集团峰会协调人、副协调人会晤，讨论经合组织与七国集团有关联的工作。经合组织会在七国集团峰会召开前的4—6周召开经合组织年度部长级会议，以更好地促进经合组织与七国集团的协调行动。此外，七国集团通过经合组织对其34个成员（其中7个是七国成员）产生影响，扩大了七国集团的影响范围，这些国家成为七国集团发挥影响力的重要工具。

二、西方发达国家全球治理的主要平台

七国集体仍是西方大国最重要的政治联盟。七国集团诞生于20世纪70年代中期，是西方主要国家为共同应对金融危机、石油危机等引发的经济衰退而建立的一个重要国际经济协调机制。七国集体在成立初期主要是协调集团内各国的对外经济政策，冷战时期其关注议题也基本在经济方面。在20世纪80年代，七国集团是维持全球宏观经济稳定的重要力量。同时，七国集体还凭借作为国际货币基金组织、世界银行和《关税及贸易

总协定》等主要国际经济机构的实际操控者地位，为世界制定经济规则。此外，由于七国集团整体强大的经济实力、政治力量和军事优势，长期以来在全球经济政治事务中发挥着关键性作用。

冷战结束后，七国集团成为推动和塑造国际体系结构形成的新角色，试图将其建设成为全球治理中心。为了实现这一角色转型，七国集团从1994年开始加快了吸收俄罗斯进入其核心决策圈的进程。随着1998年八国集团的创建，其议程几乎囊括全球问题所有领域，俨然以应对全球性挑战的开拓者自居。向"全球治理中心"角色转变的八国集团不但在其议程中增加了诸如气候变化、粮食安全、能源安全、公共卫生等全球性议题，而且伊核问题、朝核问题、巴以冲突、俄乌冲突等国际热点问题也成为其关注重点。七国集体成为西方主要发达国家参与全球治理、进行政策协调的重要平台。特别是二十国集团诞生后，七国集团更加重视在政治、安全和社会议题上的发言权。其推动自身关切的全球治理相关重要议题和解决方案进入二十国集团等更广泛的多边平台讨论中，通过"抱团"影响相关全球性问题的决策讨论，并推动达成广泛的全球性共识。然而，全球性问题的复杂、交叉和关联性，以及国际热点问题的复杂难解，暴露出七国集团在治理全球议题中的能力不足。

三、七国集团治理角色的合法性危机

2008年后，世界权力结构发生深刻变化，七国集团角色转型导致其面临着合法性危机。新兴国家的群体性崛起导致全球经济重心和权力重心开始"东移"，特别是2008年金融危机以来以金砖国家为代表的新兴大国在世界经济中的比重大幅提升。崛起的新兴国家以更加积极的姿态参与到全球治理中。由此导致七国集团作为发达工业化国家在全球经济的重要地位不断下降，已经没有能力有效主导经济事务，其合法性正逐步丧失。

为解决代表性缺失及合法性危机，早在1999年七国集团的财政部部长会议便发起并成立了一个称为二十国集团财长会议的非正式对话机制，以兜售七国集团并提高其政治合法性。七国首脑会议于2003年通过邀请中国、印度、巴西、墨西哥和南非等新兴发展中大国代表参加会议，形成了一种发达国家与发展中国家对话、共同治理全球性发展问题的新模式，并于2007年通过启动"海利根达姆进程"建立了与新兴发展中大国领导人的非正式对话会议机制。2008年金融危机爆发后，二十国集团峰会机制化并成为"国际经济合作的首要论坛"。与此同时，七国集团还通过加强集团内部的制度安排与利益整合，以及与集团外建立多边网络进行制度扩展的方式来增强制度的有效性。可以说，七国集团进行的上述改革部分缓解了其合法性危机。

然而，2008年的金融危机和随后的欧债危机严重削弱了七国集团的实力，实力的衰弱使得七国集团更加重视追求各自的利益，原本就存在利益诉求差异的七国集团利益更加分化。与此同时，新兴国家的崛起作为一股强大的外部力量冲击着脆弱的七国集团，为其发展带来了更大挑战。例如，在2015年七国集团峰会上，围绕希腊债务问题美欧互相指责。美国不断敦促欧洲国家尽快解决希腊问题，担心欧元区经济对世界经济造成负面影响。在处理与新兴大国关系问题上，七国集团因不同的经济利益诉求和地缘战略考量，内部分歧明显。特别是俄罗斯因乌克兰问题于2014年被排除出八国集团后，七国集团越来越难以形成统一的意志，尤其是特朗普政府奉行"美国优先"政策，导致美国和主要盟国出现严重分歧。拜登政府上台后，为了修复联盟关系，美国不断加强七国集团内部的协调，在2021年七国集团峰会上明确宣示"美国回来了"。2022年俄乌冲突升级后，美国愈发倚重西方盟友，七国集团成为美国团结西方盟友和发挥全球领导作用的重要战略依托。但与此同时，美国与欧洲的关系发生了微妙的变化。美国利用俄乌冲突加紧对欧洲的掌控，欧洲日益成为帮助美国维持霸权和压制俄罗斯的地缘政治工具。七国集团的经济功能明显淡化，政治功能增强。七国集团走向自我封闭特征日益明显，越来越无法承担起全球治理的重任。

每一项国际制度的诞生都是特殊国际环境的产物，并且当时的国际形势也赋予了每一项制度和每一个国际组织特殊的使命。国际形势的发展需要这些制度和组织的使命随之发生变化。七国集团是冷战时期的产物，其形成的一些原则、规范主要反映了西方国家的利益与价值偏好，其合法性经常遭到质疑。从执行效率角度看，七国集团从最初的经济问题，逐渐囊括难民问题、恐怖主义、地区冲突、核不扩散、跨国犯罪、人权状况、信息技术转移、环境保护、债务偿还等错综复杂的问题。议题领域与数量的增多，在很大程度上降低了七国集团对关键性问题的解决能力，使得七国集团自身能力的局限性日益明显。

七国集团议题逐步扩大，不断遭遇外界尤其是新兴经济体和发展中国家对其发挥全球治理中心作用的批评与不信任，其中批评最多的是质疑它的合法性、代表性和透明度。它是西方大国主导的国际机制，不能广泛代表国际社会特别是广大发展中国家的利益诉求，缺乏普遍性与合法性。同时这一"富人"机制，已不能完全体现当今国际社会重新配置后的世界经济政治力量版图，缺乏治理全球的最佳力量配置和最高权威性，这也是其丧失全球治理合法性身份的根源。

虽然七国集团仍然是世界上最发达经济体的集合体，并在科学技术、数字经济、人工智能等世界经济重大前沿领域仍有很大优势，但是七国集团必须面对一个日益复杂的世界，全球性挑战及跨领域安全威胁不断增多且日益严峻，此种形势已经使任何一个国家或国家集团仅凭自己的力量都无法有效应对任何一个挑战。面对当前形势，一方面，七国集团要解决自身的代表性不足问题，以开放包容的精神接纳在全球问题上有影响力的其他行为体；另一方面，七国集团更需要避免走向自我封闭，成为霸权国家的战略工具。

第二节 二十国集团与全球经济治理

2008年国际金融危机后，二十国集团取代七国集团成为全球经济治理的主要平台。二十国集团的出现标志着世界政治经济权力的一次转移，其政治意义在于自17世纪资本主义兴起以来，西方主导世界经济秩序状况被改变。相较于七国集团，二十国集团更具代表性和包容性，体现了发达国家与发展中国家之间的协调与合作。二十国集团成为国际经济合作的重要平台，体现出发达国家和新兴国家参与全球合作治理的努力。因为二十国集团具备低制度化的特点，又具有灵活性，可以打破硬规制的限制，通过对话磋商，为各国提供政策性指导。从七国集团到二十国集团的转变中，由于成员之间多元化差异的存在，该治理平台也存在全球治理决策效率和执行力等局限性。

一、金融危机与二十国集团机制建立

二十国集团的建立既是国际金融危机推动的结果，也是世界经济格局

变化的产物。二十国集团起源的背景是1997年的亚洲金融危机。在这次危机期间，担当全球性功能的国际机制世界货币基金组织，及担当地区性协调功能的国际机制《区域全面经济伙伴关系协定》，都未能真正发挥出制止危机的作用。因此，为了预防未来威胁的形成，在1999年12月召开了包括主要发达经济体、新兴经济体与发展中经济体在内的二十国集团会议。在此后很长一段时间，二十国集团只是一个由各国央行行长与财政部部长进行不定期政策磋商的松散论坛。2008年"雷曼兄弟"的倒台，美国次贷危机演变成全球经济危机，这时全球危机的治理骤升为全世界的首要问题，但无论是西方国家主导的八国集团还是被认为具有普遍权威的联合国，在应对危机中都表现得心有余而力不足，使治理陷入困境。于是，二十国集团从部长级论坛升级为首脑峰会，成为全球经济金融治理的重要平台。二十国集团没有常设秘书处，它的规模和架构旨在鼓励非正式交换意见并就国际经济和金融问题形成共识。从七国集团向二十国集团的扩展，反映了全球治理多边模式逐步形成的过程。全球金融危机爆发后，传统的世界经济治理机制失效，需要一个全新的、可以给全球经济带来稳定预期的危机应急机制，二十国集团应运而生。

二十国集团反映了世界经济格局的变化。2008年金融危机爆发时，各国之间经济力量对比已发生了显著变化。进入21世纪以来，以中国为代表的新兴国家成为世界经济增长的新焦点。以经济实力为依托，这些新兴经济体国家开始成为应对和治理全球性经济危机的重要力量。一方面，新兴国家需要一个新的组织平台，能够给予其一定的发言权，从而更好地体现其利益诉求；同时，新兴国家也有意愿参与为应对经济危机的国际协调机制当中。另一方面，西方大国特别是美国意识到，没有新兴国家等其他力量的注入，全球性的危机难以得到遏制，有序的全球经济治理就难以实现。出于这个意义上的考虑，欧美等发达国家在客观现实面前，不得不推动二十国集团这样一个囊括了传统发达国家和新兴国家在内的新治理平台的诞生。二十国集团建立时，成员国人口占全球的2/3，国内生产总值占全球的85%，贸易占全球的80%。

二战后相当长的一个历史时期内，国际货币基金组织、世界银行、世界贸易组织构成了治理世界经济的三大支柱。借助这三大组织平台，世界经济在相当长一段时间维持了秩序，为西方各国经济增长提供了稳定的外部环境，但同时也确定了欧美发达国家在全球经济秩序中的主导权。二十国集团相对七国集团而言，更好地解决了代表性和有效性不足问题。二十国集团通过发达经济体、新兴经济体与发展中经济体的广泛合作，化解全球金融危机所带来的一系列严峻挑战。二十国集团是一个开放的经济治理平台，囊括世界主要的发达国家和新兴国家群体，遵循协商一致的议事原则，最大限度地协调各国行动，是进入21世纪以来主要国家之间存在的新型国际经济协调关系的集中体现。

2008年二十国集团峰会是为了危机应对，是一种应急安排。但危机之后，二十国集团从危机应急机制逐步转型为常态化全球经济治理机制，二十国集团的优势在于它定位在搭建低机制化的平台。二十国集团呈现出一种多边合作的新形式，通过组织多边对话进行政策协调，形成共识。以非正式性对话机制的形态存在，使二十国集团具备了相当大的灵活性，能够在成员之间创造一种对话、协商、协调的轻松氛围。不仅如此，二十国集团为中美等大国提供了对话平台，为全球主要经济体尝试用对话来减少摩擦、化解冲突，共同探讨全球经济治理的核心议题提供了契机。

二、二十国集团的全球治理模式

二十国集团作为一个整体展示了新的全球治理模式，代表了一个更高层次上的多边经济合作模式的出现。作为全球经济治理核心平台，二十国集团承担引领全球经济治理的议程设置、把握世界经济面临的中长期问题并及时提供解决方案的责任。其治理模式主要体现在其在全球金融危机应对行动中扮演的角色，二十国集团历次会议设立的全球性议题。二十国集团在议题多样化和领导人峰会两方面，彰显了其国际经济合作与协调的地位，展示了其全球治理模式的功能。

（一）二十国集团应对金融危机的作用

金融危机表明世界正在发生深刻的变化。从某种意义上说，2008年国际金融危机只是国际体系变化的一个缩影，即全球化的负面溢出效应。不可否认，世界各国长期享受来自经济全球化的收益，实现了世界经济的快速增长。然而，当人们习惯了来自全球化的好处之际却忽视了全球化带来的负面效应。随着全球经济格局的变化，中国等新兴经济体国家积极参与全球经济治理，提供全球公共产品，协同应对全球性的经济危机。二十国集团成员为世界贡献了80%的经济增长率，新兴国家在贡献大部分增长额的同时还在全球经济不景气的时候保持了相对较高的增长速度。仅中国一国对世界经济增长的贡献率就超过了30%。二十国集团作为全球经济协调与治理的重要平台，集合了新兴国家与发达国家合力，打造了南北国家合作对话的重要局面，为全球性经济危机影响的消退发挥了不可忽视的作用。

二十国集团建立后，发达国家与新兴国家、发展中国家领导人通过峰会形式围绕以危机应对为重心的诸多议题，开展了多次对话，为恢复世界经济增长和全球经济治理起到了重要作用。总体来看，作为危机应急机制而产生的二十国集团治理平台，在应对全球性金融危机、协调各国财政政策、增加经济治理融资、加强国际货币基金组织等传统治理组织活力、协调南北国家对话等方面发挥了重要作用。

（二）二十国集团机制与议题的设定

二十国集团作为一个集合南南合作与南北合作的特殊平台，是防止治理规则分散化和碎片化的重要手段。二十国集团机制的核心是峰会，外围有财经机制、部长级会议机制、工作组机制，还有协调人机制等等。

二十国集团在议题设定上随全球经济形势而变，及时体现相应阶段各成员国最利益攸关的事情。二十国集团的议题设置和机制运作也日趋完善：一方面，多数议题具有延续性；另一方面，二十国集团也在探讨对突发性事件的应对机制。就工作组层面和部长层级而言，诸如劳工部长、贸易部长、能源部长会议等部长层级协调，还有工作组层面协调，其议题具有较强的持续性。特别是财经机制，其运行的程式安排已经相当成熟。以2016年7月下旬在成都举行的二十国集团央行行长和财长会议为例，会议围绕诸如基础设施建设、投融资、税收透明化、互联互通等领域的问题与合作展开了非常详尽的探讨，并将公报提交峰会。除峰会外，二十国集团在很多层面的工作都取得了明显的成果。

作为危机应对机制，该组织最初的宗旨被设定为推动发达国家和新兴市场国家之间的合作，筹集更多的全球公共产品，共同抵御国际金融风险和促进经济持续增长。危机过后，如何实现危机应急机制向常规机制的转型,是二十国集团面临的紧迫问题。没有了强烈的危机应对需要,欧美发达国家推进国际货币基金组织、世界银行份额改革的动力不足,二十国集团框架下发达国家和新兴国家之间的凝聚力明显弱化。在2014年布里斯班峰会上,澳大利亚作为主办方倡导二十国集团以"经济增长、就业和抗风险"为核心主题,紧扣世界经济复苏与经济增长的中心主题。转型的基本方式是超越单纯金融危机治理和应对的范畴,增加治理机制关注的议题内容。例如,加入基础设施投资、推动全球经济增长、全球环保合作等新议题。当然,这也会使二十国集团面临与传统国际经济组织功效重叠的现实问题。2014年2月,各国财长和央行行长把全球经济五年内增长计划预定为2%,布里斯班峰会上又被明确为2.1%,这是历史上诸多峰会中首次设定经济增长目标值。把全球增长作为其关注的议题,这是危机后二十国集团转型的重要标志。此后,诸如实现经济可持续、平衡和包容增长;增加基础设施投资,寻找经济增长新动力;建立金融风险预警机制;全面有效落实2030年可持续发展议程;全球反腐、网络安全治理;降低温室气体/碳排放;保护生物多样性、森林和海洋等均成为二十国集团治理议题。

从二十国集团会议的议题来看,创建二十国集团的初衷就是为了应对经济危机,因此其议题重心仍是经济金融问题,而2008年全球金融危机的爆发进一步加强了这一主题范畴。二十国集团议题的扩展主要缘于以下原因:一是重大偶发事件,如"9·11"事件的发生,促使二十国集团关注反恐问题;二是新的全球性问题的凸显,如全球变暖、减贫问题;三是经济金融领域的发展需要与此相配套的政策措施与环境;四是需要处理重大的政治问题才能保证经济平稳发展。二十国集团议题的扩大表明,全球经济的治理是一个复杂的工程,需要世界各国的相互协调和各种不同的利益群体的平衡。

三、二十国集团全球治理模式的局限性

二十国集团不是一个可以完全代表世界各国的全球治理机构。作为一种新生的治理模式,二十国集团在制定新的全球议程进程中,其治理模式的局限性也日益明显。

(一)二十国集团面临议事成本过高、效率低下的问题

二十国集团的成员国之间存在各种各样诸如七国集团、金砖国家、中

等强国合作体等。处于相同集团的国家成员更容易具有相似的集体身份和共同认知,这让它们更容易达成共识。在二十国集团的框架内,有发达国家和新兴国家,两者之间基于南北国家的个体身份特征存在着结构性冲突,加之缺乏战略互信,很容易导致全球治理陷入困境。如何克服具有不同博弈者特性的成员国之间的结构性冲突,在特定议题中达成共识,实现有效的对话合作,是其面临的重要挑战。另外,还有二十国集团面临扩员困境。长期不扩员,二十国集团面临的权威性与合法性挑战日益突出。但要开放其多边机制,很快将导致其治理效率进一步下降。折中方案认为,谨慎地扩员、增强代表性而非单纯扩大成员国范围是比较理智的。这样,一方面可以为二十国集团治理机制获取更多的权威性,另一方面也避免了简单扩大多边数目,避免给二十国集团治理平台带来低效率的困扰。2023年9月,二十国集团领导人第十八次峰会在印度新德里落幕。二十国集团成员宣布,非盟成为其正式成员,这将赋予由55个成员国组成的非盟与欧盟同等的地位。这不仅有助于增加发展中国家成员的话语权,更重要的是极大地提高了二十国集团的代表性和权威性。

(二) 二十国集团的机制化困境

二十国集团仍然是一个没有常设秘书处的非正式组织。虽然二十国集团的灵活性是其有效性的必要条件,但灵活性在危机期间比在危机过后更有价值。二十国集团不是一个正式的机制,其决策不具备法律强制性,而且自身不具备处罚机制,造成决策的执行与落实困难的问题。制度化能够使治理平台具有更明显的制度效应,借此能够提高组织运作效率和方便政策实施。但如果谋求机制化,就会涉及设立秘书处等问题,各成员就可能围绕机制如何运作等相关问题争执不休,这反而可能破坏合作的气氛,丧失政策灵活度。

(三) 二十国集团与其他国际组织的关系

在推进全球治理、重建规则进程中,二十国集团需要与世界银行、国际货币基金组织、世界贸易组织、经合组织等国际组织进行合作。例如,与巴塞尔的金融稳定理事会对接,后者落实二十国集团峰会致力于推进的金融治理改革;在贸易领域,二十国集团与世界贸易组织、经合组织讨论贸易便利化，还有大宗商品价格、全球价值链等，以及与国际劳工组织讨论就业问题。一方面，两者可以相互补充。二十国集团的成员更具有代表性，是现行治理体系的重要补充。另一方面，二十国集团是非正式性的协调平台，二十国集团达成的协作共识，只有借助其他国际经济组织才能更好地推行。然而，在协调与其他组织关系的过程中，依然存在着不少问题。例如，在危机影响淡化后，国际金融体系改革进程并不顺利，欧美拒绝兑现世界贸易组织、世界银行等传统经济组织中份额改革的承诺。另外，由于与二十国集团合作的多数国际组织还是由西方国家主导，它们的偏好会影响到二十国集团的议题导向。二十国集团重大议程仍被特定国家左右，新兴经济体话语权有限。新兴经济体与发展中国家设计议题的能力有待提高。未来的二十国集团作为全球经济治理的核心平台，在确保合法性、有效性和影响力等方面，依然任重而道远。

第三节　金砖国家与全球治理

金砖合作开辟了国家合作的新形式。金砖国家的崛起意味着新兴国家经济、政治和文化等方面在内的综合国力的提升，标志着新兴国家和发展中国家在全球事务中的作用上升。作为全球治理机制中的新生力量，金砖国家合作机制已成为新兴国家应对全球问题的重要协商与对话、反映群体诉求的重要平台，在全球治理中具有不可忽视的影响力。

一、金砖国家的建立与机制化进程

2008年国际金融危机后，世界经济与政治加快了调整与变革的步伐。在调整进程中，尽管发达国家仍然是国际秩序的主导力量，但世界政治经济重心已开始向新兴国家发生转移。金砖国家机制的出现具有一定的时代背景，其成立、运行和发展都说明新兴国家希望参与全球治理、在国际事务中增强话语权和维护自身利益的强烈诉求。

（一）金砖国家的建立

20世纪90年代以来，全球政治经济逐步进入一个变革和调整的时期，各种力量此消彼长，对世界政治经济格局产生深远影响。其中，一大批发

第四章 全球治理中的非正式机构

展中国家在世界经济发展的大潮中脱颖而出，成为这一时期世界政治经济格局演变的主要特征之一。从经济增长来看，1990年以来，全球经济增长率居前20位的国家和地区中，绝大多数为新兴市场和发展中国家，它们成为全球经济增长的主要贡献者。从经济总量来看，新兴市场与发展中国家的地位不断提升。根据国际货币基金组织统计数据显示，新兴市场和发展中经济体按市场汇率计算的经济总量占全球的份额从1990年的21.8%上升到2016年的38.8%，提高了17个百分点；按购买力平价计算，2016年新兴市场和发展中经济体占全球国内生产总值的份额为58.1%，比1990年所占份额提高约21.8个百分点。

与此同时，新兴国家经济实力的提升并未从根本上改变它们在国际经贸合作和全球治理格局中的不利地位，新兴国家在全球治理机制中的代表权和话语权与其自身实力很不匹配。新兴国家快速发展和经济实力整体提升的趋势，与世界经济的大变革互为因果。新兴国家的整体综合实力和战略作用的日益增强，使得一批新兴经济体进入了全球大国俱乐部。与此同时，以美国为首的发达国家不得不调整其全球或区域战略，转而寻求借重新兴国家的力量来解决自身和全球问题，由此推动了南北经济关系和全球经济治理框架的大调整。传统的全球治理机制面临严重的合法性危机，新兴国家在全球治理机制中的代表权和话语权不足的问题日益突出。

在此背景下，高盛首席经济学家吉姆·奥尼尔于2001年将巴西、俄罗斯、印度和中国四个新兴大国并称为"金砖四国"，对其增长前景和投资潜力予以充分肯定。2009年6月，巴西、俄罗斯、印度和中国领导人在俄罗斯叶卡捷琳堡举行了首次会晤，并确定了每年一次的定期会晤机制，使"金砖四国"从一个经济学概念变成了一个国际对话与合作的实质性平台。2010年，南非加入，"金砖四国"随即变为金砖国家。南非的加入，使金砖国家成为一个更加具有代表性的新兴经济体合作机制。由于拥有优越的资源禀赋以及得益于合适的社会经济发展政策，金砖国家取得了突出的经济表现，并因此成为世界瞩目的焦点。从地域构成来看，金砖国家五个成员来自世界五大洲中的亚洲、欧洲、非洲和美洲；从人口规模来看，金砖国家的总人口为发展中国家的50%以上；从国土面积来看，金砖国家的总领土面积约为发展中国家的40%；从经济规模来看，金砖国家按市场汇率计量的名义国内生产总值约为发展中国家的60%。①

（二）金砖国家的话语权提升

金砖国家经济实力不断提升，为金砖国家参与全球治理奠定了良好的物质基础。从一定意义上说，正是由于包括金砖国家在内的新兴经济体的经济迅速崛起，全球治理才步入一个变革与调整的时期。在变革中，金砖国家在全球治理中的话语权得到持续提升，这主要表现为金砖国家在国际货币基金组织和世界银行集团等主要全球治理机制中投票权的增加。

2006年9月，国际货币基金组织理事会审议了执董会提交的一份关于份额和发言权改革计划的报告并通过决议，决议对金砖国家中的中国和其他三个代表性明显不足的新兴经济体进行第一轮特别增资，其份额和投票权也相应得到提升。2008年4月，国际货币基金组织理事会通过了执董会建议的包括进行第二轮特别增资在内的一揽子重大治理改革措施，使得金砖国家的份额和发言权比例得到进一步改善。经过这一次改革，金砖国家中巴西、中国和印度成为投票权增加最多的新兴国家。2010年12月，国际货币基金组织理事会批准份额和执董会改革决议方案。份额改革完成后，中国的份额和投票权分别升至6.39%和6.07%，超过德国、法国和英国成为排在美国和日本之后的第三大成员国；印度、俄罗斯和巴西的投票权分别提高至2.63%、2.59%和2.22%，成为国际货币基金组织十大投票权拥有国；金砖国家的份额和投票权分别达到14.81%和14.14%，在2006年基础上分别增加4.81个百分点和4.29个百分点。

在世界银行治理结构改革中，金砖国家在全球经济体系中的地位变化也得到了体现。2010年4月，世界银行发展委员会通过了一项提升新兴与发展中经济体话语权的改革方案，金砖国家的投票权得到整体提升。在国际复兴开发银行中，金砖国家的投票权升至13.10%，较改革前提高1.84个百分点，七国集团则减少3.6个百分点。其中，中国在国际复兴开发银行的投票权从2.77%提高到4.42%，成为仅次于美国和日本的第三大股东国。在国际金融公司中，金砖国家的投票权可最高提到4.04个百分点。

总体而言，金砖国家的经济增长对世界格局产生了重要影响。金砖国

---

① 根据世界银行数据库2011年统计数据计算，http://data.worldbank.org.cn。

家实力的迅速上升改变了世界各国之间，尤其是发达国家与发展中国家之间的实力对比格局，使实力的分配日益朝着均衡化的方向发展。与此同时，金砖国家的实力上升使其参与全球治理的能力得到相应提升，为全球治理机制向着更加公平、合理的方向发展创造了条件。

（三）金砖国家合作的机制化进程

金砖国家作为一个整体，从一个投资领域的概念，发展成为在国际舞台上发挥重要作用的新兴经济体多边合作机制，经历了一个渐进发展的过程。从单一层次的外长会议发展成为以首脑会晤为中心、涵盖不同领域的多层次合作机制。

第一，建立金砖国家外长会晤机制。2006年9月，在俄罗斯的倡议下，巴西、中国、印度和俄罗斯外长在联合国大会期间举行了首次会晤，并确定此后每年依例举行。2008年5月，四国外长在俄罗斯举行首次联合国大会场合之外的会晤，并发表联合公报。2011年9月，扩员后的金砖国家外长首次齐聚纽约，就利比亚冲突、叙利亚冲突、巴以冲突、国际金融体系改革、气候变化、可持续发展、反恐等国际社会中的热点和重点问题交换了看法和意见。金砖国家外长会晤机制的建立，加强了彼此之间的务实合作和国际协调，更为重要的是，它酝酿和推动了金砖国家领导人会晤机制的形成。

第二，建立金砖国家领导人会晤机制。2009年6月，巴西、中国、印度和俄罗斯四国领导人在俄罗斯叶卡捷琳堡举行了首次会晤，讨论了国际形势、二十国集团领导人峰会、国际金融机构改革、粮食安全、能源安全、气候变化、金砖国家对话合作未来发展方向等问题，并发表《"金砖四国"领导人俄罗斯叶卡捷琳堡会晤联合声明》。金砖四国领导人首次会晤的成功举行，标志着金砖国家合作机制的初步形成。截至2013年，金砖国家领导人已举办第一轮的五次会晤。五次会晤中，五国领导人提出一系列加强金砖国家合作与协调的具体举措，推动了金砖国家之间的务实合作，并对金砖国家的定位和未来合作进行了规划，推动金砖国家这一新的对话与合作机制日益走向成熟。

第三，建立多层次协商与交流机制。除了外长会晤机制，金砖国家在领导人会晤机制的总体架构下，还建立了定期举行安全事务高级代表会议、专业部长会晤、协调人会议以及常驻多边机构使节不定期沟通等多层次合作机制。在领导人会晤期间，金砖国家相关部门和团体还举办了企业家论坛、银行联合体、合作社论坛、智库会议、金融论坛、工商论坛和经贸部长会议等多种形式的配套活动，为金砖国家加强各领域的合作与交流搭建了平台。

第四，金砖国家建立了新开发银行。新开发银行是国际多边合作机构，它的建立是金砖国家合作机制化的里程碑。2015年7月开业以来，新开发银行践行为金砖国家、其他新兴市场和发展中国家的基础设施和可持续发展项目筹集资金的宗旨，并以实际行动成为全球增长和发展领域的现有多边和区域金融机构的补充。截至2023年3月，新开发银行已经批准了99个贷款项目，总额超过340亿美元，为新兴市场国家和发展中国家的基础设施建设和可持续发展提供了有力的保障。

第五，金砖国家扩员。金砖国家合作机制建立后，其巨大的发展潜力受到国际社会尤其是一些新兴国家的广泛关注。2010年11月，在韩国首尔举行的二十国集团领导人会议期间，南非正式提出希望加入金砖国家合作机制。2010年12月，巴西、中国、印度和俄罗斯四国一致决定吸收南非作为正式成员加入金砖国家合作机制，金砖国家由此实现了成立以来的第一次扩员。2023年8月22—24日，金砖国家举办主题为"金砖与非洲深化伙伴关系，促进彼此发展，实现可持续发展，加强包容性多边主义"的峰会，会议宣布吸收阿根廷、埃及、埃塞俄比亚、伊朗、沙特阿拉伯、阿联酋六个国家加入金砖机制。金砖国家的扩大，一方面表明了金砖国家的吸引力和生命力，另一方面也表明金砖国家机制化进程既朝着深度也朝着广度的方向发展。

综上所述，金砖国家合作的机制化进程体现出渐进发展、多层架构和非正式性等特点，合作机制整体松而不散、决策灵活和注重实效。金砖国家"开放、包容、合作、共赢"的合作伙伴精神，以发展为核心的合作理念表现出强大的吸引力，为推动金砖国家在全球治理中发挥更大作用创造了机遇。

二、金砖国家参与全球治理的领域

在全球治理领域，以金砖国家为代表的新兴和发展中国家在其中的权

第四章　全球治理中的非正式机构

利与义务并不对等。金砖国家虽然拥有推动全球治理的共同诉求，但在既有的国际政治经济体系中，无法发挥与自身实力相符的影响力。金砖机制建立后，金砖国家逐步形成一些共同的利益诉求，提出各种全球治理方案和主张，积极表达自身利益和维护共同利益诉求，为推动全球治理合理转型发挥了重要作用。金砖国家合作领域和议题非常广泛，各成员对议题偏好不同，参与深度和广度不同。

经贸领域合作一直是金砖国家的优先议题。在全球经济治理改革领域，金砖国家为全球经济的增长做出了巨大贡献，是全球经济复苏的重要力量，并积极参与全球经济治理。金砖国家都高度重视彼此之间经贸发展的加深与扩大。2017年9月4日，金砖国家领导人第九次会晤在厦门市国际关系中心举行，会议通过了《金砖国家经济合作发展战略》《服务贸易合作路线图》等一系列协议，推进了金砖国家经济伙伴关系建设。在服务贸易、知识产权、单一窗口、中小企业、贸易促进、标准化等方面达成多项重要成果。在历次二十国集团峰会上，金砖国家协调立场，为实现全球经济强劲可持续发展提出对策，达成了支持多边贸易体制、反对保护主义的行动共识等。经贸领域的合作，为金砖国家合作的深入发展奠定了坚实的基础。

在金融货币领域方面，金砖国家塑造稳定的金融环境、抵御金融风险、探索多元融资渠道。金砖国家合作机制成立以来，五国在货币互换、本币结算与贷款业务、开发性金融、危机救助、资本市场以及国际金融体系改革等金融合作领域方面取得了一系列重大进展，尤其是新开发银行的成立和正式运营以及应急外汇储备库的建立。金砖国家还签署了《"金砖四国"银行合作机制备忘录》《金砖国家银行合作机制金融合作框架协议》《金砖国家银行合作机制多边本币授信总协议》《多边信用证保兑服务协议》《可持续发展合作和联合融资多边协议》《非洲基础设施联合融资多边协议》等一系列财经合作文件和协议。在推进国际货币金融体系改革方面，金砖国家进行了紧密而有效的合作，推动了国际货币基金组织和世界银行等国际货币金融机构的份额和治理结构改革。

在安全领域，金砖国家的合作主要在粮食安全、网络安全、气候变化等诸多非传统安全问题领域。金砖国家都注重粮食安全的重要性。气候变化或者自然灾害可能会影响成员国的粮食供应，金砖国家内部的粮食贸易、种植技术创新与合作、粮食运输与储蓄等都有助于各国共同应对粮食安全带来的隐患。金砖国家峰会声明多次涉及粮食安全问题。关于网络安全治理，连续几年的金砖国家峰会宣言中都有提及。金砖国家多次重申营造开放、安全的网络环境的必要性，提及出台相关法律约束网络空间行为，规范和监督电子监管及数据收集等行为，加大力度打击网络犯罪。此外，在相关治理原则方面，各国达成了共识，即尊重联合国的核心主导地位，借助多边立法约束不当行为、不干涉内政、合作治理。这与金砖国家在倡导联合反恐方面要坚持的原则是一致的，即坚持《联合国宪章》基本原则，尊重联合国大会和安全理事会决议。

此外，金砖国家还在能源安全、卫生、城市、科技创新、教育文化、统计、知识产权、合作社、智库等一系列领域开展了切实有效的合作，推动了相关领域全球治理的进程。

三、金砖国家在全球治理中的角色

金砖国家合作的一个重要特点是，它确立了一种新型的发展伙伴关系。非对抗性和包容性是金砖国家的共识。金砖国家合作不针对任何其他国家，不会导致国际社会利益分配的进一步分化。金砖国家目标是通过推动全球治理结构的合理转型，消除各国和各种群体之间冲突的根源。金砖国家合作机制是一种开放的利益分享机制，在全球治理进程中扮演重要角色。

首先，它是新兴国家之间的合作机制。长期以来，发达国家不仅主导国际规则，而且通过组建国家集团等形式的合作与结盟来协调彼此之间的立场，以更好地维护其所获取的既得利益。相反，新兴与发展中国家不仅在全球事务上缺少话语权，更重要的是缺少表达自身利益和协调政策行动的机制和平台。金砖国家都是新兴市场国家，作为全球治理变革的重要力量，代表的是新兴和发展中国家的利益。金砖国家合作机制不仅是新兴国家经贸合作与交流的平台，也是新兴与发展中国家用"同一个声音说话"和提高在全球治理中话语权的舞台。金砖国家合作机制的形成，表明新兴国家在全球治理进程中已不再单纯是被治理的对象，而是全球治理的积极参与者和新的国际规则的塑造者，旨在为新兴和发展中国家在全球政治经济转型和变革时期争取更多的发言权和决策权。

其次,它是跨区域经济治理的协商平台。金砖国家的成员国跨越亚洲、欧洲、非洲和美洲,最大限度地将各个区域紧密地联系在一起。值得注意的是,金砖国家成员大多是所在区域内的重要经济体,它们不仅均在各自所在的区域内具有巨大的影响力,而且在某种程度上代表了这些地区其他国家的利益。金砖国家之间的合作,极大增强了这些区域之间的政治、经贸和文化联系,金砖国家也因此成为国际社会中重要的跨区域协商与合作平台之一。随着金砖国家合作机制日益完善,加上其成员在区域经济治理中的引领作用,金砖国家将会在跨区域合作和交流方面发挥越来越重要的作用。

最后,它是发展中国家与发达国家之间的沟通桥梁。金砖国家作为发展中国家的中坚力量,一方面代表广大发展中国家的利益,另一方面也是联系发展中国家和发达国家的桥梁和纽带。这种作用在二十国集团合作框架中体现得更为明显。二十国集团是全球经济治理的重要平台,在应对全球经济危机、全球不平衡问题、全球金融监管和国际货币体系改革等重大问题上,二十国集团发挥了重要的协调作用。但是,绝大多数的发展中国家被排除在二十国集团框架之外,即使一些二十国集团会议议题涉及发展中国家的利益,它们也不能与发达国家直接展开对话。金砖国家都是二十国集团成员,作为发展中国家的代表,金砖国家能够为强化南北对话和加强发展中国家与发达国家之间的协调与合作提供新的机会。

四、金砖国家在全球治理中面临的挑战

金砖国家合作机制的形成与发展,不仅能够推动金砖国家之间的对话与合作,而且为推动发展中国家之间、发展中国家与发达国家之间的协商与对话提供了平台。但随着金砖国家内外形势的变化,一些阻碍金砖国家发展与合作的不利因素也在不断显现,金砖国家合作还面临许多挑战。

首先,金砖国家经济增长的持续分化。在全球经济增速整体放缓的同时,金砖国家的经济增速出现了分化,并呈现出长期分化的趋势。自2013年起,金砖国家经济增速逐步分化出两个梯队:印度和中国维持中高速增长,而南非、俄罗斯和巴西的经济增速则相对较低。根据国际货币基金组织数据显示,2016年印度和中国的经济增速分别为6.8%和6.7%,南非、俄罗斯和巴西的经济增速则分别为0.3%、-0.2%和-3.6%;印度与巴

西的经济增速相差10.4个百分点。国际货币基金组织预测,未来五年,南非、俄罗斯和巴西的经济增速大约维持在2%,而印度和中国的经济增速则有望维持6%—8%。经济增速的持续分化将不可避免地加大五国政策目标的分歧,因此也将增加相互之间的政策协调难度。在此背景下,一些认为金砖开始褪色、金砖国家是"金"和"砖"的组合体等"唱衰金砖"的观点逐渐有了市场。

其次,金砖国家的战略利益分歧。金砖国家成员的政治和价值观念存在较大差异。存在不同的社会制度和政权组织形式,以及不同的宗教信仰和价值观念,并且民族特性和意识也相差较大,加上成员间存在边界纠纷与政治上的不信任,因此金砖国家机制很难在政治与安全领域发挥影响力。近年来,金砖国家成员都启动了新一轮的改革进程,并提出了一系列对外经济合作与区域一体化倡议和规划。这些合作倡议和发展规划的很多目标相同、拥有趋同或相似的一面,但也在一定程度和范围形成了相互竞争的发展态势,甚至有可能在部分领域和议题上产生对立。在金砖国家合作的议题和领域的选择上,五国均有自己的考虑,对不同议题和领域合作的排序也存在一定的差异。究其原因,既有国情不同的原因,也有政治互相不足而导致。为此,金砖国家要加强政策协调和战略对接,最大限度地寻求各自发展战略的利益契合点,在行动上形成相互促进的合力,努力减少各国政策的负面效应,并避免由于政策沟通不畅带来的内耗。

最后,金砖国家合作的外部环境存在较大的不确定性。在很多领域,金砖国家还要受发达国家的直接或间接影响。西方发达国家长期主导国际政治经济秩序,金砖国家的崛起难免冲击其在全球经济中的领导地位,因而并不希望金砖国家形成一个行动一致的利益共同体,尤其在中美战略竞争背景下。近年来,发达世界出现了一系列的"黑天鹅"事件,并对金砖国家合作带来了新的冲击。英国"脱欧"不仅使欧洲一体化进程遭受巨大打击,也对全球其他区域的一体化进程带来负面的示范效应。美国出台美日印澳"四方安全对话"机制,强化与印度的多边和双边合作。俄乌冲突爆发后,西方对俄罗斯实施全方位制裁。巴以爆发大规模冲突,中东地区地缘政治环境的恶化。这些都直接或间接影响了金砖国家的合作。另外,恐怖主义、网络犯罪等非传统安全挑战日益加大,也导致金砖国家合作频添变数。

第四章 全球治理中的非正式机构

作为一个发展中国家的大国集团,金砖国家无疑可在诸如环境治理、金融危机应对、粮食安全、能源安全、流行性疾病预防、消除贫困等全球问题的治理上发挥积极作用,也具有扩大影响的潜力。但由于既得利益国家(集团)的存在,作为一种新兴力量,金砖国家难以根本改变现有的全球治理规则体系,金砖国家合作机制只是对现有国际制度的一种有益补充。

第五章 非政府组织与全球治理

在主权国家时代，任何国际问题的处理与解决均取决于主权国家间的冲突与合作。但国际政治不只是国家间政治，还包含了大量跨国政治和非国家间政治空间。在当代世界政治舞台，国家并不是唯一的行为体，活跃于全球治理体系中的还有各种不同的大量非国家行为体，其中最重要的代表就是政府间国际组织和非政府组织。非政府组织是全球治理结构和安排中出现的制度创新和组织创新，促进着全球治理体制的转变。在全球治理的很多领域，国家与国际组织、非政府组织实际上形成了相互协商与合作的关系。

第一节 非政府组织概述

全球化和非政府组织的发展是20世纪下半叶以来引人注目的两个相互作用、相互促进的新兴历史进程，促使国际关系发生了重大变革，推动了新型全球治理体制的形成。在全球化进程中，非政府组织兴起同联合国体系的演变与改革交织在一起。在面对共同挑战与解决共同问题的过程中，非政府组织与国际组织之间互动推动着新型全球治理体制的形成。作为全球治理行为体之一，非政府组织在全球治理中扮演了重要的角色。

一、非政府组织的概念

非政府组织作为社会组织形态的一种，其特殊性在于非政府的主体意义。对于国际非政府组织，现在还没有一个能够得到比较普遍认可的界定。学界有三种较为主流的定义：第一，广义上来讲，所有的非政府、非企业的社会组织都是非政府组织。第二，狭义上来讲，非政府组织是一种非营利的社会中介组织。第三，非政府组织是合法的、非政府、非营利、非政党色彩、非成员组织，自主管理的志愿性，并致力于解决社会公共问题的组织。从这些定义可以看出，非政府组织指非政府、非营利、非宗教以及非政治性的公益性社会组织。它一般排除政府和企业的主体范围，是指一切非政府、非企业的社会组织。作为组织形态的一种，非政府组织与其他社会组织一样，同样具有合作的目标，分工明确，以制度保证任务的顺利完成。常常被作为权威界定引用的是联合国经社理事会两份决议中的相关内容，一是1950年的第288（X）号决议提出，任何国际组织，凡是不经由政府间协议而创立的，都被认为是为此种安排而成立的非政府组织；二是1968年的第1296（XLIV）号决议对其在实践中所执行的标准做出进一步界定：组织目标必须符合《联合国宪章》精神、宗旨与原则，必须代表不同国家和地区的一大批公民，拥有独立的领导机构、章程及决策程序。

联合国经社理事会第1296（XLIV）号决议对非政府组织界定最关键的就是其"国际性"了。其对国际性的解释主要包括两个方面：一是组织结构必须具有国际性；二是活动目标与活动范围必须具有国际性。组织结构的国际性是指组织成员来自不同国家，成员是一个或多个国家的公民，并且其行动是由其成员的集体意志决定的。活动目标与活动范围的国际性是指，组织活动的目标与范围不能仅限于一国之内，将全球性利益置于国家利益和组织利益之上，并且在两个及以上的国家之间，乃至全球范围内展开活动。以上两个方面，只要某个非政府组织具备其中之一，便被视为国际非政府组织。

依据以上界定，广义的国际非政府组织，即组织目的与活动范围具有国际性、机构设置与成员构成具有国际性、资金或其别的主要资金来源或用途具有国际性的非政府组织。实际上，在联合国和其他多边机构的官方文件中很少使用"国际非政府组织"的表述，而普遍使用"非政府组织"代替，其主要原因是全球化时代国际事务与国内事务难以截然分开，现实中参与联合国等多边机构活动的非政府组织差异极大，其活动的国际性并不清晰可辨。本书中涉及的是全球治理中的非政府组织，其主要目的是在特定的功能性问题领域促进较大范围的跨国合作，为分析叙述方便使用"非政府组织"来表述。

二、非政府组织的发展

非政府组织的发展始于19世纪的欧洲，其早期活动主要集中于人道主义和宗教方面。进入20世纪，非政府组织的数量有了较大的增长。二战结束后，联合国在《联合国宪章》第71条中明确将非政府组织的地位法制化。20世纪60年代以前，非政府组织作为一股社会力量参与国际事务是很有限的。20世纪70年代之后，联合国大会召开了一系列特别会议，直接推动了非政府组织的发展，非政府组织在国际领域中的影响不断增大。20世纪90年代，尤其是冷战结束以后，非政府组织进入高速全面发展时期，在规模、活动范围和领域都有了实质性变化，开始参与解决全球范围的各种问题。非政府组织积极涉足过去只是政府独享的领地，致力于解决一系列重大问题，如人口、教育、扶贫、卫生保健、妇女儿童保护、生态环境保护、难民救援、人权保障、人道救助乃至联合国维和行动、早期预警和裁军等几乎包括了国际事务所有领域的活动。非政府组织数量和地位的提升，是全球正在经历经济、社会和政治的深刻转变的一个重要表现。

冷战后，非政府组织数量的增长与地位的上升主要源于以下几个方面原因。

第一，全球化发展为非政府组织兴起创造了条件。随着全球化进程加速，各民族国家之间、各个社会的经济、政治、社会、文化之间的联系与交往不断深化和复杂化，人员、物资、服务、资本、货币、资金、信息的跨国流动以及各类组织机构的跨国活动空前活跃。科技发展，包括通信技术与互联网、交通、信息技术、生物技术等的创新和进步，推动了人类活动全球化进程。全球化并不只是一个经济或技术进程，其伸展到并包含着政治、社会和文化的过程。全球化是科技和生产力发展的必然过程，也是人类政治与社会文明进步的过程，使以往相对分立的各个文明社会日益转变为由相互依存的纽带连结在一起的人类文明共同体。全球化进程不仅推动了人员、物资、资本和货币的跨国流动，而且促进了信息、思想、价值观和文化的跨国交流、撞击和交融，由此而使社会组织形式和运行机制的创新和跨国运作成为必要且具有了可能。伴随着经济的全球化，使民间社会的人员和组织的跨国往来迅速发展。各种民间协会和社会运动纷纷出现，以及各种灵活的伙伴关系和社会网络的形成，为非政府组织的兴起创造了条件。与此同时，互联网技术革命提供了非政府组织发展的技术平台。人们获取全球信息的途径越发便捷，个人参与全球事务的意愿与能力大幅提升。信息技术的发展也为非政府组织的全球沟通，以及各国非政府组织之间的联系提供了便利的条件。

第二，全球化的负面效应为非政府组织活动提供了空间。全球化在促进人类文明进程的同时，又存在着各种消极的后果。由于通过市场机制运作的发达国家的私人资本是全球化的基本驱动力，发达国家在全球化过程中拥有主导力量，随着世界各国之间联系的扩大、加深、一体化，私人资本排他性地追求自我利益，以及一些国家排他性地追求自我利益，造成了各种严重问题。诸如在世界乃至各国出现了日趋严重的两极分化、贫富差距拉大；南北在发展上的不平衡加剧；资源耗竭；环境污染与生态破坏；以新自由主义为依据的自由市场经济对许多发展中国家造成很大危害：全球经济秩序、政治秩序的不公正，一些重要的国际机构如世界银行、国际货币基金组织、世界贸易组织等被发达国家所掌控；全球经济、政治和社会活动中管理的不民主使发展中国家主权和利益受到损害。世界和平与安全也因各种问题的日趋严重而越来越缺乏保障，诸如在各国内部与国际间的失业与劳资对立；各阶层、各集团之间的社会冲突与对立以及各国之间的磨擦与冲突；种族排斥乃至种族灭绝；宗教冲突；极端主义和民族分离主义；艾滋病、非典型肺炎、新冠疫情等公共卫生问题；大规模杀伤性武器扩散与核恐怖主义等等。随着人口跨国、超区域流动量的不断增大，走私、贩毒、恐怖主义、污染、疾病、武器以及难民等都比以往更快、更多地在国际间流动或传播，有组织的跨国犯罪也在增加。这些非传统安全领域问题成为国际社会新的安全威胁，这些问题的兴起为非政府组织的发展提供了空间。

第三，联合国等国际多边机构的积极推动。非政府组织与政府间组织作为世界政治中的两个重要角色，在很多领域实际上形成了相互协商与合作的关系。这种互动很大程度上是联合国推动的。联合国的许多机构都建立了与非政府组织合作的机制。例如，1996年联合国经社理事会第1996/31号决议，对非政府组织取得经社理事会咨商地位，以及具体进行咨商的办法做了规定。咨商的目的，一方面是为了获取专门领域的信息与建议，另一方面则是为代表国际社会各个活动领域的非政府组织提供表达意见的机会。此外，联合国还设置了非政府组织参与其新闻部以及世界首脑会议——非政府组织论坛的工作机制。上述制度安排和机构设置，使非政府组织参与联合国活动得以制度化、规范化和具有可持续性。非政府组织参与联合国活动，使联合国成为一个更有效的政府间国际组织，对于跨国事务和全球治理发挥着重要影响。

三、非政府组织在全球治理中的作用

全球治理的主要指向是全球性问题，全球性问题的主要特征便是它们的共同跨国性特征，这些问题单靠以国家为中心的主权国家治理体系是无法解决的。全球治理最核心的特征便是治理主体的多元化和网络化。非政府组织是全球治理结构和安排中出现的制度创新和组织创新，促进着全球治理体制的转变。

非政府组织采取横向的民间的活动方式，不受传统的国家政治的支配，以新的方式致力于全球性危机的解决。非政府组织没有国家主权的约束，一般也不受自我利益的驱动，可以出于社会道义致力于某个特定全球性问题的解决。国家组织是相互分立的，主权界限分明；而国际性非政府组织的全球网络则不像政府那样受国界约束，适合参与解决一些跨国性的问题，如解决国际难民问题和从事人道主义救援。国家的行动一般需要通过正式的程序和机制，有法律的依据，因此在解决一些有风险和前景不明确的问题时常常过于迟缓或者裹足不前。非政府组织采取行动则不需要正式的程序，也不使用正式的机制，它们可以及时、灵活地对问题和危机作出反应，对风险和失败的承受力也较大。民族国家的利益分歧和政治斗争在很多情况下阻碍了各国政府之间的合作，非政府组织的非政府性和非政治性则使它们可以放手开展民间的国际合作，同时促进政府间的合作。非政府组织在许多国家都有其分支机构。同一非政府组织在不同国家的分支可以对所在国的政府施加影响，促进全球性目标的实现。非政府组织参与全球治理，推动了全球治理体制的多元化和民主化，在当今全球治理体系中发挥着独特的作用。

非政府组织通过积极参与全球治理将当代国际体系中的地方、国家和全球不同层次上的行为体联结成一种新型的网状全球治理结构。虽然这样的全球性网状治理结构并不能取代传统的以国家为主体的针对国内和国际

事务的线状统治结构,但对改变传统的以国家为主体来界定国际体系具有重要作用,推动了国际体系向全球体系、国家治理向全球治理的转型。

第二节 非政府组织全球治理的领域

随着非政府组织的发展壮大,其国际影响力不断增强,在越来越多的领域发挥着日益重要的作用。现代科技、通信技术的发展,自由贸易带来经济发展与社会问题全球化,使得非政府组织异常活跃,尤其在诸如人口、教育、扶贫、环保、气候、科技、妇女儿童保护、人道救援等方面,单靠政府或政府间国际组织往往力不从心,这为非政府组织提供了广阔的潜力空间。非政府组织在全球治理参与中更多地是在议题构建、推动国际条约和规范的生成以及监督实施方面扮演重要角色。鉴于全球治理的议题和领域众多,本节重点考察非政府组织在发展援助、环境与气候、全球人权保护、和平与安全领域所扮演的角色和发挥的作用。

一、发展援助领域

长期以来,国际社会对穷国的发展援助一直是改变世界经济发展不平衡的最重要的国际行动,发展援助不仅是发达国家对发展中国家在经济上提供的国际援助,也是非政府组织积极参与的全球公共事务之一。与以国家为主体开展的国际发展援助相比,非政府组织提供的援助规模虽然有限,但有其独特优势,对于改善发展中国家的贫民状况、促进当地经济社会发展发挥着重要作用。

首先,非政府组织灵活机动,适应性强,能迅速满足随时出现、多元化的具体需求。发展援助项目的规模较小,正是非政府组织能够在许多发展中国家和地区取得成功的原因。其次,运作的高效率和资金、人力的高利用率,有效降低了发展援助的成本。执行程序烦琐、行政开支巨大是政府间国际援助的弊端。而非政府组织从事发展援助,不存在庞大的行政系统,不需要复杂的协调机构,也没有政府部门之间利益关系的协调与配置,减少了大量的中间环节,其项目可迅速直达村庄和乡镇,甚至直达每个农户、家庭和个人,从而有效降低了发展援助的成本。再次,推动经济援助的制度创新。政府和国际机构的援助项目金额庞大、人员众多、手续烦琐、管理困难，难以根据当地情况创新项目执行机制。而非政府组织由于援助规模小、资金少，容易根据实际情况设计项目实施方式，推动制度创新。如孟加拉"乡村银行"的小额信贷模式，不仅给发展援助带来新的形式和动力，也成为社会创新的新源头。最后，传播发展理念。社会的互助传统及其互助形式各不相同，如多数国家社会内部往往集中于邻里间小规模的互相帮助，一般不易扩展到整个社会。同样，社会在不同发展阶段对于发展援助的态度也会有明显的不同。非政府组织不仅带来援助资金，同时还带来其他国家的管理方式，影响各国援助机构对互助模式与项目规模的依赖，有效帮助发展较慢的国家和地区学习新的发展理念，在深层次上改变接受援助地区原有的落后的习惯和发展模式，从而减少发展援助的区域差别，降低援助的成功难度。

非政府组织在全球发展援助领域中扮演着日益重要的角色，但也存在一定的制约因素：一是掌握的资源有限，特别是资金不足。非政府组织不能替代政府和其他国际机构的作用。因资源、资金、方式、规模等方面的局限性，非政府组织在从事发展援助时必须与政府和其他国际机构密切合作，相互补充，才能促进援助项目效益最大化。二是出于价值观偏见，为受援国设置一些政治条件。尤其是一些西方国家的非政府组织，经常以人权为借口，沦为一些国家或国家集团干涉受援国内政的工具。

二、环境与气候领域

非政府组织在全球环境治理中是一支不可替代的重要力量，其依凭自身所具有的专业知识、认知与行动网络以及独立性身份和立场，在全球环境生态问题的治理中发挥着独特的作用。在环境生态领域，知识的专业化日益深化，非政府组织依凭自身在环境知识领域的专业权威，深入地参与到环境生态问题的治理中。像在关于海上石油运输和石油开采可能导致的石油泄漏、向海洋倾倒有毒废弃物以及海洋捕捞中的滥杀滥捕等问题上，非政府组织运用专业知识向世界提供关于这些行为导致的环境危害的可靠数据和预期后果，这种专业知识产生的权威很多时候甚至超过国家的政治权威。

非政府组织的"民间性"属性赋予其相比于国家的社会动员优势。一方面，非政府组织具有源自民间的"自下而上"属性，这使得其既能够依凭专业知识权威影响和参与精英决策，又能够将专业知识转换为一种社会动员资源，建立起一种"自下而上"的认知与行动网络。另一方面，非政府组织相比官方机构具有极大的灵活性，其组织的扁平化特征使得其能够将不同的利益群体动员起来，将不同的利益诉求汇聚起来，从而使得其在环境生态问题的治理中能够将贫困、发展、妇女、土著等问题和利益诉求绘制成一种相对综合的利益诉求和政策参与网络。此外，非政府组织大都通过其行动和身份特征彰显其独立于官方的身份和立场。许多环境组织拒绝接受跨国公司和政府的资金资助，他们对政府政策和跨国公司的行为常常保持一种审慎和批评的立场。这种独立的身份特征为其带来重要的权威，这为非政府组织在环境生态领域的治理参与提供了巨大的政治和社会空间。

环境与气候领域的非政府组织早在19世纪下半叶就已出现。自1972年联合国斯德哥尔摩环境会议之后，环境与气候领域的非政府组织数量与规模迅速增加，世界范围内的环境组织进一步架起了全球行动和动员的网络。它们在倡导环境意识、建构环境议题、参与国际公约制定和监督公约实施、监督跨国公司环境行为以及参与和影响世界环境大会议程等方面，都发挥了重要作用。

第一，唤起人类环境意识。几乎所有的国际环境与气候非政府组织都重视对社会大众的环境教育和宣传，将其作为基础性工作。环境生态保护的前提条件是人们环境意识的觉醒，而环境意识的倡导和树立需要科学的专业知识和深入的社会动员，在这个方面，非政府组织具有明显的优势。非政府组织通过开展科学研究、调查报告、新闻报道、环境宣传、专业书籍出版、专题讲座和组织培训等活动，构建起环境生态知识和保护环境意识的知识传播网络和社会动员网络，在全球范围内唤起人类的环境意识的觉醒。非政府组织在环境、气候信息的收集和传播方面表现突出。如世界观察研究所每两年出版的《世界资源报告》，对全球资源进行评估，拥有广泛的国际影响。联合国环境规划署发布的《全球环境展望》被视为世界上对全球环境状况评估最全面、最权威的报告之一，其中大量引用世界观察研究所、国际可持续发展研究所、国际环境与发展研究所等非政府组织的研究和监测结果。

第二，推动国际环境与气候机制的形成与发展。非政府组织在促进国际环境与气候机制的形成、实施和修改方面作用明显,将新的环境议题引入国际政治与立法进程。例如,早在20世纪80年代起绿色和平组织就在全世界范围内发起了长达十几年的禁止使用"有机污染物"的环境运动。该组织通过组织示威和游行、发布研究数据、出版研究报告等手段,动员人们认识有机污染物的危害和抵制有机污染物的使用,最终1996年联合国环境规划署发起了关于治理有机污染物的国际谈判。另一个典型案例是绿色和平组织发起的关于抵制和禁止有毒废物跨境转移的运动。绿色和平组织自20世纪80年代中期开始对跨境污染传播问题进行调查和研究。通过对一个个具体的跨境有毒废物转移和贸易事件的跟踪调查及污染数据的公布,该组织在全球范围内唤起人们对该环境污染议题的关注,促使联合国环境规划署发起关于管制有毒废物跨境转移和贸易的国际谈判,最终于1989年3月22日联合国环境规划署在瑞士巴塞尔召开的世界环境保护会议上通过了《控制危险废物越境转移及其处置巴塞尔公约》。

第三,倡导环境与气候正义。在日益艰难的气候谈判中,气候变化应对成为发达国家与发展中国家博弈的舞台。反映弱势群体呼声和主张,维护其环境权益,保障发展中国家的生存权与发展权成为国际环境非政府组织的基本功能之一。如气候正义网络就是专门维护发展中国家气候利益的非政府组织网络。环境与气候领域的非政府组织已建立遍及世界各地的全球网络,架设全球环保与气候人士的联系纽带和桥梁。通过这根纽带,世界各地的环境与气候问题及各地环保人士的关切反映到国际层次,解决全球性环境与气候问题的战略又被层层分解到基层。该领域的非政府组织非常重视利用现代信息技术,使全球环保人士的联系和交流更加便捷。

第四,推动环境与气候治理模式创新。环境与气候领域的非政府组织的日益发展和壮大正在改变传统的由国家和政府间国际组织主导的国际环境与气候治理模式。在非政府组织参与联合国体系的环境事务历程中,1972年联合国在斯德哥尔摩召开的人类环境会议是重要的转折点。在那次会议上,有134个非政府组织正式登记参加了会议,另外还有更多的非政府组织以非正式的方式参与了会议过程,举办了众多的倡议、游说、宣传和教育等活动。此后,接纳非政府组织的参与日渐成为联合国各机构召开重要会议的惯例,同时环境非政府组织还积极参与了在联合国主持下的一些重要国际环境条约的缔结过程。例如,世界自然基金会、国际地球之友和绿色和平组织长期以来为联合国治理海洋污染方面的决策提供了高水平的专业知识。非政府组织在关于损耗臭氧层物质的1987年《蒙特利尔议定书》的形成和实施过程中也发挥了重要作用，在联合国环境规划署支持下，非政府组织直接参与了该协议的协商准备过程。除此之外，联合国的各下属组织也同环境非政府组织开展多方面的合作。许多环境非政府组织向世界银行施加压力，要求在发展援助活动中引入环境因素。世界银行自20世纪80年代也开始积极回应环境非政府组织的呼声，从环境角度考虑对其援助资金分配计划进行了改革，设置了环境部和其他有关环境的机构，在项目评估中也更多地考虑环境因素。

作为全球环境与气候治理的重要一员，非政府组织推动了全球环境与气候治理的民主化进程。环境与气候领域的非政府组织已经成为全球治理体系中的重要力量，它们不仅通过影响国家决策发挥其作用，而且通过在全球范围塑造生态责任感、非政府运作结构而独立地在世界事务中发挥影响，其作用获得国际社会的广泛认可。

三、全球人权保护领域

联合国的宗旨和职能要求联合国在对人权普遍尊重的基础上致力于建设一个和平、公正与繁荣的世界。2000年9月，联合国千年大会发布了《联合国千年宣言》，确立了到2015年的千年发展目标：消灭极端贫穷和饥饿，普及小学教育，促进两性平等并赋予妇女权利，降低儿童死亡率，改善产妇保健，与艾滋病、疟疾和其他疾病做斗争，确保环境的可持续能力，以及全球合作促进发展。在和平、发展、人权等方面都确立了目标。非政府组织在人权领域的活动目标一般是致力于监督世界各国和联合国所确立的人权保护机制，报告和公布各国政府在人权方面与国际保护规则存在的差距，促使政府在人权方面遵守基本的人权准则。非政府组织在全球人权保护领域的行动策略主要有：一是监督国家政府在人权保护领域的承诺和行为；二是对侵犯人权的行为展开调查；三是对人权危机状态实施紧急行动计划，以对发生的大规模侵犯人权行为和人道主义危机实施紧急调查、信息收集、国际呼吁和政策游说等，并利用各种途径对公民权益进行保护或实施人道主义救援行动；四是促进人权意识，通过宣传教育和技术支持等形式，帮助个人和团体了解他们的权利等。

相比而言，非政府组织在全球人权保护领域的治理参与比其他领域更具优势。第一，国际人权议题的多层次性使得非政府组织的活动更容易产生跨国性影响。人权议题既具有内政属性，又具有主权间关系的意义，还涉及超主权意义的人权规范问题，非政府组织在人权保护领域的参与很容易产生跨国性影响力。第二，人权属性中的非政府性和非政府组织的社会属性融合，使得非政府组织具有相对于国家的比较优势。相比其他领域，这使得非政府组织在人权领域的活动范围更广。第三，人权的非政府性属性决定了非政府组织在该领域的社会基础更强大，动员资源的感召力和社会支持程度更强。第四，人权价值规范具有潜在的超政府性意义，这使得非政府组织参与和卷入国际人权事务的程度更深。第五，非政府组织在构建人权议题和推动新的人权规范的形成方面更容易产生综合性的影响。

四、和平与安全领域

和平与安全事关国家的核心利益。在国际舞台上，和平与安全领域如军控、裁军、冲突解决等议题，常常被称为"高政治"领域问题，通常是被国家所主导和垄断的领域。非政府组织被认为适合在"低政治"领域或边缘性议题开展活动，如环境、妇女、发展等议题领域。对于非政府组织而言，参与国际社会和平与安全问题治理不仅困难重重，而且具有相当大的局限性。但随着全球政治秩序的变迁、冲突性质的变化以及安全观的巨大变革，在传统上由国家所垄断的核心领域——和平与安全领域，非政府组织也开始发挥重要的治理作用。非政府组织在和平与安全领域的活动，主要集中在军控和裁军、冲突预防和冲突解决、和平重建、反战和裁军运动等和平运动。

在军控和裁军领域，非政府组织通过专业研究、军控知识普及教育和宣传等，倡导军控的观点主张。还通过会议论坛和各种媒体影响大众对待军控的态度，积极开展裁军和军控运动。像在帕格沃什运动和国际禁止地雷运动中，动员各种资源和社会力量推动军控进程，同时在军控领域，公民社会组织还积极参与到各种条约如《全面禁止核试验条约》《禁止生物武器公约》等国际规制的进程中。在冲突预防和冲突解决以及和平重建领域，非政府组织参与到预防冲突和冲突预警、冲突调解和谈判、冲突中的人道救助，以及冲突后的政治建设、发展援助、社会和解等各个方面的活动进程之中。在反战和裁军运动领域，非政府组织开展了各种形式的和平运动。在冷战期间，各种组织通过召开世界和平大会、开展和平签名运动、发布和平宣言等形式反对两个超级大国的军备竞赛和核战争威胁。在反对核竞赛、核武器试验和超级大国发动侵略战争的运动中，非政府组织展开了大规模的反战示威游行和抗议活动。冷战后，非政府组织开展的和平运动，主要以对政府的游说和政策建议、借助全球媒体、围绕呼吁制定国际规范的方式展开。

非政府组织在和平与安全领域的治理方式，与非政府组织在其他领域的活动方式相似，主要通过向政府或有权威的国际组织施加压力，或者与它们合作采取共同行动。如通过新闻媒体争取民意，然后借助民意的压力迫使政府改变其政策或行动；游说政府或政府间国际组织的官员；参与政府或政府间国际组织的项目规划，提出建议或咨询；有时采取抗议示威方式迫使政府采取行动等。

在和平与安全领域活动的非政府组织具有明显的自身特点：第一，它们关注的问题如核威胁、冲突解决等往往具有现实性和紧迫性，其行动需要广泛的动员能力，更需要规模比较强大的网络活动来动员国内国际的相关力量。第二，在这些领域活动的组织网络必须具有相当的专业性，因为冲突爆发的复杂性和军备控制的技术要求比较高。第三，由于和平与安全领域的议题具有较强的敏感性，如军备控制、冲突调解等领域的活动需要政治和意识形态价值更超脱的组织来发挥其参与功能，因此，参与和平与安全领域的非政府组织形式多样，既有科学家、政治家、外交家和学者，也有社会精英、大众活动家和地方社会的权威人士；既有人权组织、人道组织和环境组织，也有医疗、发展等领域的组织。

非政府组织在教育影响民众、争取参与国际决策等方面取得越来越引人注目的成功，但与其他领域相比，基本上仍处于边缘地位，有其较大的局限性，这主要涉及三个因素：首先，和平与安全依然是国家的核心利益。其次，非政府组织不是国际法的主体，能够独立支配的资源较少，发挥作用的方式具有从属性，很难参与重大的政治性决策。最后，国际社会对和平与安全的决策权本身具有较大的不确定性，"公共权力机构"的缺乏导致决策执行无法保证。

第三节　非政府组织在全球治理中的局限性

随着非政府组织越来越广泛地参与全球治理进程，它们在全球治理体系内所起的作用也越来越大。目前，非政府组织参与全球治理的广度和深度难以被忽视。与此同时，必须看到这种参与仍是有限的，面临着不少局限性。

一、缺少参与全球治理决策的渠道

非政府组织无法介入联合国的决策过程。非政府组织与联合国的互动过程是构建新的全球治理体制的重要组成部分。以联合国为核心的政府间国际政治体系二战以来一直主导着国际关系。非政府组织与联合国虽然是不同性质的组织，但是在全球挑战面前具有共同的目标和事业：即全球的和平与安全、经济社会协调发展、环境保护等。非政府组织能够采用特定的方式，通过参与联合国的活动，实现其各自组织的使命从而促进各项共同事业的进展。联合国也可以通过开放与鼓励非政府组织的参与，更好地实现自身所确立的各项目标。

非政府组织在联合国经常的、稳定的、有实质性内容的制度化参与，实际上仍仅限于经社理事会。经社理事会迄今仍然是同非政府组织进行协商并吸纳非政府组织以影响其决策过程的唯一联合国机构。虽然这种互动关系中所取得的成绩是明显的。但将非政府组织参与联合国决策的过程限于经社理事会，远远满足不了联合国与非政府组织双方对这种参与的需要。非政府组织在联合国新闻部的参与只是一种信息的交流和满足联合国与非政府组织双方对宣传的需要，在实质上并没有介入联合国的决策过程。相对全球非政府组织的庞大数量，目前也只有2500多个非政府组织可以正式参与经社理事会的活动。这些非政府组织所代表的能力、资源和民众群体只是国际社会中一个很小的部分。享有经社理事会咨商地位的非政府组织只有在经社理事会的发言权和建议权，虽然可以影响决策，但不具备实质性的决策权。相对来说，非政府组织在经济社会事务中发挥作用的空间较大，但在有关和平与安全，以及人权与法治等重要的政治性决策中的参与很有限，至今仍未能参与联合国大会与安全理事会的活动。

第五章 非政府组织与全球治理

二、参与全球治理的机制性障碍

联合国对非政府组织的管理机制存在缺陷。随着公民社会在全球的迅速发展，要求参加联合国活动的非政府组织的数量在不断增加，它们对参与的广度与深度的要求也在提高，联合国在机构能力、组织管理以及资源设施等方面已经明显地难以满足非政府组织参与的需要，也难以保证非政府组织参与全球治理的质量和效果。

在审议和批准非政府组织参与联合国活动的核证程序上，也存在着标准不一、手续烦琐的现象，乃至在工作上造成一些混乱和低效率，阻碍了非政府组织的有效参与。一方面，一些不能够发挥积极作用的非政府组织进入了经社理事会。另一方面，一些优秀的非政府组织却因烦琐的协商地位核证过程而不得不长期被排除在外。对那些不具备经社理事会咨商地位的非政府组织，它们每次参加联合国召开的国际会议时还需专门提出申请，只有在其资格获得核证后才能与会。在联合国各部门和各专门机构，目前大多有专门设置的机构负责管理协调非政府组织的参与活动。这些同非政府组织相关的机构在工作上也常出现重叠和不协调的现象。

三、非政府组织的合法性问题

随着实际参与全球治理行动的非政府组织数量的增加，以及参与广度和深度的展开，非政府组织的合法性受到越来越多的关注和质疑。这些非政府组织的参与是否具有正当性，它们为谁代言，它们代表谁的利益，它们向谁负责，它们是否具有合理的组织内部的治理结构，它们参与的真正动机和目的是什么，以及它们是否具备参与全球治理的能力和效率等等。非政府组织在联合国的资格与地位只是参与的条件和平台，在同样的参与条件下，非政府组织的参与程度、作用和效果在很大程度上取决于该非政府组织的基本素质和主观能动性。例如，有的非政府组织虽然不具备经社理事会正式的协商地位，但通过其他渠道直接或间接地积极参加联合国的活动，在联合国的活动中发挥作用。

在全球化时代，发展迅速但又是形形色色的非政府组织，是最难予以把握和确定其实质的。作为一种社会组织形式，相对于政府和企业，非政府组织最具有多样性，最易于被组织和公民团体运用，但也易于被不同的

· 113 ·

政治势力利用。非政府组织的创建方可以是不同国家的不同社会群体或者个人，也可以是各种宗教、各国政府部门、各个政党、各跨国公司或者各国的企业。非政府组织的资金可以来自各种渠道，如教会、政府、政党、企业、私人或者公众捐助、成员会费以及服务收费等。非政府组织的机构和成员也各不相同，其背后可能有教会、政府、政党、企业以及其他社会机构的程度不同的影响。非政府组织所宣称的使命、所尊崇的理念和信奉的价值观、其活动的领域以及活动的方式也是多种多样的。人们可以采用非政府组织这种形式结成形形色色的公民组织开展所追求的活动。与此同时，非政府组织也会由于其创建方和创建背景、其资金来源、其机构和成员的来源等因素，为各宗教、各国政府或者一些企业等机构所利用，成为这些机构实现各自目的，如特定的意识形态、国家利益、战略目标、文化理念、经济利益以及政治诉求等的工具。由于多数非政府组织自居为特定社会群体的利益和意愿的代表，其依据和行动的正当性也是不充分的。有相当数量的非政府组织治理结构不健全，组织活动缺乏透明度和问责机制，组织活动的监督制约机制缺失，其能力和资源也难以可持续地支撑组织所承诺的事业。在同一个领域参与全球治理的非政府组织群体内，同样也缺乏集体意见形成机制与共同行动的协调，非政府组织共同承诺和遵守的规约制度和行为规范等自律性的安排也严重不足。

四、非政府组织的发展不平衡问题

发达国家的非政府组织与发展中国家的非政府组织在全球治理体系中存在着严重的不平衡。多数发达国家的非政府组织因其组织完备、规模大以及资金雄厚，同时在舆论和话语权上有着明显的优势，其组织网络分布广泛，在国际社会中有很大的发言权，可对联合国体系的各项决策施加很大的影响。而发展中国家的非政府组织数量较少，多数规模和影响力有限，还有一些发展中国家非政府组织在资金乃至话语权方面薄弱。甚至一些发展中国家的非政府组织是在发达国家非政府组织或者发达国家政府机构的推动下建立起来，其中有一些是作为发达国家的国际非政府组织的分支机构或者成员组织而存在。不少发展中国家的非政府组织只有在得到发达国家非政府组织或者发达国家政府的资助才可能参与全球治理行动。在发展中国家非政府组织中，真正能够有效地参与全球治理决策过程的很少，其对决策结果的影响是很有限的。虽然随着新兴国家的崛起，发展中国家非政府组织在全球治理中的地位处在逐步上升的态势中，但相对于发达国家非政府组织，发展中国家非政府组织在整体上仍居于相当严重的劣势地位。

第六章 气候变化的全球治理

气候变化对人类生存构成了巨大的威胁与挑战，不仅成为全球共同关心的热点问题，而且已经上升到关乎人类生存与发展的核心问题。当前地球正以前所未有的速度升温，全球碳排放量已经超出现有生态系统的碳汇能力。从自然角度看，气候变化导致了干旱、海平面上升、飓风灾害以及极端气候事件频发，对自然生态系统和物种分布造成严重威胁。由于气候变化，很多生态系统正处于不断退化之中，功能也在不断丧失。如果全球平均温度比1980—1999年上升1.5℃—2.5℃，则全球20%—30%的动植物物种的灭绝风险将增加。非洲热带雨林存在消失的风险，太平洋岛国也面临海平面上升的严重威胁。从社会角度看，气候变化将会带来严重的经济、社会和政治后果。温度升高和降水量减少将导致经济增长速度放缓，平均气温升高4℃将导致1%—5%的国内生产总值损失，局部地区将更加严重。气候变化已经造成了气候移民的出现，生态系统的破坏导致长期移民，自然灾害则产生大量短期移民，而气候变化也造成越来越多的人被迫进行季节性迁徙。如果不迅速采取行动，2050年干旱、飓风和洪水等自然灾害可能导致全球两亿人逃离家园。气候变化引起的能源危机、粮食危机、地缘危机等全球问题愈演愈烈，由此造成的人员及经济损失连年增加。全球变暖的严重后果也引起科学界和国际社会的高度重视，气候变化从普通科学问题变成全球政治安全的核心议程，气候治理也成为全球治理的重要组成部分。以联合国为代表的国际组织为缓解全球气候变化进行了不懈的努力，从《联合国气候变化框架公约》《联合国气候变化框架公约的京都议定书》（以下简称《京都议定书》）到"巴厘路线图"、《哥本哈根协议》《坎昆协议》，再到《巴黎协定》，国际社会经过多轮谈判取得了一系列重要成果。

第六章 气候变化的全球治理

第一节 联合国框架下的全球气候治理

全球气候治理是全球生态与环境治理的重要组成部分，主要是指围绕着各种气候条约所确立的国际规则，各缔约方和国际组织为应对全球气候变化危机，在联合国主导的多边行动框架下，通过采取减缓、适应、提供资金和技术等措施，实现人类可持续发展目标的国际合作。20世纪70年代末以来，由温室气体排放而导致的全球变暖问题逐渐引起了国际社会的广泛关注，在人类对全球气候变化的认知逐渐深化的同时，国际社会也逐步开展了对气候治理道路的艰辛探索。从1988年联合国环境规划署与世界气象组织共同推动建立联合国政府间气候变化专门委员会，到1992年《联合国气候变化框架公约》的诞生，再到1997年《京都议定书》的通过，直至2007年"巴厘路线图"以及2012年《坎昆协议》的描绘，全球气候成为与国家利益、国际安全以及人类社会可持续发展密切相关的全球性政治议题。

一、《联合国气候变化框架公约》

气候变化从科学问题演化为政治问题经历了漫长的科学知识积累与论证过程。20世纪70—80年代是对全球气候变化的科学认知阶段。国际社会开始对全球气候变化采取实际行动。1988年12月，联合国大会作出决议，授权成立联合国政府间气候变化专门委员会，对科学知识的发展和全球变暖的潜在影响进行全面深入的评估，以便国际社会制定一个现实的气候变化反应战略。1990年11月，联合国政府间气候变化专门委员会发布了其成立后的第一次气候变化评估报告，确认了人类正面临着气候变化的威胁。同年12月，联合国大会通过决议，成立了气候变化框架公约政府间谈判委员会，正式开启了公约谈判的进程。1992年6月，联合国环境与发展大会在巴西里约热内卢举行，发布了全球可持续发展战略文件《21世纪议程》和防范全球气候变暖的《联合国气候变化框架公约》。1994年3月，《联合国气候变化框架公约》以166个国家的签字批准而获生效，成为人类历史上第一个旨在全面控制温室气体排放以应对气候变暖危机影响的国际公约。根据《联合国气候变化框架公约》规定，将每年召开一次缔约方部长级会议,以敦促公约的执行情况并商议具体的全球减缓气候变化安排。

在应对气候变化的国际行动上,《联合国气候变化框架公约》强调承认气候变化的全球性,要求所有国家根据其"共同但有区别的责任"和各自的能力及其社会和经济条件,尽可能开展最广泛的合作,并参与有效的和适当的国际应对行动。这一"共同但有区别的责任"原则,为日后气候治理实践提供了重要的基础和框架。《联合国气候变化框架公约》是国际社会为应对气候变化取得的一项重要成果,它构建了气候国际体制和多边合作的基础,已成为迄今为止参与国家最多、影响最广、国际社会关注程度最高的国际环境公约之一。在其生效并执行后,气候变化问题正式进入了国际环境整治议程的运行轨道,标志着应对气候变化全球政治共识的初步形成,对未来的气候谈判以及《京都议定书》的诞生都产生了十分深远的影响。

二、《京都议定书》

1997年12月,第三次缔约方大会在日本京都举行,150多个国家的代表参加了会议,经过反复协商和妥协,大会最终通过了一份旨在对《联合国气候变化框架公约》中已设定的发达国家降低温室气体排放目标做出量化安排的《京都议定书》,这是《联合国气候变化框架公约》生效以来国际气候治理实践的最重要成果。

《京都议定书》不仅实现了首次以法律文件的形式限定附件一所列国家的温室气体排放额,而且为实现应对全球变暖的有效性,考虑了发达国家的减排成本,设计了弹性机制,标志着国际气候谈判进入了实质性阶段。在《京都议定书》终获通过之后,全球气候治理的当务之急就是尽快推动其生效与实施,而这期间的国际气候谈判过程漫长而曲折。由于《京都议定书》只是框架性的规定,在如何落实《京都议定书》的具体措施以切实履行发达国家的承诺、如何解决气候变化问题上,各国的矛盾很大,形成了立场不同的两大阵营——发达国家和发展中国家,三大国家集团——欧盟、"伞形集团"(美国、日本、加拿大、澳大利亚、新西兰、俄罗斯)、"七十七国集团+中国"。两大阵营、三大国家集团围绕《京都议定书》的谈判这一问题展开了一场前所未有的关于全球环境保护的大较量。因此,在京都会议之后,截至2005年2月,国际社会又举行了第七次缔约方大会。在此期间,各方代表主要围绕《京都议定书》中各项机制的具体实施细则以及发展中国家的参与问题展开激烈讨论,最终在2005年2月谈判各方达成妥协,促成《京都议定书》的正式生效,为国际环境议程开辟了以约束性的国际法律文件应对全球性环境问题的新时代。

《京都议定书》的主要内容包括:设定了各缔约方量化限制和减少排放的目标、政策措施、计算方法、履行减排义务的三种灵活方式、减排信息的通报与审查、资金机制、遵约机制以及以《联合国气候变化框架公约》缔约方会议作为《京都议定书》缔约方会议的相关规定等。其核心内容是为发达国家缔约方明确了第一减排承诺期的排放目标与时间表。《京都议定书》作为《联合国气候变化框架公约》的续订协议,其目的在于为实现《联合国气候变化框架公约》所确立的应对气候变化最终目标而做出具体的行动安排,并根据"共同但有区别的责任"原则,设定与各缔约方相适应的减排目标。

如果说《联合国气候变化框架公约》是全世界第一个在气候变化问题上国际合作的框架性多边条约,那么《京都议定书》就堪称全人类第一个以条约形式要求承担保护地球气候系统义务的执行性文件。《京都议定书》作为《联合国气候变化框架公约》重要的后续文件,为《联合国气候变化框架公约》所确立的"共同但有区别的责任"等原则的具体落实开辟了有法可依、有规可循的实践渠道,是人类通过有约束力的国际法途径解决全球性问题的重要尝试。

三、"后京都时代"的气候谈判

由于《京都议定书》中约定的减排目标执行年限仅到2012年,因此为尽早达成2012年以后的国际气候协定,国际社会于2005年11月,在加拿大蒙特利尔召开了《联合国气候变化框架公约》第十一次缔约方大会暨《京都议定书》第一次缔约方大会。大会通过了《京都议定书》的运作规则,为其实际运行提供了法律保障,同时还确定了在"双轨制"的框架下,启动"后京都时代"的气候谈判。所谓"双轨制"是指在《京都议定书》下设立特别工作小组,讨论发达国家在第二承诺期的减排义务;同时为了让美国、澳大利亚等非缔约方参与谈判过程,国际社会决定采取应对气候变化的长期合作行动，并启动了为期两年的对话。

2007年12月，在印度尼西亚巴厘岛召开了联合国气候变化大会，这也是《联合国气候变化框架公约》第十三次缔约方大会暨《京都议定书》第二次缔约方大会。会议最终通过了"巴厘路线图"，明确了未来几年里国际气候谈判的关键主题和议程，为人类应对气候变化指引了方向。纵观整个"巴厘路线图"进程，最大的成果在于美国重新以积极的姿态回归应对气候变化的主流进程，以及发展中国家采取实质性行动的积极性得到激发，国际社会对应对气候变化问题的重要性的认识得到前所未有的提高，在很多国家中应对气候变化问题都被主流社会所认识，并开始开展务实的行动。

2009年12月，联合国哥本哈根世界气候大会在众人期盼中如期举行，这是已拉开序幕的"后京都时代"气候议程中的一次重要会议。会议通过了不具法律效力的《哥本哈根协议》，虽然没有达到预期目标，但是各方代表为解决彼此间的分歧做出了不懈的努力，维护了"双轨制"的谈判框架，坚持了"共同但有区别的责任"原则，广泛地将各国纳入应对气候变化的行动中。此外，根据联合国政府间气候变化专门委员会第四次评估报告，全球排放在未来10—15年将达到峰值，在2050年将会下降为2000年排放水平的1/2。根据这个新目标，"后京都时代"阶段的谈判在继续为发达国家设定有约束力的减排指标、国际资金机制、技术转让、适应气候变化几个主题的谈判外，发达国家新增了要求有能力的发展中国家承担减排责任的议题。

2010年12月，在墨西哥的坎昆召开了《联合国气候变化框架公约》第十六次缔约方大会，参会各方相互妥协，会议最后通过了《坎昆协议》，取得了宝贵的成绩。坎昆会议之后，各方还就《巴厘行动计划》最终成果的法律形式进行了进一步的探讨。2011—2015年，全球气候治理进入"德班平台"进程阶段，旨在讨论如何加强2020年后应对气候变化的国际合作。

2014年10月，欧盟在欧盟峰会上确立了具有约束力的减排计划——到2030年将温室气体排放量在1990年的基础上减少40%。欧盟目前已经成为防止气候变暖集体行动的领导者，并且主动承担了许多集体产品。在美国退出《京都议定书》的情况下，欧盟积极推进国际气候进程。如果没有欧盟的积极推动和领导作用，防止气候变暖集体行动可能早已经失败。2014年11月，中美两国领导人在北京发表了《中美气候变化联合声明》，中美两国元首宣布了两国在2020年后应对气候变化将采取的行动。这个历史性的协议从根本上改变了在气候变化问题上的全球政治，为在巴黎达成协议扫除了障碍，给2015年全球气候变化谈判注入了新的乐观情绪。

从《联合国气候变化框架公约》到《京都议定书》，表明已经初步形成全球气候治理的制度框架和行动路线图。2009年哥本哈根气候大会之后，全球气候治理模式出现了一系列超越多边主义的新特点，例如，治理主体的多元化，治理结构的多层次、多极化，议题的分散化、碎片化，等等。全球气候治理朝向更实质性、参与更广泛、更具深度的方向发展，不仅决定着国际气候进程的走向，也深刻地影响着全球经济和政治格局的演变。在全球气候、环境问题压力不断增大的背景下，全球气候治理的制度化趋势已不可逆转。为增强国际气候治理的危机应对效力，对国际气候制度规则的制定必将趋于严格，未来的难点在于如何将全球气候治理的机制化运作落实到行动上。

四、全球气候治理进程中的《巴黎协定》

2015年11月，第21届联合国气候变化大会在巴黎召开。这一应对气候变化的重要节点，将在一定程度上决定人类共同的未来。历经13天马拉松式的艰苦谈判之后，巴黎当地时间12日，随着法国外交部长、巴黎气候大会主席法比尤斯的一锤定音，《联合国气候变化框架公约》195个缔约方一致同意通过《巴黎协定》。《巴黎协定》共有29项具体条款，包含减缓、适应、损失和损害、资金、能力建设和透明度等要素。《巴黎协定》体现了"公平、正义、全面、平衡"的原则，为开启全球绿色和低碳发展的新征程提供了法律基础。《巴黎协定》核心内容包括：每五年盘点一次的不断加强的"行动力度"；保证实现气候承诺的加强"透明度"；帮助发展中国家的"气候资金"；帮助世界最受气候变化影响人群的"适应"。

《巴黎协定》的主要内容包括：从环境保护与治理上来看，《巴黎协定》的最大贡献在于明确了全球共同追求的"硬指标"。《巴黎协定》指出，各方将加强对气候变化威胁的全球应对，把全球平均气温较工业化前水平升高控制在2℃之内，并为把升温控制在1.5℃之内努力。只有全球尽

国际组织与全球治理

快实现温室气体排放达到峰值，21世纪下半叶实现温室气体净零排放，才能降低气候变化给地球带来的生态风险以及给人类带来的生存危机。从人类发展的角度看，《巴黎协定》将世界所有国家都纳入了呵护地球生态确保人类发展的命运共同体当中。《巴黎协定》涉及的各项内容摒弃了"零和博弈"的狭隘思维，体现出与会各方多一点共享、多一点担当，实现互惠共赢的强烈愿望。《巴黎协定》在联合国气候变化框架下、《京都议定书》、"巴厘路线图"等一系列成果基础上，按照"共同但有区别的责任"原则、公平原则和各自能力原则，进一步加强《联合国气候变化框架公约》的全面、有效和持续实施。从经济视角审视，《巴黎协定》同样具有实际意义。首先，推动各方以"自主贡献"的方式参与全球应对气候变化行动，积极向绿色可持续的增长方式转型，避免过去几十年严重依赖石化产品的增长模式继续对自然生态系统构成威胁；其次，促进发达国家继续带头减排并加强对发展中国家提供财力支持，在技术周期的不同阶段强化技术发展和技术转让的合作行为，帮助后者减缓和适应气候变化；最后，通过市场和非市场双重手段，进行国际合作，通过适宜的减缓、顺应、融资、技术转让和能力建设等方式，推动所有缔约方共同履行减排贡献。此外，根据《巴黎协定》的内在逻辑，在资本市场上，全球投资偏好未来将进一步向绿色能源、低碳经济、环境治理等领域倾斜。

《巴黎协定》是一份全面，平衡、有力度、有法律效力的协议，在照顾各方核心关切的基础上实现了现阶段最大可能的力度，体现了减缓和适应相平衡、行动和支持相匹配、责任和义务相符合、力度雄心和发展空间相协调、2020年前提高力度与2020年后加强行动相衔接等特征。《巴黎协定》是继1997年制定的《京都议定书》之后，全球气候治理领域又一实质性文件，是全球应对气候变化的关键一步，对2020年后全球应对气候变化行动作出安排。《巴黎协定》内容丰富，虽有不足但亮点颇多，发出了世界向低碳发展转型的清晰信号。《巴黎协定》获得通过后，将于2016年4月提交联合国最终签署，并将在占全球碳排放55%以上的55个国家提交批准文件后正式生效。

综上所述，全球气候变化问题随着全球化的深入不断显现，气候变化与人类面临的其他环境问题极为不同，因为大气具有"全球公共产品"的属性，所以容易过度使用并缺乏规范。气候变化已经成为非传统安全领域中的重大威胁，是人类在21世纪必须应对的最大挑战，因此，国际社会加强气候治理十分迫切。随着世界各个国家对气候问题的认识逐渐深化，以联合国为核心的国际社会开启了全球气候治理进程。

第二节　全球气候治理面临的挑战

在联合国的主导下，国际社会开始了构建全球性气候制度的过程。在过去20多年的时间里，全球气候治理形成了一个包括联合国框架下的全球多边气候制度、区域性的制度安排，国家层面的法律法规和条例，以及非政府组织和地方层面等范围不同、层次多样、行为体多元、模式各异的气候制度体系。联合国框架下的全球多边气候制度是全球气候制度的最重要构成，其中联合国主导的国际气候谈判制度及其成果则是全球气候制度的核心。在联合国框架下，政府间气候变化专门委员会、环境非政府组织，以及联合国的相关机构，如联合国贸易和发展会议、联合国开发计划署、联合国环境规划署、世界气象组织、联合国工业发展组织、全球环境基金、世界银行等，均对国际气候合作制度的建立、运转发挥了重要的作用。然而，大量国际气候制度的诞生却没能阻止全球气候的持续恶化，气候问题变得更加严重和紧迫，人们质疑全球气候机制的有效性。

一、气候问题的政治化

气候变化是一个典型的全球性问题，全球性问题需要通过全球性思维和手段来解决，需要包括国家在内的各行为体以全球主义、世界整体意识和人类命运共同体理念为指导。然而，现代国际体系的核心是民族国家，民族国家是世界体系中的基本法律单元和政治单元，也是国际关系中的核心行为体。在民族国家体系中，国家利益成为指导国家对外关系的基本原则，国家间交往也基本上围绕国家利益而展开。作为各国政府行为的首要准则的民族意识与国家责任，必然与气候变化问题所要求的全球意识与世界责任之间存在难以克服的矛盾。在全球气候治理中，主权民族国家无疑是最主要的治理主体，狭隘的国家利益观严重阻碍着国际气候合作。

第一，气候利益集团增加了国际气候协调与合作的难度。自20世纪90年代国际气候谈判进程启动以来，其基本格局是发达国家阵营和发展中国家阵营的对立。但在"后京都时代"谈判中,南北阵营对立的基本格局发生了变化,发达国家和发展中国家阵营内部因利益差异均出现分化。2007年巴厘岛会议后,发达国家阵营中形成了欧盟与由美国、日本、澳大利亚等发达国家和地区组成的"伞形集团"的对立。而2009年哥本哈根会议后,发展中国家阵营内部的分化也清楚显现,出现了由中国、印度、巴西和南非四个新兴经济体构成的"基础四国"、小岛屿国家联盟、石油输出国组织、雨林联盟、最不发达国家等不同集团。不断衍生的气候利益集团导致气候谈判形势更加错综复杂,协调与合作难度增大。

第二,减排和资金问题阻碍着国际气候谈判,有效的国际气候协议进展艰难。在为减缓气候变化而进行的减排协议谈判中,发达国家与发展中国家之间在全球气候治理的资金、责任与成本分担的依据问题已成为每一次国际气候与可持续发展谈判的中心议题,双方在此方面的分歧,成为达成有效气候协议的重大阻力,致使国际气候谈判进展缓慢,有效气候减排协议难以达成。即便是艰难达成的协议,履行中也面临重重阻力。1997年通过了限制发达国家2008—2012年温室气体排放的《京都议定书》,虽然四年后即2001年通过了执行《京都议定书》的一揽子协议,即《马拉喀什协定》,但由于世界温室气体的最大排放国美国的退出,以及俄罗斯等大国的犹豫不决,《京都议定书》直到2005年2月才生效。而2012年后的《京都议定书》二期减排谈判更是步履艰难。2009年,被寄予厚望的"拯救世界的最后一次机会"——联合国哥本哈根世界气候大会只产生了一个没有被缔约方大会通过,也不具法律约束力的《哥本哈根协议》。哥本哈根世界气候大会后,国际气候谈判进程更加艰难。直到2012年在卡塔尔多哈召开的《联合国气候变化框架公约》第十八次缔约方会议暨《京都议定书》第八次缔约方会议上,为避免第一承诺期在同年年底到期后全球碳减排协议出现"空窗期",会议在最后一刻通过了一揽子决议,宣布2013年开始实施《京都议定书》第二承诺期。但是,由于加拿大、日本、新西兰及俄罗斯已明确表示不参加,从而使得艰难达成的决议实施前景十分悲观。2013年在波兰华沙举行的《联合国气候变化框架公约》第十九次缔约方会议暨《京都议定书》第九次缔约方会议,在减排和资金这两个核心问题上仍没有达成实质性结果。

第三,气候问题政治化加剧了国家间的权力博弈,国际气候谈判面临

第六章 气候变化的全球治理

更大阻力。气候变化最初是一个大气环境科学问题,但鉴于它对各国经济社会发展的深刻影响,因而既是环境问题,也是发展问题。随着应对气候变化国际治理的深入,气候变化问题政治化趋势明显,气候谈判演变为一场政治博弈。在此过程中,发展中国家逐渐意识到西方国家试图借应对气候变化来制约或遏制发展中国家的发展,因此气候变化国际谈判是维护和争取国际发展权的斗争,是一场国家权力的较量,是"政治层面"的斗争。为了在全球气候治理中占据主导地位和道义制高点,不少国家将气候问题作为国际政治博弈中的一个重要筹码,加大气候外交的力度。欧盟利用其环保、新能源产业上的技术和资金优势,以及在国际气候履约中的声誉,不但在产品标准、贸易和投资方面力求为全球制定欧盟版标准,而且在国际气候谈判中拥有较大的话语权。而在气候变化问题上相对消极的美国,在拜登政府上台后态度变得十分积极。拜登多次公开表示美国将在气候变化问题上发挥领导作用。气候问题的政治化导致了国家间竞争和博弈加剧,国际气候谈判面临更大阻力。

第四,气候风险的不确定性成为各国进行气候治理决策的羁绊,减弱了决策者采取气候行动的政治意愿。科学上的不确定性是气候风险的一个主要特征,也是全球气候治理面临的主要挑战。气候风险的影响涉及自然、社会、经济、政治、生活等领域,由此增大了作为整体的气候风险的不确定性,对各国采取气候治理措施提出了相应的要求。气候风险的不确定性体现在客观与主观两个层面。客观上的不确定性,主要是气候观测资料的不确定性和影响因素的不确定性。由于气候系统的复杂性及科技手段的有限性,人类无法准确预测自然因素对气候变化的影响程度以及人为原因导致气候变化的程度。与洪水、海啸、地震等传统自然灾害不同,气候变化导致的自然灾害和生态破坏问题并不迅速显现,生态系统对气候变化的反应往往比较迟缓,在相当长的时间内不易被察觉。由于气候变化造成损害的隐蔽性,一些国家在应对气候变化问题上采取较为消极的态度,仍适用传统的法律机制予以应对,效果不够理想。

与气候风险在客观层面的不确定性相对应,人类认识的局限性及认知差异带来主观层面的不确定性。主观不确定性主要体现在科学研究、决策标准、公众认识等方面。在科学研究方面,政府间气候变化专门委员会近年来发布的气候变化评估报告屡遭质疑。究其原因:一是该报告基于现有科学技术水平,难以对长期以来的气候变化情况进行全面分析,也难以对未来气候变化的趋势进行准确预测;二是人类认知能力有限,数据分析和预测能力具有阶段性和局限性。人们对这一具有较高权威性的评估报告尚且有疑问,对其他关于气候变化的研究结论的争议更大。在决策标准方面,尽管大多数国家对气候变化影响人类生产生活和生态系统持肯定态度,但各国在气候风险的严重程度、减排责任承担等方面存在较大分歧,出于经济发展和社会需求等方面因素考虑,制定应对气候变化政策所依据的标准存在差异。在公众认识方面,受生活环境、教育背景、收入水平等因素影响,公众对气候变化风险存在认识分歧,这直接或间接地影响政府采取相关措施的积极性。在世界上有些地方,相当一部分社会主体还在为基本生存问题忧虑,没有动力去考虑气候变化会引起什么后果,从而不会积极参与气候治理。这些因素相互影响、综合作用,加剧了某些领域、某些时期国际社会对气候治理的认识差异以及各国在此基础上采取措施的差异性,在相当程度上影响全球气候治理的进行。这也导致一些国家的决策者采取环境行动的政治意愿减弱。国际体系中民族国家利益至上原则与全球问题对超越国家利益的客观要求之间的冲突,是造成全球气候治理困境的根本性原因。

二、"共同但有区别的责任"原则的分歧

国际气候谈判的政治生态环境发生了深刻变化。自20世纪90年代以来,尤其是进入21世纪,新兴国家随着经济的高速发展,能源消费增长迅速,温室气体排放强度大幅增加。从排放趋势看,发达国家历史排放量多,当前和未来排放量总体呈下降趋势;发展中国家历史排放量少,当前和未来增加趋势明显。

国际气候格局的变化严重挑战着《联合国气候变化框架公约》确立的国际气候谈判"共同但有区别的责任"原则。自国际气候谈判在2005年的蒙特利尔气候大会启动了2012年后的《京都议定书》减排谈判,即"后京都时代"谈判之后,发达国家要求新兴大国减排的压力不断增大,特别是2007年12月通过的"巴厘路线图"启动了《京都议定书》二期减排谈判后,发达国家努力推动将《联合国气候变化框架公约》和《京都议定书》并轨,试图建立单一的国际气候变化谈判制度,将发展中国家也纳

入同一协定，从而使发达国家摆脱《京都议定书》规定的单独承担的减排任务。发达国家的企图受到了发展中国家的极力抵制，虽未得逞，却使国际气候谈判面临新的阻力。在《巴黎协定》设立的强制减排指标以及给予发展中国家资金、技术援助问题上，美国、日本等发达国家屡屡违反约定。发达国家忽视历史排放、人均排放等因素，要求中国等发展中国家共同承担强制性减排义务。对于已达成的阶段性协议和路线图，发达国家在执行力度和进度上大打折扣，甚至退出已缔结的国际条约。在此形势下，国际气候谈判"共同但有区别的责任"原则能否继续坚持，将面临严峻挑战。由"伞形集团"和欧盟组成的发达国家阵营，"基础四国"和七十七国集团组成的发展中国家阵营，以及由小岛屿国家联盟、雨林联盟组成的第三方势力，是未来的气候变化谈判中的主角。三个阵营之间以及各阵营内部的博弈将呈现既合作又斗争的复杂态势。

三、全球气候制度遵约效果不佳

由于全球气候制度的功能不够完善，全球气候制度执行效果不佳。一方面，任何国家可随意退出全球性气候协议，导致气候协议存在严重的代表性不足。国际气候谈判艰难达成的全球性气候协议因严重的代表性不足其效力大大降低。1997年通过的《京都议定书》因2001年美国的退出和2011年加拿大的退出，其效力受到重大影响。尤其是二氧化碳排放占全球排放量1/4以上、全球温室气体排放大国——美国不参加《京都议定书》，免受量化减排限制，更使得全球性减排协议的管辖范围极大受限。而历时7年的艰苦谈判，终于在2012年12月达成的《京都议定书》第二承诺期，同样因包括美国、俄罗斯等国的拒绝批准或拒绝加入而存在严重的代表性不足。另一方面，国际气候制度遵约效果不佳。为确保《京都议定书》得到贯彻执行，成立了《京都议定书》遵约委员会，并于2006年3月开始运行。该委员会设立了全体会议、主席团和两个分支机构——强制执行分支机构和促进执行分支机构，其中强制执行分支机构负责确定发达国家缔约方和经济转轨国家缔约方是否遵守减限排温室气体义务、温室气体估算方法要求、国家信息通报义务和温室气体减排贸易资格要求，并对不遵约国家缔约方实施相关措施；促进执行分支机构负责确定所有缔约方是否遵守《京都议定书》规定的其他义务，并实施相应措施帮助履行义务。对于不遵约的发达国家和经济转轨国家,强制执行分支机构可暂停其参加温室气体减排贸易的资格;如缔约方排放量超过排放指标,还将在该缔约方下一承诺期的排放指标中扣减超量排放1.3倍的排放指标。尽管有《京都议定书》遵约委员会以及相关信息报告和审查制度,但由于各分支机构针对违约情况的后果以鼓励性和建议性措施为主,而非进行相应的惩罚,该机制的效力并不明显。

四、缺乏机制间的协调机制

全球气候治理呈现出多元化、多层次的"碎片化"制度发展趋势,产生了大量由政府主导但范围更窄的"小多边"乃至双边气候制度,以及类型各样的公私伙伴和民间型的气候合作制度。尽管全球气候治理的制度主体多、管辖覆盖面广,但是这些制度高度分散,不同的机制之间缺少协调机制。事实上,气候变化领域根本就未形成一个统一的紧密相关的国际制度,相互之间的协调非常薄弱。各种制度所获得的支持来自众多履行各项不同职能的国际组织。不同制度之间契合性较弱。全球气候治理不仅需要各种环境机构的协调与合作,还需要对环境造成直接或间接影响的其他组织、机构的积极参与和政策认同。像世界银行和国际货币基金组织,虽然不是专门应对气候变化的国际组织,但其投资行为将直接导致对环境具有重要影响的产业结构的变化。例如,尽管世界贸易组织推动了更多增加二氧化碳排放的贸易谈判,国际投资和贸易领域增加了环保方面的要求,但实际上涉及相关议题的协议很少,国际上缺乏各机构间政策的协调统一和有效管理。

五、气候全球治理的价值共识受到挑战

随着经济全球化和自由化的发展,一种否定道德传统,否定社会正义,倡导功利化的政治思潮兴起。在这种思潮的影响下,"利益大于道义"成为国际社会的基本价值取向,全球气候治理的现实困境也反映出国际社会的这种价值观。在参与治理全球气候问题的诸多行为体中,更多的行为体秉持的是"利益大于道义"的观念。利益博弈和权力角逐始终左右着国际气候谈判的进程,而真正有助于改善环境的全球性协议难以达成。此外,一些非国家行为体环境道德的缺失加速了环境恶化,也加剧了人类尤

其是弱势群体由此受到的危害。例如，有的跨国企业为谋取利润将一些高污染、高能耗的夕阳产业转移到发展中国家经营，甚至有的直接将有毒垃圾运往落后地区处理。追踪一下贸易、生产和金融方式的转变，我们就会了解更多关于导致环境变化的来源和动力。同样，研究公司、银行和其他金融行为体的投资情况和它们在环境治理中的政治作用，将是理解在当前新自由主义全球经济中能够采取何种形式的行动基础。

这种政治思潮导致了气候制度主体间的不平衡。1992年的《联合国气候变化框架公约》奠定了全球气候治理的法律基础，形成了以主权国家为主体，以多边国际谈判为主导的全球气候治理的基本治理模式。然而，由于多边国际气候谈判停滞不前，以及气候变化问题的全球性和多领域性等客观事实，气候治理主体越来越多元化，不仅有主权国家为主体的治理活动，还有非政府组织、企业、研究机构、公众参与的气候治理活动。可以说，它们都是全球气候治理中不可或缺的治理主体。但是，这些各种各样的多元治理主体中，由于气候问题的日益政治化，一些非国家行为体不但缺乏参与治理的政治资源，而且经常容易被忽略，甚至被主权国家限制其活动空间。一些真正体现全球正义、具有专业知识、富有高度热情的非政府组织，往往在全球气候治理体系中处于边缘地位，这极大限制了其能力的发挥，也影响到气候治理的效果。

第三节　全球气候治理的前景

气候变化问题与其他全球性问题之间存在的重大区别是，全球各个角落的每一个人都可能是气候变化问题的肇事者和解决者，每一个人的行为，其从事的生产活动和其生活方式，均可能对全球气候问题带来或有利或有害的影响。因此，要真正解决气候变化问题，我们每一个个体都需要树立责任意识，并采取切实行动。全球化思维就是要强化以全球正义为核心的价值观指导。全球气候治理体制面临挑战，更深层次地反映出现实的世界格局及其主导规范与全球性问题解决之间的严重困境。众所周知，世界各国都无法逃脱气候变化所带来的直接或间接危害，特别是近些年，地球生态系统破坏、极端天气频发等，让人们切身感受到，如果气候变化不加阻遏地发展下去，人类社会无疑在进行着慢性自杀。所以，国际社会在气候变化问题上已经成为休戚与共的共同体。

在应对气候变化的国际合作中，如果不秉持全球正义和全人类利益观念，而固守个体利益，将不会有真正的赢家。气候问题表面上是生态环境问题，其实质是经济发展的问题，现又演变为政治问题。在世界面临日益严重的全球问题的威胁情势下，基于个体功利的价值观应该让位于基于全球正义的价值观念，让占领道德制高点的价值追求不仅成为各国和各个机构的政策目标，而且成为整个社会的时代风尚。国际社会只有以公平与正义价值观为引导，才能照顾到弱势群体，才能体现时代的进步性，才能有助于保护世界生态环境和资源。

在树立气候变化全球主义价值观的过程中，宣传教育和表率作用不可或缺。宣传教育有助于增进世界公众对环境价值和环境共识等的学习、理解与沟通，使追求可持续发展成为人类社会一种新的环境思考范式和新的全球共识。宣传教育也有助于产生表率作用。表率作用可以产生一种道德动力。在应对气候变化问题上，大国发挥应有的表率作用就是大国责任的体现。"本土化行动"要求充分发挥全球气候治理体系中不同行为体的功能优势，通过强化制度，使其各尽其能。目前，在这个以联合国为中心，由主权国家、国际组织、公司企业和公民社会共同构成的治理体系中，要发挥各行为体的功能优势。具体而言，需要做到以下几个方面。

第一，尊重联合国的核心地位，发挥其统一立法和协调管理职能。联合国是世界上最具代表性、合法性和权威性的国际组织。它不仅"为世界政治提供了一个中心舞台"，"在这个舞台上，它最小和最不起眼的成员也能感受到自己是这个世界的一分子"，[1] 而且有权制定国际法律，其合法性和公信力较强。在气候治理方面，联合国不但是历次全球气候大会的发动者、组织者，而且在联合国系统内已经形成了一个全球气候治理的组织网络，除联合国大会、安理会、经社理事会和国际法院这些联合国的主要机构外，还包括后来相继成立的环境规划署、世界环境与发展委员会、气候变化框架公约的政府间谈判委员会等有名的专门治理全球气候问题的机构。在联合国主导下还诞生了一系列全球气候法、环境公约和协议等。所

---

[1] ［英］亚当·罗伯茨等主编，吴志成等译：《全球治理：分裂世界中的联合国》，中央编译出版社 2010 年版。

第六章 气候变化的全球治理

以,联合国在全球气候立法、创设环境新议题、统一与协调环境机构和公约,以及实施环境教育、提高世界公众对环境保护的认知能力方面发挥了重要作用。因此,必须尊重联合国在全球性环境问题治理中的地位与作用,在联合国框架下达成全球公平正义的环境共识和制度,并从法律和道德两个方面督促各国执行,真正树立起联合国的权威,充分发挥其环境治理效能。

第二,强化政府在气候治理中的引导、规范和管理职能。当今世界,虽然全球化和全球问题的发展需要人类社会建立一个命运共同体,但是主权民族国家体系的现实使得主权国家仍然合法垄断其领土疆界内的权力,并拥有处理世界事务的最大权力,所以,在治理诸如气候变化等全球性问题中,主权国家政府的作用应充分发挥。对于发达国家来说,承担历史责任,给予发展中国家以资金和技术支持,携手应对气候变化是其正确选择。对于广大发展中国家而言,环境问题归根到底是一个发展问题,政府要探索环境和经济协调发展的理论和战略,通过经济发展来推动环境保护,以环境保护来促进经济发展。同时,政府要采取行政的、法律的和经济的手段,建立环境保护制度,强化环境管理体系,实施环境教育,达到"在发展中解决环境问题"。

第三,发挥市场机制的奖惩功能,推动气候减排的实施。在环境问题上只靠政府是不行的,利益往往是合作的出发点,而市场是引导自利行为体行为的最有效机制。在当今国际社会面临的最棘手的气候变化问题上,可以利用市场力量通过惩罚以及更重要的激励和奖励来协调减排活动。目前,在所有能够解决气候变化问题的基于市场的工具中,最有效的是温室气体排放的"限制和交易"机制。所谓"限制和交易"机制是指在限制温室气体排放总量的基础上,通过买卖行政许可的方式来进行排放。1997年12月《联合国气候变化框架公约》缔约方第三次会议通过的《京都议定书》将"限制和交易"机制运用到减少温室气体排放的国际合作中。《京都议定书》规定,两个发达国家之间可以进行排放额度买卖的"排放权交易",即难以完成削减任务的国家,可以花钱从超额完成任务的国家买进超出的额度。"限制和交易"机制通过"胡萝卜和大棒"政策发挥着功能。一方面,它通过让温室气体变得昂贵来促使排放源的主体用一些对环境破坏较小的东西来替代;如果它们不能这样做,那么贸易条款允许他们购买继续排放的许可，直到它们准备好投资新技术；另一方面，也通过激励机制奖励那些作出贡献的碳排放者，加快减排进程。市场功能的发挥不仅体现在国际气候合作中，还充分体现在环境技术开发和利用方面。

第四，充分发挥环境公民社会在舆论引导、监督审查和向政府施压方面的职能。环境公民社会在全球气候治理中具有其他组织或力量不具备的优势，比如它的非营利性和草根性特点使其观点更容易为民众所接受，它的灵活性和非政治性提高了其行动效率。此外，公民社会往往是由具有一定专业知识和技能，并怀有高度热情的人组成，这些人的奉献精神也有助于问题的解决。自20世纪90年代以来，环境领域中的跨国公民社会组织在数量和规模上都有极大增长，除世界自然保护联盟、世界自然基金会及绿色和平组织等规模和影响均很大的全球性环境公民社会外，各种各样环境非政府组织、环境治理网络和环境保护运动不断出现，一些大学、专业机构以及政策部门也建立起环境专业和项目。环境公民社会通过宣传教育、舆论导向和示威游行等方式在增强人们的环保意识、监督与审查环境机构和环境协议的运行与实施，以及向政策制定者施加压力等方面发挥了巨大作用。不可否认的是，越来越多的非政府组织与公民社会参与到国际气候政策的制定与执行中，它们不仅影响了国家的环境决策，而且通过在全球范围塑造生态责任感和掌控全球市民社会运作的结构，独立地在世界事务中发挥影响。并且，在非政府组织与公民社会的压力和公众日益增长的环境保护意识的影响下，国家与国际社会的行为日趋理性和正义。

第七章 网络安全问题的全球治理

网络的发展带来信息化革命，网络在人们生活中扮演了越来越重要的角色。随着网络技术的不断迭代以及网络对人类现实生活的不断融入，网络从最初的"通信工具"逐渐演变成"网络空间"。它深刻地改变了人类社会的社会基础，人们对它的依赖度不断提高。随着网络空间的兴起，一方面，人类社会进入数字化时代，大数据、人工智能、区块链等新概念给人类经济带来强劲增长；另一方面，网络空间也带来了新型网络风险，各种非传统安全风险造成的危害越来越大。网络空间不同于其他的空间对象，它本身即动态变化的，它的虚拟性、开放性以及无边界等特点造就了其本身的高度复杂性，传统法律规则体系在适用于网络空间问题时争议不断。国际社会亟待建构新的法律规则体系以对网络空间进行全球治理。

第一节　网络安全问题概述

一、网络空间的界定及特征

从20世纪90年代中期开始，个人计算机开始进入普通家庭，互联网被广泛地应用于经济生活和社会交往中，不同行业系统都建立了自己的互联网并实现了行业内部信息的网络共享和管理。但基于网络空间的复杂性，国际社会对网络空间的定义内涵，并无统一的共识。

（一）网络空间的界定

网络空间作为一个新兴词汇，经历了从"工具"到"空间"的演化历程，动态性是其本质特点。网络空间基于技术的迭代其内涵不断地延展。根据联合国国际电信联盟的定义，网络空间是指由以下所有或部分要素创建或组成的物理或非物理的领域,这些要素包括计算机、计算机系统、网络及其软件支持、计算机数据、内容数据、流量数据以及用户。随着计算机、网络和信息技术的快速发展,网络空间成为与陆地、海洋、空气空间和外层空间并列的"第五空间",也是人类活动的新疆域。网络空间具有自身的特质,如规模是无边界的;活动是多元化、立体化的;主权具有高度政治化等特征。网络空间是由互联网构建的虚拟与现实交互的空间,既有虚拟空间属性,又有全球互联属性。

从人类步入信息时代以来,网络空间的规模及其涵盖的内容呈快速增长的趋势。网络空间的延伸以互联网信息技术的发展为基础,而信息技术的发展速度以几何倍数爆炸式递增。21世纪以来,移动技术、大数据技术、云计算、物联网等技术进展迅猛,大大扩展了互联网的空间和形态。目前,网络空间已经成为一个全球性的空间,范围拓展到世界的各个地区。网络空间不仅是信息流通的中枢,也是现代社会各主要产业正常运作的平台。在现代社会中,一国的关键基础设施的指挥和控制都实现了信息化和自动化。如今,多数国家的电力、给水、石油和化工等支柱产业都由数据采集与监视控制系统操纵。运用数据采集与监视控制系统集中管理并且指挥无人操纵的设备构成了令人担忧的脆弱性。信息社会对于网络空间的高度依赖,一方面为人们的生活提供了极大的便利;另一方面也留下了潜在的安全隐患。随着信息化的进程,由光纤、电缆和网线织成的网络越来越密,网络终端之间的节点也越来越多。每一个节点都可能成为黑客潜在攻击的目标。网络空间的广度和覆盖面使其全面控制并渗透了信息社会,扩大了信息社会的脆弱性。一旦系统中某个节点被攻破,就会造成跨国以及跨领域的外溢效果。

网络已经深入到国家的政治、军事、经济和文化等领域,各领域对网络技术的依赖与日俱增。在信息化的社会中,信息是重要的战略性资源。网络空间作为承载和传播信息的重要载体,已成为关系到国家经济发展、政治稳定和文化安全的重要的信息基础设施。网络空间的重要战略地位已经得到世界各国的高度重视。2003年2月14日,美国政府公布了世界上第一份网络安全战略《确保网络空间安全国家战略》。这份战略报告指出,网络空间是美国关键基础设施的中枢和控制系统,强调网络空间的健康运转对于美国经济与国家安全发挥着至关重要的作用。其他大国也纷纷将网络安全列为国家安全的核心内容。网络空间面临着网络技术带来的各种安全威胁，成为大国角力的平台。

（二）网络空间的特点

尽管网络空间的概念无法得到统一的国际共识，但是其特点却得到学界和国际社会的共识。

1. **虚拟性**。相对于现实空间，网络空间存在明显的虚拟性。在网络空间，人们以虚拟的身份和其他人交流。虚拟性的网络交往表现出非身体性和非身份性相统一的状态，有人认为这也是网络空间存在巨大安全隐患的重要原因。反对的观点认为，网络空间是人们的另外一个生存空间，它并不改变人性本身。正因为网络的虚拟性，人们可以随性地表达自己的想法，这是人们沉迷于网络空间的重要原因。当然，这一特点在现实中表现并不一致。一方面，它与网络空间本身的发展程度有关，另一方面，与一国的网络立法完善程度有关。网络法制相对完善的国家，更倾向于实名认证体系，而在一些网络法制相对欠缺的国家，人们可以自由地以任何虚拟身份接入网络空间。

2. **开放性和去中心化**。网络空间对每一个进入网络空间的人是开放的。开放性是网络能够蓬勃发展的核心要素，因为其开放性的特点，网络空间具有某些公共性，很多人把网络空间定性为公共产品。网络空间的这些性质导致了政府权力向非政府行为体扩散的趋势。网络空间去中心化特征是"多利益攸关方"治理模式的基础。

3. **全球性**。基于现代通信技术的发展，信息做到瞬间传输，设备与设备构建出的连接，使网络空间天然具备了国际性。网络空间成功地跨越了物理空间，"传统意义上的空间和时间限制已经改变"，因而有学者把网络空间形容为压缩社会实践和物理空间的"超空间"。也正是因为其全球性以及即时性，传统的国家边界和疆域概念受到了技术的挑战，网络空间的这种特性改变了传统社会的互动方式，让人们有了新的聚集方式，产生了学者所谓的"网络空间组织体"。网络空间的全球性决定了网络空间的治理也必然是全球性的。

二、网络安全问题的出现

网络空间既包括计算机、电子设备等物质实体，也包括无形的虚拟空间。网络空间打破国家边界的藩篱，赋予了每个人平等传播和获取信息的权利。网络空间的用户无论谁都可以获得虚拟的身份，实现在现实世界中无法满足的价值诉求。与现实世界相比，网络空间既缺乏规则和秩序，也缺乏维持秩序的司法、警察和军事等强制机构。在无序状态下，一切现实世界的罪恶在网络空间中都找到了新的舞台，一切现实世界的冲突都在网络空间中有所表现。网络的独特性对全球安全构成了严重威胁，具体表现在以下四个方面。

第一，从网络空间的运行原理看，因特网的设计者在最初研制网络的时候，就没有考虑安全因素，这就为网络安全问题埋下了隐患。随着因特网的迅速普及，全世界的计算机以同样的方式连接在一起，商业化发展进程进一步加剧了已有的安全隐患。因为安全设计会增加成本，延长新设备上市的时间，还可能导致系统速度变慢或者漏洞增加，所以生产商往往会选择性能而放弃安全设置。但网络空间的简单设计在为人们提供前所未有便利的同时，也增加了安全上的脆弱性，赋予了攻击者实施破坏的可能。

第二，从网络威胁的来源看，在网络安全领域出现了一系列以攻击系统为目的的行为体，按照其组织程度的不同对于网络秩序构成了不同级别的安全挑战。网络黑客可以分为无组织的独立黑客、国家招募的黑客、网络罪犯以及网络恐怖分子。黑客的网络攻击可能导致网站暂时瘫痪，也可能造成更严重的危害。在网络黑客之中，组织性最强、破坏力最大的黑客是国家招募的黑客部队。网络犯罪也包括窃取知识产权。另外，网络一直是恐怖分子招兵买马、集资和传播意识形态的平台，许多恐怖分子都有其网络安全计划。

第三，从网络威胁的对象看，从一般民众到国家元首，从小企业到跨国公司，从国家政府、金融机构到安全部门，一切网络空间的用户都可能成为网络威胁潜在的受害者。在联网获取信息的时候，因特网的用户都面临着蠕虫、木马和恶意插件的威胁，可能直接导致计算机系统瘫痪，个人资产流失以及隐私或机密信息遇窃。美国战略与国际问题研究中心指出，几乎所有《财富》世界500强的公司都曾遭到网络黑客的袭击。网络安全问题已经成为各国迫在眉睫的安全威胁。

第四，从网络安全的军事影响看，网络战争已经成了一种新的战争形式。在敌对双方发生冲突之前，如果能够率先通过网络战争的手段摧毁敌方的指挥系统，就可以有效地打击敌人。2010年针对伊朗核设施的"震网"病毒导致伊朗核设施的西门子系统被摧毁，标志着网络战达到了新的水平。信息技术和网络空间的迅速发展，已悄然改变了现代战争的性质。网络最直接的效用是战争手段更加先进，诸如情报系统和信息共享、扩散系统和卫星的使用、目标搜寻与火力系统的实时整合等，都运用了先进的网络通信技术。例如，1991年的海湾战争被认为是人类第一次信息化战争。战争进程表明，强大的军事力量不再是战场获胜的唯一法宝，更重要的是要具备战场信息的主导能力。在网络化时代，战争正在以一种新的形式出现，它改变了传统的战争手段和组织方式，也对国家安全带来了新的冲击和威胁。

随着网络空间中的安全问题层出不穷，特别是在美国2013年爆发了"棱镜门"事件之后，各国对网络空间安全问题的关注空前加强。此外，借由网络散布的恐怖主义和通过网络实施的犯罪行为等问题也引发世界各国的普遍重视。网络安全成为一项重要议题进入国际安全议程，国际社会通过一系列会议，达成打击网络犯罪和网络安全治理的共识。

三、网络安全威胁的方式

与其他领域相比，网络空间的独特性质决定网络安全问题的特点：互联网具有极强的隐蔽性，网络攻击可以无视地缘因素和传统的国家边界，它的打击目标更广，既可能是军事目标，也可能是民用基础设施。网络空间对不同国家的威胁程度是不同的。网络攻击的性质取决于网络攻击者的动机以及当时的具体情况。对网络攻击性质进行划分具有很强的政策意义，它有助于决策者区分哪些攻击会威胁到国家安全，对攻击来源的区分也有助于国家做出恰当的应对。按照威胁的不同来源和程度，一般将网络威胁划分为黑客攻击、有组织的网络犯罪、网络恐怖主义以及国家支持的网络战等类型。

（一）黑客攻击

黑客攻击，即黑客破解或破坏计算机程序、系统从而危及网络安全，是网络攻击中最常见的现象。其攻击手段可分为非破坏性攻击和破坏性攻击两类。前者的目标通常是为了扰乱系统的运行，并不盗窃系统资料，攻击手段包括拒绝服务攻击或信息炸弹；后者是以侵入他人计算机系统、盗窃系统保密信息、破坏目标系统的数据为目的。一般来说，黑客攻击通常也会在其他形式的网络攻击中出现。黑客发动破坏性攻击，其动机不尽相同，有的是为表达不满和抗议，有的是出于商业竞争，有的可能仅仅出于好奇心。通常仅为了表达不满而未造成破坏性的黑客攻击，并不构成对国家安全的威胁；而那些窃取商业机密、扰乱国家政治经济秩序的黑客攻击，虽然会在不同程度上危害国家经济或社会安全，但对国家安全的威胁程度等级并不高。

（二）有组织的网络犯罪

有组织的网络犯罪是指犯罪分子借助计算机技术，在互联网平台上进行的有组织犯罪活动。随着互联网技术和软件的广泛传播，互联网成为个人、政治和商业活动的平台以及金融、知识产权交易的重要媒介，再加上网络所具有的快捷、隐蔽和超地域等特征，自然成为有组织犯罪的重要领域。与传统的有组织犯罪不同，有组织的网络犯罪活动既包括借助互联网进行的传统犯罪活动，诸如洗钱、贩卖人口和贩毒等，也包括互联网所独有的犯罪行为，诸如窃取重要信息和进行金融诈骗等。网络犯罪已经成为一个全球性问题，其跨国性、高科技和隐蔽性等特征都给国家安全带来前所未有的挑战，这些威胁主要集中于非传统安全领域。

（三）网络恐怖主义

随着互联网和信息技术的迅速发展，出现了"网络恐怖主义"的概念。网络恐怖主义不仅包括制造恐怖气氛的网络攻击，也包括借助网络实现的传统恐怖主义活动。以计算机和互联网为工具进行的恐怖主义活动，通过制造暴力和对公共设施的毁灭或破坏来制造恐怖气氛，从而达到一定的政治目的。除了将网络空间作为通信和交流的媒介之外，恐怖组织还利用网络空间进行理念宣讲、人员招募和激进化培训等活动。

（四）国家参与的网络战

国家参与的网络战对国家安全威胁的程度最高，主要涉及传统的军事安全领域。网络战的主体既包括国家行为体，也包括以不同方式参与其中的非国家行为体；它可以发生在国家行为体之间，也可以发生在国家行为体与非国家行为体之间。在网络战中，它的攻击目标可以是军事、工业或民用设施。根据网络战对国家安全的威胁程度，由高至低主要表现为直接军事威胁、间接军事威胁、网络间谍和信息战。其中，网络战对国家安全最大的威胁是对军事设施的直接打击。国家重要的民用部门也可能成为被攻击的对象，对它们的破坏可以对国家军事安全带来间接的冲击。网络间谍是国家所从事的最常见的一种网络战，网络间谍的攻击对象并不限于政府部门，军工企业、商业公司以及研究机构都有可能成为网络间谍获取情报的对象。信息战也是心理战的重要组成部分，它旨在通过信息披露影响敌方的思想和行为。

第二节　网络空间安全的全球治理

网络空间没有地域界限，其外延可以向全球无限延伸。这种空间属性使得网络安全成为一个全球性问题。网络空间的治理主体经历了从最初的科研机构到非政府国际组织再到联合国乃至以国家为中心的多主体复合存在的转变，网络空间安全治理的模式也随之跟进。

一、网络空间安全治理模式

（一）互联网治理

最初，网络是作为信息传输的"工具"形式出现在人类社会，互联网领域也被视作科学研究的空间，技术主导了互联网领域内信息交互相关制度的建立，因此表现为一种技术治理模式。这是网络空间安全治理的第一阶段，被称为互联网治理。这种模式主要有以下特点。

第一，政府主导治理。政府主导的问题直到现在也是网络空间治理中的争议焦点。早期的网络空间治理中，政府主导地位明确，国家往往会制定一国的网络战略，以国内法的形式来规制本国的网络行业，很多国家在网络发展之初，甚至以政策的形式来规制网络产业，或者制定一些行业规范，实行简单的管理。

第二，国内立法治理。随着网络空间对国家经济的作用越来越大，网络和国民生活日益深入契合，多数国家开始以国内立法的方式来规范网络空间，至今大约有 1/3 的国家有自己的网络立法。同时，因为网络的高速发展性，各国的网络立法仍然会持续修订，以保持一致性和持续性。从国内立法来看，更多的国家主要以网络安全方面的立法为主，例如，打击网络犯罪问题。也有一些国家未对网络立法，而是用政策的形式规范本国的网络空间问题。

第三，治理偏重于内容层的管理和监督。网络最开始是作为信息传输的主要方式，其内容层的监管，一直是国家管理的重点。通过网络发布的虚假信息、煽动信息造成巨大的社会影响，是国家网络管理最为关心的稳定安全问题。因此，各国在网络管理中的一个重点就是内容层的管理。其主要方式是通过国内立法，对内容生产商等"中间机构"进行有效的监督，又或者致力于建立相关的行业规范以实现内容产品的合法化。

第四，政府推动网络空间国际合作的开展。网络空间天然的"无边界"性，让主权国家深刻认识到了网络空间治理合作的重要性。各国在很早的时候，就开始尝试在网络空间的治理上进行跨国合作，尤其在安全领域的合作，是网络国际合作最早涉足的领域。2001 年 11 月由 26 个欧盟成员国以及美国、加拿大、日本和南非等 30 个国家的政府官员在布达佩斯共同签署的《网络犯罪公约》，是国际社会关于网络犯罪合作最早的国际公约。

随着人们生活深度嵌入网络空间，传统的国家治理对网络空间的规范也做得越来越完善，但是，由于网络空间天然无国界，传统的国家治理在网络空间的深入交融下也显得越来越吃力。一方面，网络安全等各方面问题逐渐凸显，另一方面，网络空间多边国际合作又举步维艰，单方面的国家治理对于越来越复杂的网络空间已经力不从心。绝大多数国家在网络技术上并不超前，面对网络空间的技术性，多数政府并不能像现实社会中的行政管理那样来控制网络活动。随着政府对网络治理的不断深入，政府发现其权力在网络空间中真正的伸展仍然非常有限，原因是一般的政府对网络空间的核心运转无法干预，互联网的核心资源并非掌握在各国的政府手中，而是掌握在一些技术机构的手中。例如，掌握全球网络名称和地址分配的互联网名称与数字地址分配机构是美国一家非营利性国际组织。另外，网络本身使得国家必须具备一定的技术能力，才能在网络中行使"权力"，而各国的技术能力各不相同以至控制能力也不同。一些国家缺乏网络技术能力，其能够行使的网络主权也非常有限，加上网络技术演进十分迅速，网络技术的更新可能会导致政府治理手段的技术层面失效。这些因素导致许多发展中国家政府无法深入对网络空间进行管理，即使是积极开展了国际合作，也无法做到真正有效的治理。

随着网络空间化的不断演进，仅仅依靠国内法的传统治理越发力不从心，网络空间的国际性将随着其空间化的演进而不断凸显，各类新型的网络风险也将进一步呈现，传统国家治理已经不再符合时代的要求。

（二）"多利益攸关方"治理

随着互联网的运用和普及，网络空间成为线下现实和线上虚拟相结合且互动的空间，互联网的开放、透明构建起互通互联的全球性公共区域。互联网的应用突破了科学研究领域，与政治、经济和文化密切相关，涉及多元主体。这包括政府、商业团体和公民社会等，网络空间安全治理进入第二阶段，即"多利益攸关方"治理。"多利益攸关方"治理是在2001年的信息社会世界峰会上提出的。这种治理模式的支持者认为，在网络空间中，还应当有一个由其他集体组成的多元中心体系，其独立于以国家为中心的国际秩序之外，并且与之发生博弈。2014年4月23—24日，全球互联网治理大会发布的《全球互联网多利益攸关方圣保罗声明》中提出，互联网治理必须确保所有利益相关方参与进来。政府和市场以及非政府组织应当"共同应对"治理问题，应当区分各自的职能，共同参与国际规则的制定。基于西方各发达国家的大力拥护，该模式随后得到了联合国56/183号决议的确认。这种体制的本质是要打破以国家为中心的传统体系，强调所有利益攸关方的平等共同参与、共同合作，排除政府的主导权。

从实质上看，就网络空间的技术格局和实力而言，国际社会对此模式的肯定很大程度上是出于被动无奈，原因是网络空间的技术核心掌握在西方国家，乃至技术团体手中，寄望于谈判使其让渡自己已有的网络权力，并不现实。国际电信联盟作为联合国下属的主要治理机构，曾经多次尝试推动互联网关键资源的国际化，试图接管技术社群手中的互联网关键资源和标准制定权，但是都难以取得实质性进展。实际上，美国以其互联网技术的优势掌控着域名与地址系统的管理，如互联网名称与数字地址分配机构。美国通过技术阻止其他国家获得网络空间的管辖权，影响着互联网利益攸关方的行动。在该阶段，美国在网络空间的霸权主义受到了越来越多国家的质疑。全球范围内网络空间安全问题不断凸显，国际社会逐渐达成一种网络空间需要更强有力规则的共识。网络空间"多利益攸关方"治理模式存在着较大局限性。

（三）以联合国为主导的政府间国际组织治理模式

发展中国家虽然在互联网技术方面处于下风，但在互联网技术的应用方面后来居上，积极推动通过联合国主导的全球网络空间安全治理。至此，网络空间安全治理进入以联合国为主导的政府间国际组织治理模式的第三阶段。这一阶段的开启，是以2003年举行的联合国信息社会世界峰会为标志的。这次峰会是由国际电信联盟全权代表大会于1998年所倡议的，峰会分为日内瓦会议和突尼斯会议两个阶段，达成了网络空间安全治理需要进一步推进国际合作的共识，召集了互联网治理论坛，为发展中国家阐述立场与观点提供了有效的国际渠道。然而，由于发达国家的不支持，在具体的网络空间治理问题上没有形成明确的解决方案。这次峰会虽然没有改变网络空间安全的既有治理模式，但冲击了美国在网络空间的霸主垄断地位。近年来，随着金砖国家互联网技术的发展，其强调网络空间的主权概念，坚持以政府为主导的国家中心治理模式，网络空间安全的全球治理模式进入一个新阶段。网络空间安全治理的"主权化"和"国家中心"逐渐进入到网络领域政治主流话语体系中。

二、网络空间治理的国际规范之争

网络空间的出现与空域的发展轨迹相似，也是科技进步的结果。它正逐步由信息层面进入国家安全领域。与网络安全相关的政策议题已经给国际关系带来显著的影响。解决问题的一个有效办法就是通过国家间的讨论，最终建立国际规范并实施有效的措施。

全球网络空间规则的制定仍然处于规范制定的初始阶段，全球规则的推动者主要是各国政府、企业和非政府组织。制度平台包括联合国、欧盟等地区组织。其中，联合国是全球规范谈判的最重要平台。联合国框架下的国际电信联盟一直在积极推动达成一项网络空间治理的国际条约。2010年2月，国际电信联盟主席呼吁各成员国在网络战真的来临之前，加紧推

第七章　网络安全问题的全球治理

动网络空间安全国际条约的谈判。同年7月，联合国制定了一项旨在削减计算机网络风险的条约草案，包括美国、中国和俄罗斯等在内的15个会员国签署了该项协议。协议建议由联合国起草一份网络空间的行为准则，会员国间交换彼此网络空间立法和安全战略的信息，强化不发达国家计算机系统保护的能力。

但是，由于大国在条约的性质和实施上存有不同意见，该条约的谈判进程十分缓慢。网络空间的国家间博弈主要体现为中俄与美欧两种治理模式和治理理念的较量。在网络战层面，美国主张将联合国人道主义法适用于网络空间。网络战虽然可以看作一种类型的武装冲突，但二者有很大差别。例如，网络攻击何时和如何被界定为战争行为，如何区分军用和民用设施，网络空间中军用和民用设施的界限并不清晰，网络既可能是民用也可能是军用，如果将该国际法应用到网络空间，将难以实施。中国和俄罗斯则反对将人道主义法适用于网络空间冲突，认为这将导致网络空间的军事化。俄罗斯希望通过国际条约防止新一轮的军备竞赛，将网络空间作为一个攻击来源，像对待大规模杀伤性武器那样进行限制和监管。但美国却不支持单独设立一个限制网络战的机构，认为缔结一个专门的国际条约没有意义，因为很难去判断每一起网络攻击的动机属性是个人行为还是国家行为。美国认为更有效的办法是国家间有效地合作和建立国际法。作为在网络空间占有绝对优势的大国，美国考虑更多的是不要限制自己的网络技术优势，而不是如何避免遭受网络攻击。相比之下，欧盟推动网络空间治理谈判的态度相对积极。欧盟的内忧外患导致其经济长期低迷、一体化进程停滞不前，随着中国和印度等新兴力量的崛起，欧盟感受到越来越大的外部竞争压力。在网络安全领域，欧盟支持在全球范围内展开谈判，将其潜在的不安全因素纳入全球谈判框架。虽然在制定国际条约方面并无进展，但它提出的网络全球治理的议程，开启了国际对话与合作的进程。通过大力推动全球谈判，欧盟希望能够在未来的全球网络空间治理中发挥主导作用。

截至目前，国际社会在网络空间治理方面还没有一项专门的国际法规范，只有一个《网络犯罪公约》可以援引。《网络犯罪公约》是2001年11月由26个欧盟成员国以及美国、加拿大、日本和南非等30个国家的政府官员在布达佩斯签署的国际公约，是一部针对网络犯罪行为的国际公约。

它主要涉及网络犯罪问题上国家间法律与合作的协调,不足以应对网络空间的诸多威胁和挑战。

考虑到网络空间的特殊性、网络安全的敏感性以及大国之间立场的差异,这一议题要想继续向前推进目前还面临诸多问题。首先,从技术上讲,网络安全领域的国际谈判还缺少必要的共同语言和基础,许多关键术语的定义尚未统一,而网络攻击的难以追踪也使得对战争对手的界定十分困难。其次,网络空间治理涵盖面很广,不仅涉及国家行为体,更涉及个人、团体等非国家行为体,进行统筹安排并非易事。再次,网络空间治理涉及前沿信息技术,各国在该领域的研究大多处于保密状态,国家之间的技术合作和共享十分有限。最后,虽然该项议题对于享有国际政治经济优势的大国十分重要和迫切,但是对很多信息技术相对落后的不发达国家来说,发展问题远比网络安全更加重要。从趋势上判断,如果没有重大网络突发事件出现,全球网络安全规则的谈判过程注定艰难而漫长。

第三节 全球网络空间安全治理的困境

各国都认识到网络空间安全问题需要以全球治理的方式加以应对,多边主义是应对全球性挑战和维护各国自身利益的重要渠道。然而,新兴的发展国家与传统的发达国家在国家利益上的激烈较量,使共同治理的意愿减弱,各国都将合作的意愿转向地区领域。国际社会的合作呈现出集团化、地区化的特点,寻求一种多元共治的全球治理模式面临严峻挑战。

一、网络空间治理与国家主权

网络空间类似于海洋、外层空间、极地等全球性的公共区域,成为人类活动的"第五大空间",更多需要国际条约或者多边协定来规范。但是与一般意义上的全球性公共区域不同,网络空间构成所仰赖的信息基础设施受国家的管辖,国际社会对网络空间与国家主权的关系存在着较大的争议。在网络空间发展的初期,网络空间与国家主权之间的冲突并不明显。随着20世纪末互联网技术大规模商业化应用之后,虚拟世界与现实世界紧密联系,国家对网络的管控力度不断加强。特别是在伊拉克战争期间,美国切断伊拉克的互联网,引起了国际社会的警惕和担忧。各国为制衡美国在网络空间的单边霸权,主张以联合国为平台构建一种网络空间的国家间治理模式,联合国的"互联网治理世界峰会"应运而生。至此,网络空间与国家主权之间的联系日趋紧密。

迄今,网络发展中国家和发达国家在网络空间主权问题上仍然存在着比较大的分歧。网络发达国家凭借着技术和资源的优势,主张网络空间属于全球公域并适用现有国际法,应由"多利益攸关方"共同治理,排斥国家对网络空间的管辖,不认同网络空间国家主权的概念。这一主张遭到了广大发展中国家的反对,特别是在2013年"棱镜门"事件之后,网络空间与国家主权之间关系的争论更加激烈。发展中国家大都强调互联网具有主权属性,在一国范围内的网络实体和个人应当遵守所在国的法律并接受监管。一些西方国家不断要求发展中国家开放互联网空间,实际上是为渗透和颠覆制造机会。网络空间关系到国家的信息主权和文化主权,关系到意识形态安全和政权的稳定。因此,新兴国家和发展中国家强调网络空间治理的一个重要前提是尊重国家主权。

二、网络空间治理与全球公平

美国在网络空间中拥有绝对的优势,而网络空间治理需要多方的参与。全球公平问题是发达国家与发展中国家争论的焦点问题之一。这一点在互联网名称与数字地址分配机构改革问题上尤其明显。互联网名称与数字地址分配机构建立后一直由美国商务部直接管理,许多国家要求将互联网名称与数字地址分配机构交由联合国托管,而美国反对联合国主导全球网络治理。伊朗和巴西等发展中国家在此问题上的意见非常强烈。欧盟也反对美国对互联网名称与数字地址分配机构的垄断,中国倾向于支持国际电信联盟和互联网治理论坛,美国则青睐互联网名称与数字地址分配机构。虽然目前美国商务部已宣布放弃对互联网名称与数字地址分配机构的管理权,将之移交给"多利益攸关方",但是实际上该机构依然由美国人主导。显然互联网治理的网络空间的全球共治需要在代表性和公平性上有所突破,各种治理机制应给予发展中国家更多的发言权。

三、网络空间治理主体之间的博弈

网络空间安全的治理需要多元主体的交互参与,这与不同主体的网络

· 145 ·

行为直接相关,也存在着主权国家和非国家行为体在不同层面上的博弈。以美国为代表的发达国家掌握互联网技术优势,社会组织发展程度高,网络空间的治理更多依托企业、行业协会、智库等,主张网络空间的治理主体应该由非政府组织、跨国公司等构成,政府只是扮演协调者的角色。网络空间安全治理更多的是经济问题和技术问题,主张发挥"多利益攸关方"特别是企业和社会在网络空间安全治理中的作用,限制政府的直接管制作用,如美国的微软、谷歌等互联网巨头参与网络空间安全问题的治理。发展中国家属于互联网技术的下游使用者,主张尊重网络空间主权,强调政府及政府间国际组织在网络空间安全治理中发挥主导作用,其他主体共同发挥作用,强调多边合作,网络空间安全治理是政治问题和社会问题。双方在理念上存在着明显差异。随着网络空间安全治理的深化与推进,两种理念在博弈的过程中日趋融合,多元主体合作治理成为共识。

第四节 全球网络空间安全的治理前景

全球网络空间安全治理需要通过具有约束力的规则建立相应的国际制度,达成治理的目标。随着网络空间安全形势的严峻,国际社会越来越重视国际规则在这一新的公共领域内所发挥的作用。人们认为普遍性的网络公约对于确保网络空间的秩序具有重要的作用。迄今为止,网络空间领域的各种制度安排仍然存在严重不足,其中有些问题源于网络空间的内在特征,不可能在短期内得到解决。国际社会亟待建构新的法律规则体系以对网络空间进行有效治理。

一、网络空间安全治理的法治化

随着网络空间安全治理进入新的发展阶段,网络用户数量的快速增长和用户背景的复杂多样带来了诸如网络病毒等问题。许多国家制定了各种针对网络安全问题的政策和法律。例如,奥巴马政府在2011年《网络空间国际战略》提出了"网络空间法治",强调适用现有国际法。新兴国家在网络空间安全治理方面重视制定新规则的重要作用,积极搭建国际会议平台,就网络与国家安全、网络空间主权等问题向国际社会表明发展中国家的利益诉求。

第七章　网络安全问题的全球治理

随着越来越多的国家接受并且认同网络空间需要主权国家加强监管和治理，法律作为社会治理的基本方式，网络空间"法治化"的特征也越发凸显。网络空间治理出现了回归主权国家治理的趋势，政府成为其重要的治理主体，网络空间也深受以国家为核心的国际关系的影响。例如，国家主权及管辖权在网络空间中的边界问题，这些问题涉及整个国际社会的公共利益和各国的权利与义务，国内法治无法妥善解决此类全球性的问题，必须通过各国共同制定和遵循的国际法规则来解决。迄今，国际社会尚未达成有关专门针对网络空间治理方面的国际性条约，在网络空间安全治理方面国际社会亟须建立规则。国际性或区域性政府间组织都积极推动网络空间方面相关治理规则、行为准则的建立，如联合国明确国家主权、《联合国宪章》等国际规范适用于国家间的通信技术活动，国家对其境内的互联网基础设施享有管辖权。其他区域性组织诸如欧盟、经济合作与发展组织及上海合作组织等都设置了相关的机构来推动和促进网络空间安全治理方面规则的形成。

二、构建网络空间安全治理制度

网络空间国际法规则发展缓慢，究其原因是各国立场存在严重分歧。众所周知，现有国际法是由西方国家引导和塑造的，西方国家在国际法规则和制度上有较强的话语权。因此，西方国家主张推动现有国际法适用于网络空间，反对制定全新的国际规则。但以中国为代表的新兴发展中国家考虑到现有国际法规则在网络空间中的适用存在诸多问题，坚持在现有国际法规则的基础上，主张加强国际新规则的制定，尤其强调主权原则的适用。发展中国家和发达国家在意识形态和价值观方面存在着巨大差异，而且互联网的发展与国家利益紧密相关，网络资源成为各国竞相争夺的权力资源。因此，在网络空间的规则和秩序方面各国角力和博弈异常激烈，造成了网络空间国际法规则的"分裂"。展望未来，国际社会要在网络空间的全球治理方面取得突破，需要在制度建设方面注重以下四点。

第一，需要通过制度化的安排，解决大国之间缺乏合作意愿的问题。与金融、军控等领域相比，网络空间的秩序和规范仍然处于创生阶段，因此各主要大国都在努力争夺这一领域规则的制定权。此外，网络安全的敏感性也不利于国家之间的合作。在某些大国存在共识的领域，例如网络犯罪方面，各国可以先初步达成合作，再逐渐将合作扩大到其他领域，逐渐形成更加机制化的合作安排，这是走向网络安全有效治理的可行途径。

第二，在打击网络犯罪方面，各国应该尽快制定网络犯罪的通行标准。网络犯罪包括在网络空间进行诈骗、盗窃、赌博、诽谤、非法传销等违法活动以及在网上传播各种有害信息的行为。在打击网络犯罪方面，各国警方对于境外的犯罪往往没有管辖权和拘捕权，这给了犯罪分子可乘之机；在电子证据的使用方面，各国也存在认证分歧。在打击网络犯罪方面，各国应确定国际通用的网络犯罪标准，积极寻找在立案标准、刑事管辖等方面的共识，为跨国打击网络犯罪奠定基础，确保罪恶深重的跨国犯罪集团得到应有的法律制裁。应该大力加强网络先进技术的研发，通过技术进步打击网络犯罪。随着网络技术的进一步发展，高科技有利于更好地监控网络空间中的不法行为，也有利于国际协作打击不法分子。

第三，在保护信息基础设施方面，各国应该通力合作，加强对于全球重要信息基础设施的保护。全球的信息基础设施相互贯通，它们涵盖的范围遍及全球，关系到国际政治经济秩序的正常运作。如果国家试图采取网络战手段对其他国家的信息基础设施进行打击，对于交通、电力和能源等重要基础设施造成重创，其造成的后果不仅会影响受到攻击的国家，而且将造成严重的人道主义灾难。因此，各国应该努力制定国际规范以制止基础设施受到恶意破坏。

第四，全球网络空间的安全只有通过跨领域的防御才能实现。网络安全是一个需要综合治理的问题，单纯的外交、法律或者军事手段都不能有效地解决这一问题。在网络战的讨论之中，网络安全是一个军事问题。而在网络犯罪领域，它又成为与经济、司法和警务相关的问题。因此，各国都应该从战略高度重视这一问题，将其提上国家安全的议程，综合运用国家安全的各方面要素，采取有效的手段来应对网络安全威胁。

第八章 国际恐怖主义的全球治理

自冷战结束以来,恐怖主义的凸显构成世界局势不稳定的一个重要因素,对国际和平与安全构成重大威胁,成为国际社会所关注的全球公共安全重大问题。恐怖主义活动不仅给人们带来人身伤害,还会造成社会恐慌,破坏经济、社会的正常秩序。以"9·11"事件为标志,表明恐怖主义已经构成了一种重大的全球性威胁。国际社会将预防和打击恐怖主义犯罪作为自己的重要任务之一,共同打击恐怖主义已成为国际合作的重要议题。在新时期,恐怖主义威胁的成因变得更加复杂,其目的和手段也更加难以捉摸,全球反恐的任务日益艰巨。

第一节 国际恐怖主义概述

一、恐怖主义的概念

恐怖主义活动具有多样性和复杂性,对于恐怖主义的概念也是众说纷纭。学界对恐怖主义的概念并无共识。之所以会有这样的情况,主要有三个原因:一是"恐怖主义"现象复杂,其行动目的、手段及特点各异,因此人们往往会有不同视角并选用不同的界定要素;二是"恐怖主义"是政治冲突的产物,是政治现象,持不同政治态度的人必然会基于自己的立场与价值观对之做出不同的判断与认定;三是"恐怖主义"作为一种暴力和犯罪形式,与其他形式的暴力和犯罪常常相混淆难以区分。

尽管如此,随着恐怖主义活动的猖獗,人们对恐怖主义的认识逐渐深入,对其概念也形成越来越多的共识。人们将"恐怖主义"简洁地定义为"强制性恐吓,或者更全面地定义为系统地使用暗杀、伤害和破坏,或者通过威胁使用上述手段,以制造恐怖气氛,宣传某种事业,以及强迫更多的人服从于它的目标"。"国际恐怖主义是指跨越国界的恐怖主义，或者指针对在恐怖主义分子本国外的目标而运用的恐怖主义。恐怖主义从来就不是纯国内的。"① 卡尔·多伊奇认为，广义地说，恐怖主义是个人或集团使用暴力行动或威胁以改变某些政治进程的结局的策略。②

从概念上来讲，"恐怖"是指一种心态。就语言的词义而言，极度恐惧是"恐怖"的基本和普遍的含义。从这个含义出发，"恐怖活动"是指使人感到极度害怕的行为，或者说是使人感到生命受到威胁的行为。恐怖分子进行恐怖活动，造成人们的恐怖心态，是有一定的目的与动机的。这种目的与动机有政治与非政治的区分，这样就可以区分识别"恐怖活动"与"恐怖主义活动"的不同。一般来说，如果行为者的行为是出于某种反社会心理，所要实现的目的是个人报复、泄私愤或是为了勒索赎金等，那就属于非政治行为。例如，西方国家发生在校园或公共场所的枪击事件就属此类。这类恐怖事件，通常没有政治背景，属于突发的和偶然的严重刑事犯罪。

与这类情形不同，如果行为者的打击对象是一个国家的政府、一个种族、一个民族，或是一个教派，目的是迫使受伤害者做原本不会做的事，诸如改变政治态度或内外政策，那就属于政治行为了。这种行为具有政治属性，不同于一般的暴力犯罪。人们通常认为，恐怖主义属于政治性的恐怖活动，而且"主义"意味着其行为是一种系统的、持续的、有组织的行为。例如，制造"9·11"事件的"基地"组织就具有这样的特点。为了实施劫持多架客机并撞向不同目标的计划，该组织做了长期的策划和准备，其行动计划非常周密。在当代，人们在讲到恐怖主义的时候，通常都是指恐怖主义组织的活动。这些组织有严密的体制，有极端主义的意识形态和明确的政治目的，并且能够进行持续的暴力活动。

近年来，恐怖主义出现了一些新动向和变化。一是组织结构的去中心化和"网络化"，即由过去的"金字塔状"变为"蜂窝状"或"网状"。这种变化导致了"微恐怖主义"或"小规模恐怖主义"的出现。所谓的

---

① ［英］戴维·米勒等主编，邓正来译：《布莱克维尔政治学百科全书》，中国政法大学出版社2002年版，第811—812页。
② ［美］卡尔·多伊奇著，周启朋等译：《国际关系分析》，世界知识出版社1992年版，第244页。

"孤狼"恐怖主义就是这种趋势的产物。这类以个人行动为特点的暴力事件频繁出现在很多国家,看似与恐怖组织没有直接联系,但实际上有可能是在恐怖组织号召下行动的。实际上,"基地"组织就一直在大力鼓动个人实施的"圣战"行动。二是组织结构的"国家化"。作为"基地"组织升级版的"伊斯兰国"就具有这样的特点。该组织改变了传统恐怖组织的非国家行为体的形态,不但控制着相当面积的领土,拥有自己的政权,而且通过征税等来维持组织的运转。这一"国家"尽管很短命,但它确实构成了迄今为止最具影响力和威胁性的恐怖主义组织。

综上所述,可以发现恐怖主义大致有四个构成要素。第一,恐怖主义行动必须是有预谋的暴力行动,具有一定的破坏性。第二,恐怖主义活动往往具有一定的政治诉求或是希望达到一定的政治目标。第三,恐怖主义旨在制造一种恐怖的气氛,引起大众的恐慌。恐怖主义是旨在制造恐惧或惊慌气氛的暴力或暴力威胁。[1] 第四,恐怖主义袭击具有突发性和难以预测性,其袭击行为超越常规,具有不确定性,手段往往特别残忍,无辜平民经常成为恐怖袭击的对象,即恐怖主义犯罪在何时、何地针对何人、何物以何种方式发生难以预知,而正是这种突发性或对受害者而言的偶然性增加了其恐怖性。恐怖主义在突然情况下对公众造成的身体和精神的双重伤害是其对公共安全造成的最大威胁。

二、恐怖主义的类型

随着冷战结束,国际关系的重新分化组合,恐怖主义组织的类型和特点也在不断发生变化。根据恐怖组织形成的原因和活动特点,可以将当代恐怖主义分为以下几种类型。

(一) 民族主义型恐怖主义

民族问题的形成具有深远的历史根源,它与种族、边界、宗教等问题纠缠在一起,成为许多国家长期不安定的因素。在民族主义类型的恐怖主义中,较有代表性的是民族分离主义者的恐怖组织。英国的"爱尔兰共和

---

[1] [美]伊恩·莱塞等著,程克雄译:《反新恐怖主义》,新华出版社2002年版,第122页。

军"就是一个典型例子。历史上的北爱尔兰与现在的爱尔兰同属一国，在12世纪时沦为英国的殖民地。1921年，迫于爱尔兰民族独立运动，英国允许爱尔兰南部独立，而爱尔兰北部6个郡仍处于英国的统治之下。多年来，掌握北爱尔兰地方政府大权的一直是英国的新教徒，北爱尔兰的天主教徒在各方面受歧视，失业率很高。20世纪60年代末，北爱尔兰的天主教徒与新教徒发生严重冲突，天主教徒的恐怖组织"爱尔兰共和军"趁机活跃起来，制造了多起暗杀、爆炸事件。"爱尔兰共和军"的恐怖活动一直是英国政府的一块心病。20世纪90年代初，随着冷战结束，两极格局的瓦解，原先被掩盖着的民族矛盾重新爆发出来。在一些民族问题较严重的国家，民族分离主义分子打出了"争取民族自决权"的口号，不顾历史现状及其他民族的利益，大搞恐怖活动。从欧洲大陆到中东、西亚、非洲，到处都有恐怖主义的血腥残杀：俄罗斯车臣分裂势力分子频频制造爆炸和绑架人质事件；斯里兰卡的"泰米尔猛虎组织"不断向政府发起进攻；阿尔及利亚连续发生"汽车炸弹"案。由民族问题引发的恐怖活动，将伴随民族主义的重新兴起而持续很长一段时间。

（二）宗教型恐怖主义

宗教恐怖主义指以宗教名义为合法性依据，通过系统性使用暴力手段实现政治或意识形态目标的组织或行为。这类组织本质上是以宗教为掩护的恐怖主义，其典型特征是将宗教工具化，通过歪曲宗教教义为其暴力提供"合法性"。"伊斯兰国"是这类组织的典型代表。它通过社交媒体传播极端意识形态，声称要建立"哈里发国"，号召全球支持者发动"圣战"，并将暴力视为宗教义务。尽管它自诩为"宗教捍卫者"，但其行动是以控制领土、获取权力等政治目标为目的，其自杀式袭击、斩首、绑架平民、针对少数族裔（如雅兹迪人）的种族清洗等行为，明显是以暴力制造恐慌以实现政治目标的恐怖主义行为。恐怖主义的根源主要源于社会不公正和极端意识形态，与宗教信仰并无必然联系。"伊斯兰国"的崛起与中东地区的冲突、政治动荡、教派冲突、社会经济问题密切相关。冷战结束后，世界形势发生巨大变化。在穆斯林占人口多数的一些伊斯兰国家在经济全球化浪潮中被边缘化，青年人发展就业等社会问题长期得不到解决，感到前途渺茫。全球经济发展冲击了人们原有的价值观和生活方式，而宗教作为一种文化认同标志，满足了人们寻求精神寄托的要求。恐怖主义利用宗教的名义宣扬极端主义意识形态，并向青年人提供"丰厚的福利待遇"。因此，以宗教为名的恐怖主义开始在全球各地蔓延。宗教型恐怖活动已经成为当代恐怖主义的一种重要形式，伴随国际秩序转型将会在相当长的时期内存在。

（三）极右翼恐怖主义

极右翼恐怖主义的典型代表是泛滥于欧美的极右翼恐怖组织。西欧曾经是希特勒法西斯势力的发源地。二战结束后，各国对法西斯势力进行了打击，但法西斯势力并没有从此绝迹。战后不久，新法西斯组织又改头换面地出现了。极右翼恐怖分子频频制造恐怖事件，或是进行骇人听闻的暗杀，或是在人群密集的公共场所搞炸弹爆炸，从而严重骚扰了社会。近年来，极右翼思潮再次在西欧和美国泛滥。1990年德国统一后，警方估计至少有1.5万名新纳粹分子，1992年德国发生了4500起袭击事件，1000起爆炸案和纵火案。新一代极右翼恐怖分子拥有各种现代化通信工具协调行动，通过计算机网络安排恐怖袭击事件。欧洲的纳粹网联结着法国、瑞士、葡萄牙、匈牙利、俄罗斯等国，并穿过大洋发展到美洲。美国极右翼恐怖组织的势力近几年也不断扩大，对美国社会构成严重威胁。据统计，目前美国有极有右翼恐怖组织30多个，遍布近40个州，相当一批极右翼恐怖组织实行军事化。这些极右翼恐怖组织自20世纪80年代中期以来频频制造恐怖爆炸事件。进入20世纪90年代，恐怖活动愈演愈烈，1995年4月19日，极右翼恐怖分子制造了美国历史上最严重的俄克拉荷马城爆炸事件。极右翼恐怖组织的泛滥已成为欧洲和美国的社会难题。极右翼恐怖主义泛滥的主要原因是：首先，社会的两极分化，使许多人处于失业贫困中，特别是欧洲各国近年来经济形势恶化，使失业率上升，一些人对生活失去信心，对社会产生仇恨情绪。其次，西欧各国深受移民问题的困扰。近年来大批涌入西欧的移民对西欧经济和社会冲击很大，引发了就业、种族矛盾。最后，种族主义思想近年来大肆泛滥。美国的极右翼恐怖组织鼓吹白人优越论，攻击有色人种给美国社会带来危害。欧洲的纳粹分子则大肆宣扬"日耳曼种族优越"论，企图重温"第三帝国"旧梦。

（四）极左派恐怖主义

极左派恐怖主义的出现具有复杂的政治社会背景。20世纪60年代，西方各国进入了经济高速发展时期,同时也出现了严重的社会问题。如教育制度的缺陷、失业人口的增加。尤其是那些在战后生育高峰期出生的年轻人涌入社会,加入失业者的行列后,社会问题更加突出。这些年轻的失业者,感到自己被社会抛弃了。在失望和愤懑的情绪中,他们走上街头,发泄对现实社会的不满。而极左思潮当时正流行于西欧各国,极左派学者著书立说,发表演讲,推崇无政府主义,反对局部改良,主张以暴力彻底摧毁现存社会。在此背景下,西欧出现了一些由青年人组成的极左派恐怖组织,其中最著名的是成立于1968年的联邦德国"红军旅"和成立于1969年的意大利"红色旅"。这两个恐怖组织自成立后制造了多起针对当局的恐怖袭击事件。到20世纪70年代中期,他们的恐怖活动达到高潮,1978年3月,"红色旅"成员绑架并杀害了意大利总理莫罗,这一行径受到世界舆论的强烈谴责,一些极左派恐怖组织的支持者和同情者也纷纷改变立场,它们内部也开始分化。20世纪80年代初,联邦德国和意大利警方对"红军旅"和"红色旅"成员进行围剿,它们的主要成员纷纷落网,从而大大削弱了这两个极左派恐怖组织的力量。但是,遭受重创的"红军旅"和"红色旅"并没有从此销声匿迹。在经历了一段消沉期后,这两个恐怖组织在20世纪80年代中期又"卷土重来"。它们与后来成立的法国"直接行动"组织。比利时的"共产主义战斗小组"等恐怖组织组成"联合阵线",在西欧各国掀起了新的恐怖主义浪潮,一批西欧各界要人先后死于它们的恐怖袭击。1986年11月17日,雷诺汽车公司总裁乔治·贝斯被杀;1989年11月30日,德意志银行董事长阿尔弗雷德·赫尔豪森被炸弹炸死。冷战后,在西欧各国警方的严厉打击下,西欧的极左派组织力量大为减弱。但21世纪以来,西欧的几个极左派恐怖组织已经与中东地区的一些激进恐怖组织联合起来,共同从事恐怖活动。此外,全球化的持续发展和欧洲一体化推进,为西欧的恐怖组织活动提供了物质和技术上的便利条件。西欧的极左派恐怖组织一直是一股不可忽视的恐怖势力。

三、恐怖主义的产生与发展

对于"恐怖主义"这一提法,最早出现在18世纪法国大革命时期。当时雅各宾派为了消灭权贵,实施恐怖统治,以"恐怖分子"自居,热月政变之后,热月党镇压革命运动,被称为"白色恐怖"。19世纪末,俄罗斯的无政府主义者在推动其政治主张时也形成了独特的恐怖主义文化，当时的恐怖活动主要是以暗杀或投毒为主，他们通过对政治统治集团成员进行暗杀行动，希望以此唤醒民众的反抗意识。在他们看来，恐怖就是唤醒民众、摧毁罪恶的现存社会秩序最好、最快的方法。

当代意义上的恐怖主义形成于二战之后到20世纪60年代末。在此期间，恐怖主义行为的活动热点是殖民地、附属国或刚独立的民族国家，反殖民统治成为恐怖主义的主要形式。与此同时，恐怖主义也成为美苏冷战的工具，具有一定程度的意识形态色彩。比如，巴以冲突不能和平解决而由此引发的恐怖活动等。据美国著名的智囊机构兰德公司的有关资料，20世纪80年代全世界共发生了近4000起恐怖活动，比20世纪70年代增加了30%，死亡人数则翻了一番。进入20世纪90年代以后，冷战结束，以往在美苏两大国严密控制下的各种矛盾开始爆发，恐怖主义行为有了明显的变化，老的恐怖主义组织逐步退出历史舞台，新的恐怖主义组织开始出现，尤其是在"9·11"事件之后，恐怖主义发展进入新的阶段，恐怖主义组织规模不断扩张，活动能力更加强大，袭击手段更加丰富，能够实现跨国恐怖袭击。

四、当代恐怖主义的基本特征

在新的历史条件下，恐怖主义呈现出以下特征。

（一）民族与宗教矛盾成为恐怖主义的重要来源

恐怖主义成为宗教激进主义者用来发动攻击的主要方式。冷战结束以后，宗教动机成为定义新恐怖主义特征的主要依据，在事实上产生了与现代世界完全不同的价值体系、合法化机制、道德原则和世界观。在宗教极端分子的世界观里，世界只有两种：一种是"我们"的，一种是"敌人"的。他们通过对宗教激进的极端理解和信奉，要求发动"圣战"，消灭任何与其宗教观念不符的国家，鼓动信众进行自杀式的恐怖活动等，具有强烈的反社会性。比如，1995年，奥姆真理教用沙林毒气袭击了日本东京的地铁，造成12人死亡，5000多人受伤；2001年9月11日，伊斯兰"基地"组织制造的"9·11"事件，造成2982人死亡，2337人受伤，直接反映了伊斯兰世界与美国霸权之间的冲突。

(二) 恐怖主义行动的动机复杂化

20世纪90年代以来,在各种力量的作用下各国社会分裂加剧,非政治性导源因素增多,恐怖主义分子的追求目标也随之发生变化。当前恐怖主义犯罪组织不仅对传统政治目的有所追求,其犯罪动机也日益复杂化。如在美国,近年来接连发生多起堕胎诊所被毁的事件,这些恐怖主义行为是一些反对人工流产的组织所为。一些维护动物权利、反对核武器研制和部署、抗议环境污染、争取同性恋合法地位的狂热组织等,也效仿恐怖主义组织的某些方式进行抗争;还有一些恐怖主义犯罪只是恐怖主义组织为了证明其自身的存在,或是为了发泄其成员受挫的情感,或是出于思想意识、宗教、复仇等原因。此外,还有很多针对正在进行的全球化进程的恐怖主义犯罪,施行者试图通过实施恐怖主义犯罪活动阻止全球化进程。总之,全球化对发展中国家及其人民的冲击,对社会经济与政治的种种冲击以及这种冲击所造成的迷惘、失落、恐惧、动荡,也会成为恐怖主义犯罪产生的一个诱因。

(三) 恐怖主义袭击的手段多样化

当代恐怖主义活动中,实现了高技术、高智能手段的使用。在传统的恐怖主义活动中,暗杀、绑架、爆炸和劫机是最常见和最主要的形式。当代恐怖主义犯罪活动在活动方式和手段上已有重大变化,一些恐怖主义犯罪分子已经具备了制造和使用高技术装备的能力,作案器材或工具更为尖端、先进,行动规模不断升级。近年来,还出现了一些新型的恐怖主义犯罪手段,如"网络恐怖主义",即利用计算机和互联网进行的恐怖主义活动,恐怖主义组织越来越多地通过"信息高速公路"传播恐怖主义犯罪信息,获取作案技术、进行联络及筹措经费,并利用互联网络破坏电子信息系统,制造社会恐怖气氛等。比如在"9·11"事件后美国政府多次收到带有"炭疽"病毒的邮件;斯里兰卡的"泰米尔猛虎组织"利用电子邮件炸弹攻击斯里兰卡驻美国大使馆,使该大使馆相当一段时间内不能使用电子邮件。此外,恐怖主义分子还可能利用现代高科技手段,制造并使用大规模杀伤性武器,利用核技术和生化武器或制品进行恐怖主义袭击的危险性进一步增大。

（四）恐怖主义呈现全球性网络化

随着全球流动性的加强，恐怖主义组织利用互联网获得全球性的资助和支持，并通过全球范围内活动结成全球恐怖组织网络，包括招募人员、培训、募集资金、策划和实施袭击等。比如中东恐怖主义组织的蔓延，在全球范围发动恐怖袭击，造成国际社会巨大恐慌。

（五）恐怖主义危害程度增加

在全球化时代，世界上任何一个角落发生的事件都会在同一时间传播到全球。恐怖主义利用媒体的传播呈现一种暴力表演，形成恐怖主义轰动效应，进一步加剧社会的恐慌，使得整个社会笼罩在恐怖的阴影中，公众丧失对社会的安全感和信心。恐怖主义犯罪还对人类文明的交流与融合构成严重威胁。它强化了不同文化的分歧，使"文明的冲突"成为现实，激化了不同宗教、民族之间的矛盾；而文明之间的不理解和不宽容又促成和加剧了恐怖主义犯罪的产生，这种恶性循环也对人类文明的发展和进步构成了严重威胁。在伊拉克出现的极端组织"伊斯兰国"以极端教义为指导，成立了恐怖主义政权，其血腥残杀的场面给民众带来巨大的恐慌，同时也吸引了全球的极端分子投身其中，令全世界束手无策。"伊斯兰国"的出现和发展集中体现了当前恐怖主义的新特点。

第二节 国际恐怖主义的治理

随着恐怖主义国际化的蔓延，全球性恐怖主义危机日趋明显，打击恐怖主义成为当前国际合作的重要议题。全球化为恐怖分子的跨国流动和恐怖主义的蔓延提供了便利，造成国家和地区安全形势恶化，进一步加深了国家间矛盾。因此要求国际社会开展全球范围内的合作，在国际层次上建立维持正常社会秩序的新体制，制定新的公共政策，建立起确定的国际反恐合作原则与规范，形成有效的行动准则。在此基础上，各国还需要调整自身的反恐战略，肯定和认可彼此的反恐活动，并且互相协调，给予一定程度的支持。另外，还要在全球和区域范围内成立相关国际组织，或是在既有国际组织中增强反恐职能。因为在当前对国际恐怖主义治理中，仍是以联合国以及全球或区域合作的"制度性反恐合作"为主。

一、联合国及其《联合国全球反恐战略》

为了应对恐怖主义的威胁，联合国在打击恐怖主义及推动国际反恐合作中起到了重要作用，是全球反恐体系的核心。国际社会在过去的几十年里建立了反恐的法律框架，其中包括许多与联合国安理会决议相关的反对恐怖主义的法律条款。

在联合国框架中，最有效也最为持久的反恐努力体现在国际民用航空组织的法律体系中，包括先后通过的三个关于飞行安全的公约：1963年《东京公约》、1970年《海牙公约》和1971年《蒙特利尔公约》。这些公约有效地遏制了劫机犯罪。此外，联合国还通过了《消灭国际恐怖主义措施宣言》（1994年）、《制止恐怖主义爆炸的国际公约》（1997年）及《制止向恐怖主义提供资助的国际公约》（1999年）。2001年，联合国大会进行了关于恐怖主义问题的一次大辩论，并成立了安理会反恐怖主义委员会，以监督各国对安理会有关反恐决议的执行情况。2006年9月8日，联合国通过了《联合国全球反恐战略》，以加强国家、区域和国际的反恐合作。这是全体会员国首次就反恐战略达成一致，承诺将采取切实步骤，共同防止并打击恐怖主义。2021年5月27日，联合国大会通过了关于《联合国打击网络犯罪公约》。

《联合国全球反恐战略》为其成员开展反恐行动提供了方向性的指导。该战略的目标是从根本上消除恐怖主义蔓延的条件，其内容包括和平解决长期未决的冲突，这将有助于加强全球反恐斗争；尽可能利用联合国在预防冲突、维持和平与建设和平方面的能力，预防和解决持久未决的冲突，减少侵害人权、民族宗教歧视等行动；促进不同文明、文化、民族、宗教之间的对话、容忍和理解，相互尊重；要求各国承担法律义务；在法律层面禁止一切与恐怖主义有关的活动；在社会层面，加强社会发展和社会包容议程，减少人群的边缘化和受害意识，促进消除贫穷，促进持续经济增长、可持续发展和全球繁荣；加大在法治、人权和善政领域已开展的合作和援助的规模，建立国际援助系统，并推动民间社会参与反对和谴责恐怖主义的全球运动；同时要求各国采取措施，不参与、资助、鼓励或容忍恐怖主义活动，遵照国际法承担义务，在反恐斗争中进行充分合作；强化国家间的司法互助和执法机构的合作，建立相关数据库，同时及时交流关于防止和打击恐怖主义的信息；加强国家内部以及双边、次区域、区域和国际合作，改进边界和海关管制，以防止和查明恐怖分子的流动；加强各国的协调与合作，打击可能与恐怖主义有关联的犯罪，加强与国际组织的合作，集体协调行动；在国际和区域各级协调努力，打击利用因特网为工具的恐怖主义的蔓延；改善对基础设施、公共场所等特别易受攻击的目标的安全与保护，以及在发生恐怖主义袭击和其他灾害时的应对措施，特别是对平民的保护。

由于各国对网络恐怖主义的界定存在诸多分歧，普遍适用的网络恐怖主义国际条约短期内无法取得任何进展的情况下，2021年的《联合国打击网络犯罪公约》将在打击网络恐怖主义方面发挥重大作用。《联合国打击网络犯罪公约》将有利于确立网络空间负责任国家行为规范，明确各国在网络空间的国家责任，这有助于将单边制裁塑造为合法的反制措施，从而不会作为违反国家豁免规则的行为。随着网络犯罪成为普遍的国际罪行，网络恐怖主义对各国网络安全构成的威胁可能被世界贸易组织争端解决机制认定为构成"国际关系中的紧急情况"，从而得以援引安全例外规则以证明单边制裁可能导致的歧视性贸易是正当的。另外，相关国家在单边制裁领域所积累的经验可以为网络犯罪的定罪、调查、执法、国际合作等问题提供指导，有助于国际社会在相关问题上尽快达成共识，推动尽快缔结《联合国打击网络犯罪公约》。

此外，联合国还采取行动加强各国反恐基础设施的建设、推进国家之间及其与国际组织之间的合作，扩散国际社会有关通过合理、合法、非军事手段治理恐怖主义的国际规范。联合国在法律、规范、制度层面上采取的诸多行动，奠定了其在恐怖主义全球治理中不可或缺的地位。

二、上海合作组织

除了联合国及其相关机构外，地区性论坛和组织在反恐合作上也起到了重要作用，包括亚欧会议、欧洲安全与合作组织等。下面以上海合作组织为例，介绍区域组织在反恐合作中的作用。

上海合作组织于2001年6月15日成立于上海，成员国包括中华人民共和国、哈萨克斯坦共和国、吉尔吉斯共和国、俄罗斯联邦、塔吉克斯坦共和国、乌兹别克斯坦共和国。六国首脑共同签署了《打击恐怖主义、分裂主义和极端主义上海公约》，正式建立了具有实质意义的反恐怖多边合作机制。2017年，上海合作组织首次扩员，印度、巴基斯坦成为正式成员国。2022年，伊朗加入上海合作组织。上海合作组织正式成员增至9个。

上海合作组织的宗旨是加强各成员国之间的相互信任与睦邻友好；鼓励成员国在经贸、科技、文化、教育、能源、交通、金融、环保及其他领域的有效合作；共同致力于维护和加强地区的和平、安全与稳定；推动建立民主、公正、合理的国际政治经济新秩序。上海合作组织对内遵循"互信、互利、平等、协商、尊重多样文明、谋求共同发展"的"上海精神"，对外奉行不结盟、不针对其他国家和地区及开放原则，主张以共同利益为基础，以相互信任为纽带，以合作开放对话为国家间交往的基础，双方关系不应以针对第三方为条件。

上海合作组织的最高决策机构是成员国元首理事会，该理事会每年举行一次会议，就组织所有重大问题作出决定和指示。当前，民族、宗教极端势力与贩卖毒品、走私爆炸物品和枪支弹药以及有组织犯罪活动交织在一起，构成了对本地区安全稳定的现实威胁，因此合作打击地区恐怖主义便成为上海合作组织的主要职能之一。上海合作组织有两个常设机构，分别是设在北京的秘书处和设在塔什干的地区反恐怖机构。地区反恐怖机构作为上海合作组织两个常设机构之一，正努力建成一个在安全领域汇集信息、协调执法、组织打击"三股势力"的平台，在安全执法合作领域发挥着重要作用。上海合作组织地区反恐怖机构成立十余年来，制定了一批法律，形成300多项决议，建立了若干重要合作机制，并不定期举行反恐实战演习。

上海合作组织成立十余年间，在反恐及其他多边领域合作中取得显著成效。首先，在解决历史遗留边境问题上取得实质性进展，使长达7300余千米的共同边界线成为连接各国友好合作的安全纽带。其次，组织机制逐渐建成完善，设有高峰会、部长会、高官会和轮值主席、秘书处等相应的对话协商机制。再次，反恐合作取得实质性进展。加强国家间、政府间的合作，共同执法形成合力，有效打击了这一地区的"三股势力"，取得突出成效。最后，通过反恐等政治军事合作推动经贸合作，尤其是能源方面的合作，取得不少进展，但有些方面仍有待突破。

三、欧盟

在全球层面，欧盟在反恐领域支持多边主义，积极参与联合国框架下的反恐行动，为阿富汗、伊拉克、叙利亚等热点地区国家战后重建和人道主义救援提供了大量资金。2020年6月，欧盟宣布加强同西巴尔干、中东、北非等关键地区国家以及国际组织的对话合作，聚焦去极端化，阻止恐怖分子借助互联网和新技术传播极端信息，开展反洗钱行动，试图从根源上阻断恐怖主义的渗透。在欧盟层面，欧盟制定了"阻止、保护、追踪、应对"反恐政策四大支柱，涵盖预防、打击等反恐全链条，在反洗钱、入境检查、情报分享等领域进行密切合作。2020年公布的《欧盟安全联盟战略2020—2025》提出综合安全的概念，注重部门和机构之间、成员国之间的协调，并将打击恐怖主义作为重点。

针对网络恐怖主义的兴起和利用互联网、社交媒体传播极端思想的问题，2019年4月，欧洲议会通过了《关于解决在线传播恐怖主义内容的规则》，打击出于恐怖主义目的而滥用互联网托管服务的行为。法案规定，有资质的欧盟机构可以要求在整个欧盟范围内删除互联网恐怖主义信息。欧盟理事会于2019年5月17日分别通过了针对威胁欧洲联盟或其成员国的网络攻击采取限制性措施的条例和针对威胁欧洲联盟或其成员国的网络攻击采取限制性措施的决定。这些规定为欧盟打击网络恐怖主义提供了法律规范，成为欧盟应对网络恐怖主义及其言论的重要法律文件。在成员国层面，多数国家制定了反恐战略，出台去极端化措施。法国、比利时、奥地利、丹麦等国禁止在公众场合蒙面。在社区层面，荷兰阿姆斯特丹等地通过增加就业机会、社区矫正等措施，努力遏制恐怖主义和极端思想传播。

四、海湾阿拉伯国家合作委员会

海湾阿拉伯国家合作委员会（以下简称海合会）成立之初，其目的便是提高防御力量，集体应对外来威胁，维护海湾地区的稳定与发展。由于面临伊朗伊斯兰革命大力输出伊斯兰革命的威胁，以及两伊战争爆发的困境，军事上联合自强，加强海湾地区集体防御和军事一体化是每届首脑会议的主要议题。

国际组织与全球治理

进入21世纪以来，恐怖主义暴力活动在全球爆发已久，造成世界许多地区的混乱和动荡，海合会成员国自身亦深受恐怖主义的威胁。经过30多年的发展，海合会的反恐机制日臻成熟、趋于完善，大致包括：认同协调、加强军事防务以及与他国联合反恐军演、通过签订公约或组建专门机构实现合作、经济防务与协同制裁等功能。

第一，认同协调。海合会的机构主要分为三大部分：最高理事会、外长理事会和总秘书处。最高理事会为海合会最高决策机构，由各成员国元首组成，主席由各国按国名的阿拉伯语首字母顺序轮流担任，任期一年。海合会的权力配置呈"金字塔"式集权结构，最高理事会授权外长理事会和秘书处，其下属的众多专门委员会负责各项具体工作。《海湾合作委员会章程》第9条第2款规定，海合会最高理事会在表决实质性问题时，需经各成员国一致同意；在表决程序性问题时，需要多数成员国同意。在反恐问题方面，还是由海合会主要机构内部达成反恐共识，协调成员国之间的反恐行动。认同协调这一功能在"9·11"事件后显著增强，主要表现在达成恐怖主义定义共识、界定恐怖组织，以及加强情报交流和设立反恐机构等方面。

第二，加强军事防务以及与他国联合反恐军演。2000年第21届首脑会议上，各国决定在沙特东北部建立"半岛之盾"永久性军营。具体内容包括：制定集体防务战略，建立海合会武装力量，统一采购武器和建立武器装备体制，统一军事训练，建立海湾军火工业，建立以沙特空中预警指挥系统为基础的防空情报网；在军事上、财政上支持阿曼和巴林加强国防；对外宣称共同防卫，并积极探索合作方式和途径。这些政策和措施的实施使海合会的安全防务战略逐渐成型。2002年10月，海合会宣告成立"海合会联合防御委员会"，这标志着成员国间的军事合作步入新阶段。"半岛之盾"成立之后，海合会六国围绕提高军事合作能力，进行了多次军事演练。另外，海合会还积极参加上海合作组织、东盟等地区与次区域国际组织层面上的国际反恐合作，在联合军演、情报共享、边境管控等方面，发挥地区组织在安全合作领域中的作用。

第三，通过签订公约或组建专门机构实现合作。海合会首次将反恐行动提上日程是在1990年。当时，海合会召开了一次专门会议，讨论如何应对本地区恐怖主义威胁。在这次会议上提出要加强海合会成员国情报机构之间的相互联系，密切合作，加强安保措施。1996年11月，海合会发表联合公报，表明打击恐怖主义活动的决心。2001年10月海合会内政大臣会议通过了《反对恐怖活动统一战略》。2004年5月海湾六国内政大臣会议上又签署了《共同反恐协定》。该协议成为海合会实施反恐行动的有效机制。2005年，在海合会内政大臣会议上，各成员国签署协议，成立海合会专门反恐机构加大反恐力度。2005年，海合会成员国巴林启动建立联合反恐中心，以防止巴林遭受恐怖袭击为使命。该中心的职责是负责与其他国家、地区和国际机构交换反恐信息和操作技能，定期与政府部门和机构分享相关信息，更新应急计划，确定培训和演习场地，确保国家有应对每一级恐怖威胁的装备，建立和组织与内政部门的联络点。巴林内政部长呼吁，每个海合会成员国都应建立自己的联合反恐中心。2012年，《海合会安全条约》达成。该条约涉及打击跨国犯罪、交换情报、反偷渡等非传统安全领域，特别是在应对恐怖活动方面。

第四，经济防务与协同制裁。"9·11"事件之后，海合会反恐机制日臻完善。2003年10月，海合会内政大臣会议声明：恐怖行为违背所有的宗教信条、人类伦理道德以及价值观念。与会大臣坚决支持一切反恐国际合作和行动，支持切断恐怖主义的财政和经济来源。在当年12月举行的海合会首脑会议上，各成员国发表声明，将采取新举措打击恐怖主义，通过修改教科书的方式，删除其中宣扬宗教极端主义或仇视基督教、犹太教的内容。2005年11月第26次海合会内政大臣会议上，提出对跨国洗钱行为和资助恐怖活动的打击与监管，就切断恐怖分子活动资金和达成引渡协议等问题取得共识，并突出强调在打击恐怖主义问题上加强情报交流、加强协同打击恐怖主义。

第三节 国际恐怖主义治理面临的挑战

尽管国际社会在反对和打击恐怖主义方面有强烈的意愿和诸多共识，并且取得了不少成绩，但其治理的困境依然明显。

一、恐怖主义认定标准问题

"恐怖主义"在法律上并没有国际统一的认定标准。除了少数全球性的恐怖组织为各国普遍认可之外，对于很多组织的认定往往很模糊，不同的政治立场决定了界定者带有不同程度的主观性甚至偏见。虽然当前已签订多个与打击恐怖主义有关的国际公约，但国际社会尚未就"恐怖主义"的概念达成共识。反对和打击恐怖主义需要合作与协调，但是目前各国根据自身国家利益、意识形态、民族宗教情感以及文化的不同，而对恐怖组织和行为做有利于自身利益的认定，对同样性质的恐怖活动往往有不同的认定。个别国家动辄从自己的国家利益出发给目标国或组织贴上"恐怖主义"的标签，这也成为制约国际反恐的根本原因之一。对恐怖主义的定义不仅是一个学术问题，还涉及各国现实中的利益需求和价值判断的问题。另外，国际社会在对待恐怖主义问题上采取的"双重标准"的问题对国际反恐产生了极为不利的影响。例如，在巴以问题上，美国长期奉行偏袒以色列的政策，导致巴勒斯坦人的正当权益得不到维护，由此引起阿拉伯国家和伊斯兰世界的强烈不满，这成为中东国家此起彼伏的恐怖活动和武装冲突的原因。美国和西方国家从自身利益出发，以"双重标准"来看待其他国家的反恐措施。美国把恐怖分子分为对自己有利还是不利两种类型，对发生在本国的恐怖袭击事件定义为恐怖主义，而对发生在其他国家的恐怖主义事件与人权、民族、宗教相挂钩，不认同其他国家对恐怖主义的解释，这种做法实际上加剧了恐怖主义对国际社会的威胁。另外，各国对恐怖主义产生的根源、治理的方法也严重缺乏共识，导致了一系列认识和行动上的矛盾和问题。国际社会虽然能够形成一致的反对恐怖主义共识，但是难以形成全球一致的反恐怖行动。反恐合作的认识基础和组织基础十分脆弱，这导致难以展开有效的国际反恐合作。

二、反恐战争扩大化

打击恐怖主义本应在一定目标的指导下严格执行，任何战略在设计和执行的过程中不能超越和偏离其目标，但是某些大国为实现其全球利益，以"反恐"为名推动本国利益的实现，使"反恐"成为实现国家利益的工具。例如，"9·11"事件后，美国在全球发动轰轰烈烈的反恐战争。美国的目的是采取军事手段消灭恐怖分子和通过民主化改造实现消除恐怖主义孳生的土壤。但是在耗费巨大的人力、物力和财力之后，美国反恐并未取得预期的效果，反而带来了恐怖活动的迅速升级。在反恐战争中，美国并不是为反恐而"反恐",而是将其建立全球霸权的战略与反恐战略相结合,致使反恐目标被严重扩大化。美国在推翻塔利班政权和阿富汗硝烟尚未散尽的情况下,就以伊拉克萨达姆政权拥有大规模杀伤性武器为由,在未经联合国授权情况下,对一个主权国家使用武力并推翻了该政权。奥巴马上台后,逐步开始实行从伊拉克和阿富汗撤军的计划。但是2011年美军刚从伊拉克撤出军队,随即在2013年便在该国和叙利亚产生了极端组织"伊斯兰国"。美国的军事行动在一定程度上刺激了叙伊两国恐怖活动的升级。随着战争的进行,南亚次大陆成为恐怖势力发展的重灾区。此后,恐怖主义从南亚蔓延到中亚、西亚、非洲、欧美、东南亚。

三、发展中国家反恐能力薄弱

从国家层面看,发展中国家对恐怖主义预防和治理能力不足,是全球恐怖主义治理中的薄弱环节。当今世界最具破坏力的四个国际恐怖组织"伊斯兰国"、塔利班、索马里"青年党"和"博科圣地"集中活动的区域大都在发展中国家和地区。当然并不是说只有发展中国家是国际恐怖袭击事件的受害者,事实上,近年来美国和欧洲等发达国家也多次发生了恐怖袭击事件。总体而言,经济发展滞后、极端思想浓厚和宗教思想保守,特别是曾经经历过战乱或民族、宗教冲突的发展中国家发生恐怖袭击事件的概率要高于发达国家。因此,国际社会需要加大对发展中国家的关注和支持,提高其反恐能力,帮助其建立在立法、执法、情报搜集、预警、应急和军事打击等方面的反恐工作机制,使其避免成为滋生国际恐怖主义的温床,是当前国际社会在应对国际恐怖主义治理问题时首先应该考虑的方面。

四、地缘因素掣肘反恐合作

就地区层面的结构性因素而言,地缘因素掣肘国际反恐合作已成为目前国际反恐陷入尴尬境地的主要原因之一。面对国际恐怖主义肆虐的局面,各国都仅仅从本国国家利益出发,提出了本国应对恐怖主义威胁的举措。各国对恐怖主义的认识和分歧增多,大国很难在国际反恐合作问题上形成合力。最近几十年在世界各地发生的宗教恐怖袭击事件大部分与宗教冲突有关,当前世界各国应该共同努力平息各宗教之间的矛盾冲突,而不是助推宗教仇恨。例如，特朗普政府将驻以色列大使馆迁往耶路撒冷，承认以色列对格兰高地拥有主权，支持沙特的极端宗教势力等行为都极大地刺激了各宗教之间的仇恨和矛盾，这成为爆发大规模宗教冲突的根源之一。2017年英国相继发生伦敦和曼彻斯特恐怖袭击后，开始重新评估其反恐战略，力图通过加强情报方面的信息共享、改善公共安全和加强立法等措施强化国内反恐不利的局面。各国在对待反恐问题上的动机和立场各不相同，在对待恐怖活动的态度和国际反恐合作方面的态度也各不相同。各国出于对自身主权和安全考虑，并没有足够的动力参加国际合作机制，从而导致国际机制在认同上难以达成共识、在执行上又软弱无力且效率低下，并没有形成真正广泛且深入的合作。

五、遏制极端意识形态传播面临挑战

与其他犯罪活动相比，恐怖主义最大的特点在于其具有政治目的，而这种政治目的又源于其激进的意识形态。恐怖主义作为社会运动的一种极端表达形式，其产生、发展和治理的过程可以从政治环境因素和抗议群体的"意识形态"发展水平等方面进行分析。就产生和发展来看，恐怖主义的产生和发展与国际社会和特定地区的政治发展状况、经济发展水平、意识形态主流紧密相连。恐怖势力为了使其行动合法化或具有正义性，往往会注重对本组织意识形态发展水平的建构。在这个有着各种不满的世界上，宗教极端主义很容易借着民众对现实的不满而扩散。宗教如果被有政治企图的人利用并走向极端，必然会引发恐怖主义，威胁国际社会的安全。宗教极端主义思想在全世界扩散与其说是传播恐怖主义不如说是在传播极端主义和分裂主义。而极端主义思想和分裂主义都源于经济上的被剥夺和思想上的不认同感。如果仅用军事的手段打击恐怖主义，而不是对持有极端宗教思想的人员进行正确的引导、规范和教育，只会让极端宗教思想肆意滋长，对恐怖主义的打击只能是为下一次恐怖主义事件埋下伏笔而已。因此，从实体上击溃恐怖主义组织仅仅是表面的成功，如何斩断极端宗教思想的传播和扩散才是反恐治理成功的关键。

第九章 全球发展问题的治理

全球发展问题在全球经济治理议程中日益占据重要的地位。全球发展问题治理是国际社会为解决发展问题、发展挑战、发展威胁而形成的各种制度性安排和实施的理念、政策与行动。从实践层面来看,全球发展问题治理致力于解决世界各国面临的发展难题与挑战,涵盖了经济增长、消除贫困、社会公正、保障人权、发展教育卫生事业、保护环境、和谐发展等十分广泛的议题,是一个极为庞大而复杂的系统工程。全球发展问题的话语权和国际机制长期以来被发达国家所主导,围绕全球发展问题的南北冲突与合作一直是推动全球治理的主要动力。自2008年国际金融危机以来,发达国家在发展问题和全球治理方面的影响力明显下降。联合国、二十国集团、金砖国家等正成为主导发展议题全球治理的核心机构。从"联合国千年发展目标"到《联合国2030年可持续发展议程》,全球发展治理的理念、机制与模式经历了持续转型,联合国的领导作用日益凸显,发挥着突出的理念引领、机制构建和能力提升作用。中国和其他新兴经济体积极推动南南合作,更加公平合理的全球发展伙伴关系正在形成。

第一节 全球发展问题概述

全球发展问题作为一个人类长期存在的世界性问题,从20世纪50年代就受到世界各国的关注。围绕这个问题的斗争,很大程度上是以联合国为舞台的。联合国自建立以来,一直关注全球发展问题。

一、全球贫困与发展问题的基本状况

贫困是人类发展的痼疾。进入现代社会之前,人类处于农业文明期,由于农业技术水平低下导致的农产品产量低且不确定,贫困是普遍且孤立

的，致贫原因为个人赤贫或因自然灾害带来的大规模偶发性贫困，贫困治理通常局限于一个地区或一个国家。进入现代社会后，世界市场逐渐形成，国家之间的联系越来越紧密。随着工业革命和科技进步的发展，商品、资本和劳动力的流动速度加快、影响范围扩大。全球贸易的拓展带来了经济的快速增长，人们的普遍生活水平有所提高，但与此同时，人均收入出现了集中趋势，贫富差距不断扩大，贫困人口的数量并没有显著的减少。1914年之后，经过两次世界大战和1929年全球经济大萧条，全球化的进程出现退步，全球经济增长率下降，人均收入也随之下降，贫困率持续上升。这一时期的贫困治理并没有成为全球性的议题。二战后，以联合国为代表的一系列国际组织相继成立。这些国际组织都通过援助和投资等不同方式积极推动贫穷国家的发展。经过战后数十年的发展，全球贫困问题总体趋于大幅缓解。1960—1997年发展中国家的人均国民生产总值平均每年增长约2%。发展中国家的人均收入增长率在20世纪60—70年代相对较高，但在20世纪80年代处于停滞状态。20世纪90年代早期又进入快速增长期，这一点在东亚尤为明显，但是20世纪90年代末期的金融危机终止了这一增长势头。整个20世纪90年代对于中国和印度等发展中国家来说是一段令人印象深刻的经济增长期（中国从1980年的人均国内生产总值440美元增长到2002年的4475美元；印度同期从670美元增长到2570美元），而其他欠发达国家则在这一时期变得更加贫穷。[①] 其中，中国这个人口大国在削减极度贫困状况方面取得了举世瞩目的成果，在很大程度上改善了发展中国家的整体贫困状况。20世纪80年代初，中国是世界上最贫穷的国家之一，60%的人口处于极度贫困状态。中国在20世纪80年代的10年间把贫困率减少了大约一半，在20世纪90年代又减少了一半。[②]

尽管不少发展中国家的减贫取得了巨大成就，但是全球贫困问题仍然非常严重。根据世界银行发布的数据，2011年全球仍有10亿人的每天生活支出低于1.25美元，占发展中国家总人口的20%左右，超过50%的人

[①] ［美］约翰·塞兹著，刘贞晔、李轶译：《全球议题》，社会科学文献出版社2010年版，第5页。

[②] ［美］约翰·塞兹著，刘贞晔、李轶译：《全球议题》，社会科学文献出版社2010年版，第5页。

口每天支出低于 2.5 美元，接近 75% 的人口平均每天支出低于 4 美元。其中，1.25 美元是通常所谓的极端贫困线，但是在拉美和加勒比地区，2.5 美元才是实际的极端贫困线。在局部地区，贫困率依然非常高，特别是在南亚和撒哈拉以南的非洲地区。到 2015 年，发展中国家的贫困人口比率会下降到 16% 左右。[1]

除了减贫以外，发展问题还包括缩小收入差距、减少发展不平衡、实现可持续发展等诸多方面，包容性发展和可持续发展是发达国家和发展中国家共同面对的挑战。1970—1995 年，世界上 1/3 最富有国家的人均实际收入（扣除了通货膨胀因素）每年增长近 2%；中间的 1/3 国家年均增长仅为 0.5%；而最穷的 1/3 国家则完全没有增长。因此全球的贫富差距扩大了。据估计，最富的国家与最穷的国家的人均收入比在 1820 年是 3∶1，1913 年是 11∶1，1950 年是 35∶1，1973 年是 44∶1，到 1992 年是 72∶1 了。1960 年全世界最富有的 20% 人口的收入比最贫穷的 20% 人口的收入多 30 倍；到 1997 年，世界最富有的 20% 人口的收入是最贫穷的 20% 人口的 74 倍。[2] 研究显示，发达国家内部的贫富差距也在大幅扩大，美国 1% 人口的收入占总收入的比例将近 20%，这样大的差距上一次出现是在 20 世纪 20 年代。根据联合国开发计划署的多维贫困指数估算，在 91 个发展中国家仍有近 15 亿人生活在贫困与较差的健康、教育和生活水平的重叠影响下，如果出现金融危机、粮价波动、自然灾害和暴力冲突等外部冲击，将会有 8 亿人重新陷入贫困的风险。[3]

二、全球发展问题的出现与扩展

二战结束之初，全球发展与世界和平之间的联系得到充分认识，发展问题作为一个重要议题被纳入重建全球秩序的议程。但是在冷战的背景下，联合国在全球发展方面的作用一直没有得到重视，发展议题被作为霸

---

[1] "World Bank, Highlights of World Development Indicators 2014," World Bank, http://data.worldbank.org/sites/default/files/wdi2014-highlights.pdf.

[2] [美] 约翰·塞兹著，刘贞晔、李轶译：《全球议题》，社会科学文献出版社 2010 年版，第 3 页。

[3] 联合国开发计划署：《人类发展报告（2014）》，2014 年，第 72 页，http://hdr.undp.org/sites/default/files/hdr_2014_report_chinese_web.pdf。

权竞争的政治工具。20世纪70年代，在布雷顿森林体系崩溃之后，西方发达国家的新自由主义主导了全球发展议程。冷战结束以后，西方国家的发展援助大幅减少，在支持发展中国家发展的能力和意愿方面都出现明显下降。

（一）全球发展议题的出现

二战之前，西方大国很少关注非西方世界的发展问题。在二战结束后初期，亚洲、非洲和拉丁美洲地区大规模的贫困现象才开始被世界所关注。西方国家之所以关注全球发展问题，主要是因为大战之后反思的结果，认识到自身的和平、安全与全球的经济发展存在紧密联系。世界公众舆论对自由和人权的影响作用加深了殖民帝国的政治危机，殖民统治和贫富国家生活之间的显著差异不能再被接受了。最初全球贫困的问题化主要体现了西方发达国家制定符合自身理念和标准的新战略的需要。西方国家反对发展中国家要求在联合国系统内建立全球发展合作制度平台的建议，而是想利用其主导的布雷顿森林机构。这种选择在某种程度上也是出于排除苏联影响的考虑。冷战爆发后，出于与苏联竞争与对抗的考虑，西方国家才开始投入资源用于帮助欠发达地区解决贫困之类的长期问题。

（二）冷战背景下的发展议题

冷战的背景下，美国和苏联为了扩大自身阵营和巩固势力范围积极开展双边援助，在发展议题上占据了主导地位。美苏向第三世界国家提供的发展援助和军事援助，都是作为冷战双方的一种政治工具，附加了许多苛刻的政治条件。"马歇尔计划"在欧洲经济重建中取得巨大成功之后，美国政府在1949年提出了实施对外技术援助方案的"第四点计划"，以争取发展中国家和地区的支持。苏联也通过与社会主义国家签订一系列双边协议，提供全方位的援助。这一时期的国际发展援助主要功能是促进第三世界国家的经济发展和社会稳定，推动发展中国家的现代化。进入20世纪60年代以后，欧洲主要国家因为经济恢复也加入了援助国行列，对其原殖民地国家开展财政支持。1961年，经济合作与发展组织成立了发展援助委员会，此后这个"援助国俱乐部"成为发达国家主要的对外援助协调组织，也成了全球发展援助最主要的来源。

第九章　全球发展问题的治理

20世纪60年代以后，多边发展援助得到明显加强。随着发展中国家在联合国的会员不断增加，这些国家开始对发展援助问题发出自己的声音。这使得联合国成为发展中国家争取自身权益的一个重要平台，联合国作为多边援助机构的作用开始逐步加强。1961年联合国大会通过关于发展问题的第一个决议，启动了"联合国发展十年"，制定了援助占发达国家国民生产总值1%的目标。在发展中国家的要求下，世界银行1960年成立了以提供优惠和灵活贷款，促进发展中国家经济发展为主要目标的"国际开发协会"。1964年，联合国贸易和发展会议成立，目的是为发展中国家融入世界经济提供更好的制度安排和指导。发展中国家以联合国贸易和发展会议为平台，形成了"七十七国集团"，在联合国积极开展维护发展权益的政治活动。

20世纪70年代，由于布雷顿森林体系崩溃，世界经济加剧动荡，导致发展中国家的贫困问题进一步加剧，南北差距急剧扩大。1969年世界银行发布了著名的《皮尔森报告》，对之前的国际发展援助进行了总结和反思。报告认为之前的援助过于关注总体经济增长，忽视了公平分配及贫困群体的利益，而且对最不发达国家的援助额度过低。1970年10月24日联合国大会通过了《联合国第二个发展十年国际发展策略（1971—1980）》，制定了发达国家官方发展援助至少达到其国民生产总值0.7%的目标。与此同时，发展中国家也进一步把斗争矛头指向发达国家主导的国际经济秩序。1974年，联合国大会通过了《建立国际经济新秩序宣言》和《建立国际经济新秩序行动纲领》，强调世界秩序应该建立在公正、主权平等、相互依靠、共同合作的基础上，强调排除使发展中国家与发达国家差距日益扩大的不平等和非正义因素。与此同时，国际发展援助的领域开始转向以解决贫困问题为目标的基础设施建设以及社会公共服务领域。比如世界银行和联合国开始实施"综合农村发展项目"，开展旨在提高人类基本需求的援助项目，重点关注农业生产、基础教育、公共医疗卫生、农村道路和饮水等方面。

20世纪80年代是全球发展问题治理非常突出的转折期。一方面，受石油危机的影响，发达国家经济增长速度放缓，在国际贸易和对外援助方面趋于保守；另一方面，发展中国家受到巨大冲击，无法偿还发达国家、国际金融机构和国际商业银行的贷款，因此遭遇了严重的债务危机。为了避免发生更加严重的经济和社会动荡，发展中国家不得不向发达国家和多边援助机构申请新的贷款以解决危机，被迫接受了进行国内结构性调整的一系列条件。"结构调整"的核心是所谓"华盛顿共识"提出的私有化、自由化和市场化为标志的经济改革。发达国家以及其控制的多边援助机构把发展援助作为干预发展中国家经济和政治发展的重要手段，向全球推广所谓"华盛顿共识"。"华盛顿共识"包括涵盖宏观经济管理各个方面的10条政策措施，其核心是减少政府对经济的干预，使市场在经济生活中全面发挥主导作用。此后，西方国家以"华盛顿共识"为代表的新自由主义主导了全球发展议程，对之后20多年的全球发展战略产生了巨大的负面影响。2004年世界银行公布了《2004年结构调整评估项目报告：经济危机、贫困与不平等的政策根源》，承认其推行的"结构调整计划"失败，对发展中国家的民族工业、就业、环境、债务等方面都造成了严重影响。

综上所述，冷战时期40多年里，美苏持续为各自盟友提供经济和军事援助，在第三世界建立了发展援助机制，但这种援助蕴含了明显的地缘政治目标，通过援助双方阵营形成对峙的局面。发展中国家与发达国家的差距不仅没有缩小，反而进一步扩大。在20世纪50—70年代，发展中国家经济平均增长率高于发达国家，两者的经济差距曾一度有所缩小。进入20世纪80年代，发展中国家经济增长速度明显放慢，只有20世纪60年代和20世纪70年代的一半左右。拉丁美洲等地区的不少发展中国家的增长陷入停滞，20世纪80年代成为它们"失去的十年"。

（三）冷战后全球发展问题的治理

冷战结束后，随着信息技术快速发展，全球化进入了一个全新的阶段。全球化为贫困治理带来机遇。一方面，全球化使发展中国家融入全球市场，促进了发展中国家的经济增长。全球化使世界更紧密地联结在一起，发展中国家普遍采取了外向型的经济策略，向外国开放贸易和投资，利用劳动力的优势，在全球产业链中占有一席之地。虽然发展中国家依然处在产业链的中低端，但投资和贸易的蓬勃发展，为广大的贫困人口提供了就业，提升了他们的生活水平，贫困率大大降低。另一方面，在全球化的视角下，贫困问题第一次作为一个全球问题出现在大家的视野内，人们普遍认为，贫困问题不是局限于一个国家或者一个地区的孤立问题，而是成因复杂、跨区域、跨范围的全球性的问题，需要利用国际资源来治理贫困。联合国等国际组织对贫困问题的关注，都反映出全球各国合作开展贫困治理的决心。但随之而来的挑战也不容忽视，全球化促进了全球分工，导致贫富差距扩大，相对贫困的问题更突出了，处于全球化边缘地带的国家，如撒哈拉以南非洲国家、位于内陆地理条件不利的国家，难以有效地分享全球化的红利。此外，全球化时代也为发展进程带来了风险和不确定因素，包括金融风险加剧、跨国犯罪和贩毒、粮食和能源安全问题、气候变化、移民和日益扩大的收入和社会不公平等，由于发展中国家防范风险的体系比较脆弱，面对全球化带来的风险时首当其冲。要解决这些问题，必须通过全球或区域合作，推动建立有效的全球治理机制。

第二节 全球发展问题的治理机制与实践

全球发展问题治理的主体日益多元化，包括联合国系统、世界银行、国际货币基金组织等多边发展机构、各种区域性开发机构和非国家行为体。它们相互之间的联系较为松散，并没有统一的协调机制。全球发展问题治理总体上呈现出典型的碎片化治理的局面。2008年国际金融危机之后，发达国家主导发展问题的意愿和能力都大大减弱，而新兴发展中国家的影响力明显增强。在全球发展问题治理方面，联合国开始主导全球发展议程，而西方主导的世界银行、国际货币基金组织和七国集团的影响力减弱。随着金砖国家的崛起，以中国为代表的新兴国家影响力上升，在全球发展多元治理体系中的地位也明显上升。

一、联合国系统

联合国成立后，减除贫困、促进发展成为联合国的核心议题之一，从20世纪60年代起，联合国的发展理念经历了从"以经济增长为中心"，到试图"建立国际经济新秩序"，再到促进"人的全面发展"，最后到"可持续发展"的演变，逐步建立起以联合国经社理事会为核心的，涵盖各国政府、国际组织、双边或多边协议、私营部门、公民自愿行动的庞大的减贫机制，机制包含较为完善的决策程序、议事规程和监督体系，旨在通过联合不同的力量，合理利用资源，应对单一国家无法独立解决的全球性贫困问题，促进全球发展，提升人民福祉。

由于南北双方在发展问题上存在深刻的矛盾和意识形态冲突，联合国系统在发展问题上的作用不断扩大，主要是发展中国家与发达国家斗争的结果。《联合国宪章》明确提出，联合国的宗旨之一就是促进国家合作，以解决国家间属于经济、社会之国际问题，并能形成一个协调各国行动的中心。但在联合国成立初期，由于发达国家掌控着发展的资源和话语权，联合国在全球发展问题治理方面的作用有限。印度和其他欠发达国家曾在1944年布雷顿森林会议上，希望把经济发展列为战后世界经济的明确目标，但遭到美国和其他工业国的反对。尽管工业国后来提供了一定的技术援助、财政援助和贸易优惠，可是它们继续拒绝欠发达国家建立经济发展机制的要求。20世纪50年代，联合国大会试图建立联合国经济发展特别基金计划，为发展中国家的基础设施项目融资并提供技术援助，但是在提议遭到美国的拒绝，而美国是当时唯一有实力推动这一计划的国家。20世纪60年代中期，随着大批殖民地国家独立和发展中国家力量的不断壮大，美国等发达国家才开始同意在联合国框架内通过新成立的联合国开发计划署重新组织技术援助。1964年联合国贸易和发展会议成立。之后，发展中国家为了维护切身利益，推动南南合作和南北合作成立了"七十七国集团"。这些机构的建立标志着发展中国家争取发展权利的重要胜利。在联合国和上述相关机构积极推动下，发展与减贫逐步成为全球共识，在这一框架下开展的各项行动为实现经济与社会发展、减除贫困、实现环境可持续发展打下了重要基础，并逐渐形成各类的减贫机制。

冷战结束后，联合国开始全面主导全球发展议程。2000年，联合国提出了"联合国千年发展目标"，这是一项全局性的、系统性的发展议程，千年计划为期15年，将目标聚焦在消除极端贫穷和饥饿、促进人类平等、与疾病做斗争、确保环境可持续发展和全球合作促进发展等方面，是一幅由全世界所有国家和主要发展机构共同展现的蓝图。在2015年的"联合国千年发展目标"终期评估中发现，虽然千年计划取得了较大的进展，但还有很多指标尚未达成，且出现了发达国家未履行筹资承诺、减贫领域的全球公共产品供应不足、地区发展不平衡、低收入国家减贫进展缓慢等现象。随后，联合国提出了《联合国2030年可持续发展议程》，将"联合国千年发展目标"的内容进一步扩展、深化，期待实现经济发展、环境可持

第九章 全球发展问题的治理

续和社会包容性相结合的目标。

受发达国家主导发展议程的影响，联合国的发展理念也经历了艰辛的探索过程。从20世纪60年代起，联合国连续实施了四个"联合国发展十年"战略，创造性地提出和丰富了发展的概念，推动了国际发展合作与全球发展治理。在联合国成立时，国际社会就意识到世界各国在经济和社会领域的发展是相互联系的，发展问题绝不仅仅是各个主权国家的责任。联合国成立初期的发展观是重点关注经济增长，认为经济增长是解决贫困问题的最佳方案。经济增长会缩小穷国与富国之间的差距，因贫困引发的一系列问题也会迎刃而解。在这一理念指导下，联合国从20世纪60年代开始，提出了《联合国第一个发展十年国际发展策略（1961—1970年）》。联合国发展战略的重心是促进发展中国家国民经济总量的增长。这个时期发展观强调物质因素在发展中的主导地位，倡导发达国家对发展中国家的经济援助。

从20世纪70年代开始，单纯追求经济增长的发展模式受到了国际社会多种质疑，经济的增长、社会的发展、技术的进步似乎没有被国际大家庭的所有成员公平分享。占世界人口70%的发展中国家只享有世界收入的30%，联合国开始从更深层次的发展内因上寻找方向，认为是旧的国际经济秩序阻碍了国际社会的公平、均衡发展，使发达国家和发展中国家的鸿沟扩大。要想促进各国均衡发展，必须建立新的国际经济秩序。1974年5月，联合国大会第六届特别会议在《建立国际经济新秩序宣言》中指出，单纯追求经济增长并没有带来国际社会中各国的公平、均衡发展，发达国家和发展中国家之间的差距反而扩大了；发达国家的繁荣与发展中国家的增长和发展是紧密联系在一起的，发达国家和发展中国家的利益不能分隔开，在发展方面的国际合作应该是各国共同的目标和责任；从殖民时代延续而来的旧的国际经济秩序阻碍了发展中国家的进步和发展，使不平等状态持久保持下去，要打破这种不平等，有必要建立一种新的国际经济秩序。《联合国第二个发展十年国际发展策略（1971—1980年）》，发展战略的主要内容拓展为既包含经济增长的具体目标，也包含建立国际经济新秩序的长久目标。新的国际经济秩序必须建立在各国主权平等、领土完整、不干涉他国内政的基础之上，使一切国家都能平等、充分地参与到国际体系中，并公平地分享经济、社会发展成果。

国际组织与全球治理

《联合国第三个发展十年国际发展策略（1981—1990年）》，将发展确认为人不可被剥夺的权力，标志着长期以来"以增长为中心"的发展观向"以人为本"的发展观转变。20世纪80年代中期，联合国对《联合国第三个发展十年国际发展策略》开展了中期评估，发现战略中的关键指标均未达成，大多数发展中国家的增长率远远低于预计的7%，甚至很多处于负增长的状态。1986年，联合国大会通过《发展权利宣言》，强调发展权利是一项不可剥夺的人权，各国人民均有权参与、促进并享受经济、社会、文化和政治发展。在这种发展中，所有人权和基本自由都能获得充分实现。联合国将发展的视角从国家转移到个人，从"增长"转移到"权利"，认为人才是发展的主体，人应该成为发展权利的积极参与者和受益者，发展也不仅是通过经济增长就实现的，而是体现在基本资源、教育、医疗、社会保障、粮食、住房、就业、收入分配、对少数人群的非歧视性原则等各个方面。虽然第三个发展十年并未达到预定的发展目标，但可以清晰地看到联合国对于发展观念的转变，从"以国家经济增长为中心"的理念转向"以人为中心"的转变。

进入20世纪90年代，联合国开始重视人类与环境的可持续发展问题，并开始采取行动。1992年6月3—14日，联合国环境与发展大会召开，通过了《里约环境与发展宣言》和《21世纪议程》，第一次将"可持续发展"的理念上升到全球各国人民的行动纲领，试图缓解人类发展与环境保护之间的矛盾。《联合国第四个发展十年国际发展策略（1991—2000年）》，则以可持续发展战略为主题，试图协调人类与自然的关系，强调和平、发展与环境保护的相互依存，呼吁建立新的公平的全球伙伴关系，创造支持性的国际经济环境。这个理念转变的过程，是从经济增长、经济发展到经济社会发展并重，从单纯追求物质财富增长到满足所有人的基本需要，致力于社会公正，从无视大自然的发展到经济、社会、生态系统的协调发展。

综上所述，在全球发展治理的演变过程中，发展始终是联合国的工作重点和追求的核心目标之一。联合国发展议程推动了全球发展治理理念的转型，推动了全球发展治理机制的转型，推动了全球发展治理能力的提升和模式的转型。在联合国的领导下，发展伙伴关系逐渐成为全球发展合作的核心目标，全球发展图景经历了重大变化，发展援助的捐助国与受援国界限模糊化，从给予援助到发展合作转变，参与主体大量增加。原来处于世界经济边缘地带的新兴发展中国家成为新的援助主体，大大改变了全球发展治理的面貌。

二、国际货币基金组织和世界银行

1944年7月，在美国的布雷顿森林召开了44国参加的国际会议，建立了国际货币基金组织和世界银行两个重要的国际经济组织，即所谓的布雷顿森林体系。二战后的很长时间内，西方主导的布雷顿森林体系是其领导全球发展治理的核心机制，国际货币基金组织和世界银行长期主导了全球发展问题，使本应作为全球治理领导机构的联合国一度被边缘化。发达国家在议程与目标的设定方面始终占据主导地位，其经济和影响力优势使其在全球发展目标的制定过程中掌握着制度性话语权。

国际货币基金组织的职能最初是维护国际货币体系的稳定，确保以美元固定平价为中心的固定汇率制度的运转。20世纪70年代布雷顿森林体系崩溃以后，国际货币基金组织的职能转变为维护国际宏观经济稳定和监督发展中国家实施宏观经济结构的改革。国际货币基金组织的职能转变在20世纪80年代得到进一步加强，它通过结构调整贷款的推出以及与世界银行的密切合作，进入了发展融资的领域。国际货币基金组织不仅向发展中国家提供的资金在不断扩大，而且引导着全球发展政策的变化。国际货币基金组织贷款的目的不再限于稳定经济，而且包括促进经济结构的变革。发展中国家获得贷款的代价是接受国际货币基金组织的经济自由化政策。因此，国际货币基金组织在推行以经济政策自由化为核心的"华盛顿共识"方面发挥了重要作用。国际货币基金组织通常只能影响接受其贷款的发展中国家。拉美国家早期进行的自由化改革以及亚洲金融危机国家在危机前后进行的结构调整，都受到了国际货币基金组织经济自由化政策的影响。

世界银行最初的目的是为二战后的欧洲经济复兴筹集资金，后来扩大到为发展中国家提供援助，如为亚非拉的发展中国家提供中长期贷款与投资并提供技术援助。其中，国际复兴开发银行负责管理硬贷款，向所有成员国提供优惠利率的中长期贷款；国际开发协会向联合国确定为最不发达国家（人均国民生产总值低于635美元）的成员国政府提供免息的软贷款；国际金融公司负责对发展中国家的私人企业或公私合营企业提供无须政府担保的普通贷款。世界银行作为致力于经济发展的主要国际机构和发展中国家最大的信贷资金提供者，在发展融资、减少贫困和促进经济发展等方面发挥了非常重要的作用。

世界银行发展理念的变化深刻影响了全球发展。20世纪50年代，世界银行强调投资推动增长，贷款重点投向基础设施、交通运输和能源等与经济增长有关的项目。20世纪60年代和70年代，世界银行强调减贫与收入再分配，重视农村地区和农业的发展。20世纪80年代，世界银行与国际货币基金组织加强合作，强调市场化改革与结构调整，成为"华盛顿共识"的推手。到20世纪90年代以后，世界银行强调发展的普遍联系性，强调综合考虑发展的各个方面，以及社会发展和环境保护。进入21世纪以后则强调制度和政府治理对发展的作用，强调政府与市场的相互补充。这些发展观的演变也体现在世界银行不同阶段的业务重点之中。

三、区域性多边开发银行

多边开发银行是一些为发展中国家的经济和社会发展活动提供资金援助和专业咨询的机构。除了世界银行集团以外，还先后成立了四大地区性多边开发银行：非洲开发银行、亚洲开发银行、欧洲复兴开发银行及泛美开发银行集团。这些区域开发银行主要是在发达国家主导下成立的。它们是国际发展公共机构，主要依靠富裕的工业化国家的资金支持。它们从国际资本市场上借款，然后按市场利率转贷给发展中借款国的政府。它们也利用援助国的捐助提供低于市场利率的优惠贷款、赠款以及技术援助。除了上述较有影响的地区性多边开发银行以外，还有一些次区域开发银行，包括安第斯开发公司、加勒比开发银行、中美洲经济一体化银行、东非开发银行、西非开发银行等。它们主要是作为借款国（而不是捐款国）的发展中国家推动成立的，规模和影响力一般较小。

20世纪70年代石油输出国组织国家通过石油涨价斗争，获得了大量石油美元。石油输出国组织在自身得到很大发展的同时，也成为新的重要的国际发展援助提供国，并且成立了自己的发展援助机构。这些机构包括伊斯兰开发银行、欧佩克国际开发基金等，主要侧重对伊斯兰国家和阿拉伯国家的发展援助，具有鲜明的区域特点。据统计，中东地区石油输出国在1980年提供的官方发展援助总额达到94.7亿美元,是1972年水平的23倍多。石油输出国之间成立的多个区域性多边发展援助机构,在1975—1986年,共提供官方发展援助231亿美元。①

进入21世纪以来,中国和印度等新兴经济体成为重要的发展援助提供国。特别是在2008年国际金融危机之后,新兴国家也加快合作步伐,根据自身发展的需要建立了一些新的发展机构。其中包括金砖国家的新开发银行、亚洲基础设施投资银行、专门投资于中国倡议的"丝绸之路经济带"和"21世纪海上丝绸之路"的"丝路基金"。这些新的发展机构是既有国际发展组织的重要补充,有利于发展中国家更好地利用资源发展成员国经济和保护自身发展权利,提升在全球经济治理领域的话语权。

四、二十国集团

二十国集团一直把宏观经济稳定与金融监管作为主要议题,但其对发展议题的关注度也一直呈上升趋势,并开始与其他议题发生关联,尤其是在全球经济保持强劲增长和新兴经济体主办二十国集团会议的背景下,发展议题的重要性更加凸显。2003年在墨西哥召开的二十国集团会议引入了发达国家与发展中国家"平衡发展"的原则,重申了国际贸易对发展的重要性,将贸易与联合国"千年发展目标"挂钩,督促对贫困国家进行债务减免。2005年在中国召开的二十国集团会议对发展议题的讨论达到了一个新的高度,中国成为二十国集团中发展议题的引领者。这次会议发表了二十国集团第一份关于发展议题的声明,该声明强调,"二十国集团作为发达国家与新兴国家之间政策对话的主要论坛,应在解决重要的发展问题上发挥积极作用"。声明还讨论了成员国主导和尊重各国具体发展模式的原则,动员国际发展资源,发达国家的对外援助达到其国内生产总值的0.7%,以及探索新的发展融资机制,筹集额外的资源为全球发展事业服务。②但是总的来说,二十国集团部长级会议在全球发展治理中的作用仍是有限的,它的主要贡献是提出了一些关于发展的理念和倡议,这些理念

---

① 李小云等编著:《国际发展援助概论》,社会科学文献出版社2009年版,第31—32页。

② [加] 约翰·柯顿:《二十国集团与全球发展治理》,《国际观察》2013年第3期。

和倡议在最有影响力的发达国家与新兴国家当中传递。

2008年以后二十国集团升级到峰会层次,它对发展议题的关注进一步上升。二十国集团倡导形成并广泛传播了一系列有关发展的国际规范,关于发展的承诺增加与落实有了明显改善。2010年在韩国首尔召开的二十国集团峰会成为二十国集团发展议程的里程碑。首尔峰会首次将发展议题作为会议主题,通过了促进发展中国家发展的"首尔发展共识"和"跨年度行动计划",它们成为二十国集团目前关于发展议题的主要机制框架。二十国集团将发展的理念广泛融入经济、金融、贸易、气候等各个方面。发展议题在二十国集团的地位越来越突出、越来越制度化,并已进入二十国集团"强劲、可持续和平衡增长"框架。尽管目前发展议题的影响有限,但未来有可能影响越来越大。而且随着二十国集团在全球经济治理中的地位不断上升,它在发展议题方面的作用也会不断加强。

五、非国家行为体

非政府组织是参与全球发展治理中不可忽视的行为体,其所扮演的角色日益多样化。首先,一些大型的国际非政府组织是发展援助的重要提供者。与官方发展援助以财政援助和技术援助等作为主要的形式不同,这些非政府组织主要提供慈善救助和人道主义紧急救援。其次,非政府组织作为发展援助实施者的角色也日益受到重视。发达国家的双边和多边援助越来越多地把发展援助服务转交给本国或者当地的非政府组织,以提高发展援助的效率。西方国家自20世纪80年代以来推动的参与式发展和"善治",也强调发展中国家非政府组织的作用。最后,非政府组织也是环境、劳工和人权等发展规范和标准的制定者,并向公司和发达国家政府施加压力要求履行可持续发展的责任。

许多跨国公司也通过制定和履行企业社会责任,参与全球发展治理。跨国公司是发展减贫领域的重要力量,是带动发展中国家拥有自身发展能力的一种途径。减贫首先取决于一国经济的增长,当发展中国家能积极参与到全球化进程中,利用贸易和外国投资,促进国内企业的成长与壮大,能有效地增加就业,提高国民收入,从而带动贫困人口脱贫。跨国公司可以在市场、信贷和技术等维度上给予发展中国家机会和帮助,带动发展中国家经济的增长。减贫需要系统性的变革,跨国公司是高效、创新、可持续的变革动力，它们鼓励年轻人学习和创新，为发展中国家的经济与社会生活注入活力，是带动发展中国家拥有自身发展能力的一种途径。非国家行为体在全球发展问题治理的角色是复杂的。一方面，非政府组织自身的合法性是一个问题。一些非政府组织是西方发达国家推动新自由主义理念的工具，以所谓公民社会的外衣掩盖了新自由主义议程的非法性；另一方面，非政府组织在推动发展方面的成效也不确定。另外，一些跨国公司也通过承担企业社会责任等方式参与全球发展问题治理当中。"全球契约"作为一项自愿性质的倡议，只是对公共规制举措的一种补充，并不能取代公共监管。

第三节 全球发展问题治理面临的挑战

虽然"联合国千年发展计划"取得积极的成效，但是全球贫困和可持续发展问题依然严峻。环境和气候变化问题走向恶化的趋势没有得到遏制。尽管联合国已经取得主导全球发展议程的核心地位，但是全球参与推动发展的主体日益多元化，全球发展问题治理依然处于碎片化的局面。新的发展共识仍在形成和凝聚过程之中，尚未确定主导地位。发达国家支持全球发展的意愿和能力可能持续下降，围绕全球发展问题治理的规则和权力面临更多冲突和斗争，应对全球发展问题治理仍面临诸多挑战。

一、全球化负面效应加剧了全球发展问题

经济发展是全球发展问题治理的基本路径。当前，全球发展问题突出表现为推动全球持续发展的动能不足。在经济发展低迷背景下，全球化负面效应加剧了全球发展赤字问题。2008年金融危机给全球发展蒙上阴影，经过十余年调整，西方国家经济缓慢回暖，全球发展不确定性依然突出。2020—2022年，全球经济增长维持在3%左右，全球经济增速进入金融危机以来最缓慢时期。在此背景下，一些主要发达国家的民粹主义、贸易保护主义、"逆全球化"思潮甚嚣尘上。在全球化负面效应冲击下，跨国力量频频介入国内政策，使国内利益调和机制作用递减，社会失衡不断发展，民粹主义势力抬头。国内治理失效带来的危机和挑战会外溢到世界各地，影响全球发展进程。"逆全球化"思潮发酵，增加了全球发展的难度。

二、全球发展援助体系不完善

全球发展援助体系不完善主要表现为发达国家支持发展援助的意愿不足，以及援助效率不高。20世纪50年代以来，发展中国家贫困问题成为全球发展的核心议题，"有发展而无增长"的局面屡见不鲜，全球发展援助的有效性和持续性备受质疑。

一是西方发达国家提供发展援助的意愿大大下降。发展援助一直都是推动全球发展的主要战略手段，发展援助完全取决于发达国家自身的政治意愿。西方发达国家及其主导的国际组织是全球发展援助的主要提供者，经济合作与发展组织发展援助委员会成员国的援助比例一度达到全球发展援助的90%。这种发展援助机制导致对作为捐款国的发达国家过度依赖，一方面难以避免发展援助的政治化，使得发展援助在很大程度上服务于捐款国的战略目标，而不是缓解全球发展不平衡；另一方面这也导致发达国家利用自身作为主要援助国的地位，长期主导全球发展治理的制度体系。冷战结束后，发达国家不再感觉到迫在眉睫的制度性挑战，因此从20世纪90年代起，发达国家出现了所谓的"援助疲劳"，提供发展援助意愿大大下降。长期以来，主要发达国家都没有实现官方发展援助达到国民总收入0.7%的承诺。同时，全球发展治理中的核心国际组织也没有承担起引导资源向发展中国家转移的职能，无法从制度上保证发达国家兑现发展援助的承诺。

二是全球发展援助有效性不足广泛存在。随着国际发展援助项目的实施，受援国不仅没有实现相当水平的发展，甚至出现"越援越贫"现象。例如，1970—1998年是非洲接受官方发展援助的高峰时期，其贫困率从11%增至66%，国际发展援助没有达到预期效果。这种经济层面的发展援助反而降低了非洲产品的出口能力。这也导致援助不可持续性愈加明显。20世纪80年代，国际援助机构开始关注援助的可持续性问题。发展援助的不可持续被认为是发达国家数量庞大的资源未能在受援国发挥相应作用的重要原因。世界银行研究也表明，在发展中国家实施的550个援助教育项目中，高达50%的项目不可持续。[1] 新兴国家参与国际发展援助也出现

---

[1] 李小云、王妍蕾等：《国际发展援助》，世界知识出版社2015年版，第68页。

这种援助悖论，即在援助国人员和物资充裕的情况下，一部分援助项目表现良好，一旦援助国资源离开，项目就逐渐荒废，导致援助效果大打折扣。

三、建立公正开放的国际经济体系面临困境

提高发展中国家在全球经济治理组织中的代表性和话语权，建立公正、平等和开放的国际经济秩序，对于全球发展具有重要意义。发达国家一再强调发展中国家自身国内宏观经济结构政策的极端重要性，但是自己也应该做出积极的承诺，即改善贸易不平衡，努力推动世界经济的发展，并争取营造一个有助于发展的可预见的国际经济环境。一方面，经济强国应该通过经济政策的制定，促进世界经济的建设性调整和整合；另一方面，世界各国应该共同努力推动现行国际经济关系的体系、结构和安排的改革，特别是在贸易、货币和金融等方面。开放的国际贸易体系对发展中国家意义重大。如果发达国家能够加大市场开放，推进多哈回合的贸易谈判，将对全球发展具有重要意义。发达国家的贸易保护主义的伤害远远大于其提供援助带来的好处。据世界银行统计，仅消除贸易壁垒一项为发展中国家年均收入增长的贡献就达1420亿美元，这还只是保守估计的数字。这一数字超过了主要工业化国家2005年800亿美元的对外经济援助和它们提议要免除的发展中国家425亿美元债务的总和。[①] 另外，据联合国贸易和发展会议的数据显示，欧盟的保护主义政策每年剥夺了发展中国家近7000亿美元的出口收入，这几乎是贫穷国家所接受援助金额的14倍。美国在农业方面同样也在实施贸易保护主义政策——由于2.5万名美国棉农获得了数十亿美元的补贴，所以数百万的非洲棉农饱受损失。[②]

四、发展中国家的治理能力薄弱

虽然外部的经济环境至关重要，但是发展中国家对于自身的发展肩负着主要的责任。对于发展而言，可持续性的国家政策是不可替代的，这些

[①] [新加坡]马凯硕著，刘春波、丁兆国译：《新亚洲半球》，当代中国出版社2010年版，第25页。

[②] [新加坡]马凯硕著，刘春波、丁兆国译：《新亚洲半球》，当代中国出版社2010年版，第23—24页。

国际组织与全球治理

政策可以解放和动员发展中国家内部潜在的促进发展的能量和动力,提高资源配置和利用的效率,充分利用变革的国际环境所带来的贸易投资和科技进步的机遇,也将决定外部因素的变化会如何影响发展的进程。发展中国家自主选择自己的发展道路,必须制定和实施适合自身需要和国情的发展战略。提高发展中国家的治理能力至关重要,但是发达国家往往认为发展中国家的能力不足,特别是把"失败国家"或"脆弱国家"作为发展问题的根源,并因此把国际干预作为解决方案。

第十章 全球公共卫生治理

全球化进程的发展使得全球公共卫生问题的出现成为必然。越来越频繁出现的各类公共卫生事件表明，提高国际社会整体在应对突发性公共卫生危机方面的能力，已经成为各国面对的共同课题。全球公共卫生治理需要多方参与和运行有效的治理规则以及灵活的治理模式。世界卫生组织（以下简称世卫组织）自成立以来一直是全球公共卫生治理的中心机制，在全球公共卫生治理领域扮演了重要角色，尤其在塑造和倡导同公共卫生与健康事业相关的国际规范方面，取得了巨大的成就。进入21世纪以来，全球公共卫生治理的环境和方式发生了巨大变革，更多的政府和非政府机构开始投身于全球公共卫生事业中。多种行为主体参与公共卫生治理议程，世卫组织的中心地位受到一定冲击，全球公共卫生治理的格局也变得更为复杂。由于受到来自国际政治的外部压力和组织内部掣肘，世卫组织处理在全球公共卫生危机、协调各国抗疫行动方面行动迟缓、应对无力。

第一节 全球公共卫生问题概述

一、全球公共卫生的概念

1920年，美国公共卫生安全专家查尔斯·温斯洛提出了"公共卫生"的定义：公共卫生是通过有组织的社区努力来预防疾病、延长寿命、促进健康和提高效益的科学和艺术。这些努力包括改善环境卫生、控制传染病、教育人们注意个人卫生、组织医护人员提供疾病早期诊断和预防性治疗的服务，以及建立社会机制来保证每个人都达到足以维护健康的生活标准。以这样的形式来组织这些效益的目的是使每个公民都能实现其与生俱有的健康和长寿权利。世卫组织正是为了应对关系到人类健康和生命安全的挑战而建立的机构。世卫组织认为，维护全球公共卫生的目标就是指为减少突发公共卫生事件对全球范围内人群健康的威胁而采取的行动。

流行性疾病的传播是全球公共卫生最初面对的主要问题。人员和物资的全球快速流动使得传染病全球暴发的总量不断攀升，原来仅限于一国范围的传染病可能在几天内成为世界性瘟疫。同时，传染病病毒变异速度的加快、传播路径的改变为防控带来了进一步的困难。随着人们对人类健康问题的普遍性关注，公共卫生安全问题的范畴不断拓展。《国际卫生条例》（2005）探讨了一系列针对全球公共卫生的影响因素，除了传染病之外，还包括人类与环境互动因素、核放射因素、生物化学因素等。随着经济社会发展水平的提高，人类越来越关注自身的健康问题，公共卫生安全问题的解决程度成为一国政治经济社会发展的重要指标。2007年，世卫组织专门发布题为《构建安全未来：21世纪全球公共卫生安全》的世界卫生报告。在公共卫生安全问题上，世卫组织从以防控传染病为主的单一视角，转向对全人类健康的全面关注，倡导对人类健康的整体性保护，并以促进全人类的健康作为组织目标。

另外，随着全球化进程的深入发展，公共卫生事件发生的频率和复杂性也在增加。公共卫生事件与政治、经济的联系越来越紧密，甚至直接影响国家安全。在政治层面，公共卫生安全影响国家政权的稳定，一方面是恐怖分子通过生物、化学方式，甚至是利用核技术的外流制造恐怖事件，造成公共卫生安全危机，直接影响政治社会稳定性的可能性越来越大；另一方面是公共卫生危机容易造成国内政治动荡，甚至引发更大的危机。落后的发展中国家公共卫生危机的应对条件差，相关机构管理混乱，如果不能恰当处理公共卫生危机，在国际层面容易使国家的国际声誉受损，造成不尊重人权的国际形象；在国内层面，一国经济会因公共卫生事件遭受重创，如国内相关产业的萎缩、外国投资的减少、进出口贸易等遭受沉重打击。在社会层面，公共卫生事件可能引发社会问题的激化，造成社会的不稳定。

二、全球公共卫生问题的种类

(一) 传染病

传染病是由各种生物性致病病原体所引起的一组疾病。病原体大部分为微生物,一部分为寄生虫,如病毒、细菌、疟原虫等。传染病可通过空气、飞沫、接触、粪便、血液等方式进行传播。传染病的种类繁多、危害性大,世卫组织的报告显示,每年因传染病死亡的人数大约占死亡人口总数的25%。2019年11月起暴发的新冠疫情,截至2020年11月中旬,全球累计确诊5350万人,死亡130万人。其中,欧美国家累计确诊和死亡人数占全球的45%。疫情最为严重的是美国,其累计确诊和死亡人数占全球的20%,其中死亡人数已达25万,超过了美国历次战争中的死亡人数,大大超过越南战争中的死亡人数。随着疫情向非洲、南亚、中东和拉美等落后地区蔓延,疫情造成的人道主义危机还可能加重。

随着人类社会科技进步,生物和医学技术不断发展,对传染病进行的全球网络监控和信息传递速度的加快,传染病控制取得了显著的成效,每年因传染病死亡的人数呈下降趋势。很多传统的传染病都得到了较好的控制。但是,传染病病原体具有极强的变异能力和衍生能力,病原体在传播过程中随着环境改变和寄宿物种的改变不断产生变异;而且物资、人口的全球流动,改变了传染病的传播方式,其传染路径不再呈现以某一区域为中心扩散分布,而是在全球范围内呈无规律散状分布,传播速度大大加快;抗生素的滥用也使得病原体对此产生抗药性,医治成本增加,如非洲疟疾的病原体产生对奎宁类药物的抗药性危害扩大;新传染病不断出现。这些都在考验着人类的防控系统。因此,尽管人类对传染病防控取得了一定的成效,但传染病仍是人类头上高悬的"达摩克利斯之剑",将一直伴随着人类社会的发展。

(二) 突发性生物化学事件和核事件

随着生物、化学技术、核技术在人类生活中的广泛运用,人们的生活依赖于生化加工过程和核能,公共卫生安全也依赖于这些技术的安全性。此类物质的泄漏、处理不当极易引起公共安全事件,给公众带来无形的威胁,如切尔诺贝利核电站事故、日本福岛核泄漏事件,以及一些意外的化学品事故等；同时不排除有些不法分子利用生化技术发动恐怖袭击，危害社会公共安全，引起民众的恐慌。而公众的恐慌和实际面临的威胁往往不成正比，民众会产生过度恐慌容易导致社会的不稳定，例如，2001年"9·11"事件后发生的"炭疽"病毒邮件事件。

（三）食品和药品安全

随着食品与药品全球贸易日趋活跃，境外食品污染物流入的可能性不断增加。在这个过程中，由于国际经贸扩大，食品安全问题一旦在某一国家或地区出现，就可能造成全球范围的迅速蔓延。近几年，世界范围内食品安全事件屡见不鲜，尤其是发生了一系列震惊世界的食品污染事件，如发生于欧洲的二噁英污染畜禽饲料、新西兰奶粉遭肉毒杆菌污染、疯牛病等事件。

（四）自然灾害

火山爆发、泥石流等自然灾害也会对人们生命安全和身心健康产生重大影响。此类灾害往往由于其难以预测和防控而让人们很容易暴露于危险之中。比如喀麦隆尼奥斯火山湖的二氧化碳释放导致1800人丧生；印度尼西亚森林火灾产生大规模生物烟雾，包括颗粒性物质、有毒气体等，导致了1997—1998年的空气污染，所产生浓雾扩散到菲律宾、新加坡、马来西亚等国，使2亿人受到烟雾危害。

三、全球公共卫生问题的国际合作

传染病始终伴随着人类，深刻影响了人类文明历史的发展进程。公共卫生问题的国际合作始于人类与传染病的斗争之中。在二战之前，公共卫生治理被视为国家治理的范畴，国家间的合作更多是彼此隔离，互相划定区域来减少自身风险。随着公共卫生事件跨越国境的效应日益突出，人们越来越重视跨国界的合作与协调。国家之间通过订立条约、设置边界壁垒等方式防止他国卫生安全问题传入本国。

19世纪中叶，人们主要通过设置防疫线，将普通人和感染者隔离开来，以阻止疾病的传播。随着人们对传染病认识的加深，逐渐建立起了隔离制度，将来自疫区的人和货物隔离起来，实行强制隔离一段时间的制

第十章 全球公共卫生治理

度，如来自鼠疫区的人需隔离40天等。但是由于各国之间隔离制度和执行力度不同，隔离制度往往导致国际贸易受到阻碍，引发诸多国际矛盾。1830年蔓延整个欧洲的霍乱导致的恐慌使人们逐渐意识到传染病类公共卫生危机的蔓延仅依靠一国的卫生治理是不够的，需要国家间的合作。于是，1851年在巴黎召开了第一次国际卫生会议，标志着国际公共卫生合作的开端。此后，1851—1897年，欧洲国家共陆续召开10次关于国际卫生会议。这些会议旨在协调欧洲各国间相互冲突的隔离政策，对进出口检疫等方面作出协调。

由于当时医学病理知识的局限性和对传染病认识的不足，各国在贸易利益和公共卫生利益之间难以形成共识，会议几乎没有达成有效的协议，只在1892年达成唯一一个生效的公约。19世纪后半期举行的一系列国际卫生会议，是国际卫生制度的萌芽，历次会议通过的基本条款、讨论的内容和管制的模式都对后来国际卫生合作和公约草案的达成奠定了重要基础。在1903年召开的第11次国际卫生会议上，各国达成第一个主要的全球卫生协定，即《国际公共卫生条例》。此后，国际社会先后签订了关于传染病控制的一些国际条约，并成立了与国际公共卫生安全治理相关的国际组织，诸如1902年在美洲国家间成立的国际卫生局，即以后的泛美卫生局；1907年在法国巴黎成立的国际公共卫生办公室；1919年成立的国际劳工组织，促进《国际劳动法》的发展并改善了职业安全和卫生标准；1923年根据《国际联盟盟约》第23条"各成员国应当尽力采取步骤阻止疾病"而建立起来的国际联盟卫生组织。

尽管签订了一些条约，建立了一些组织，但是在这一阶段，国际公共卫生安全的治理更多是横向合作机制，各国怕传染病流入本国，通过签订双边或多边条约，进行边境控制来减少本国的卫生风险，以及由此可能带来的国家间摩擦，属于基于自我保护的需要而进行的合作，很少涉及公共卫生安全条件的改善。同时，在国际组织之间，其内部在目标和实践上也存在很大的分歧和不一致。各国集中关注于国内的卫生安全保护，将其视为主权的一部分，国际社会不得对此进行干涉，也就不接受国际组织制定的公共卫生最低标准，国际合作更多只是被视作应对公共卫生风险的补充力量。虽然签订很多条约，但流于形式，并没有对公共卫生安全治理产生长期有效的影响。

第二节 世卫组织与全球公共卫生治理

世卫组织的成立促进了公共卫生方面的国际合作，人们逐渐意识到公共卫生事件的全球性，通过世卫组织的指导和协调，共同应对公共卫生问题的全球传播和扩散。作为全球卫生领域最主要的专业性组织，世卫组织在塑造和倡导涉及人类卫生与健康问题的规范方面发挥了重要作用。在全球公共卫生治理中，世卫组织在倡导国际规范、对医疗事务提供技术建议和帮助、倡导在健康政策上的变化三个领域给公共卫生方面的国际合作做出了重大的贡献。

一、世卫组织建立

1946年7月，第一次国际卫生会议在纽约举行，64个国家的代表签署了《世界卫生组织组织法》。1948年4月，《世界卫生组织组织法》得到26个联合国会员国批准后正式生效，标志着世卫组织正式成立。世卫组织取代了国际公共卫生办公室和国际联盟卫生组织，接替了二战期间成立的联合国善后救济总署职责。从此，全球公共卫生治理的重心便逐渐从国家转移到世卫组织。世卫组织是联合国系统内卫生问题的指导和协调机构。它负责对全球卫生事务提供领导，拟定卫生研究议程，促进开发、传播和应用具有价值的知识；制定规范和标准并促进和监测其实施；阐明合乎伦理并以证据为基础的政策方案；向各国提供技术支持，促进变革并发展可持续的机构能力；以及监测和评估卫生趋势；就对卫生至关重要的事项提供领导并在需要联合行动时参加伙伴关系。此外，世卫组织还在各国家、国际组织、非政府组织等治理主体之间起到沟通协调作用，并在卫生技术上给需要的国家提供支持和援助。

世卫组织的执行机关包括世界卫生大会、执行委员会和秘书处。世界卫生大会是世卫组织的最高决策机构，由来自世界各成员国的代表构成，一般于每年5月在日内瓦举行会议，并由所有194个会员国派代表团参加。每一会员国之代表不得超过3人，其中1人应由该会员国指定为首席代表。各代表应从公共卫生界具有相当专门技术人员中选择，尤以能代表该成员国政府之卫生署者为佳。其主要职能是决定本组织的政策。世界卫生大会任命总干事，监督本组织的财政政策，以及审查和批准规划预算方案。它同样审议执行委员会的报告，对可能需要进一步行动、研究、调查或报告的事项做出指示。执行委员会由34名在卫生专门技术方面具有资格的委员组成。当选委员任期为3年。执行委员会主要会议于1月举行，商定即将召开的世界卫生大会议程和通过呈交世界卫生大会的决议，第二次较短会议于5月紧接世界卫生大会之后举行，审议较为行政性的事项。执行委员会的主要职能是执行世界卫生大会的决定和政策，向其提供建议并普遍促进其工作。世卫组织秘书处配备约8000名定期任用的卫生和其他专家以及支持工作人员，在总部、六个区域办事处和各国家工作。组织的首长为总干事，由世界卫生大会根据执行委员会提名任命。

二、世卫组织职能的扩展

世卫组织在全球传染病控制上拥有广泛职责，具有立法功能。这一功能包括国际公约、国际协定以及公共卫生治理条例的提出和国际术语、国际标准的确立。其中，最重要的是《国际卫生条例》的颁布和实施。《国际卫生条例》是一部直接涉及传染病的国际法规则，得到了主权国家的认可。《国际卫生条例》的内容广泛，主要包括检测和通报传染病、制定检疫和卫生措施、规定和解释争端解决程序，详细规定了成员国在卫生事宜上的义务，统一了国际卫生检疫标准，提供了传染病控制的国际法依据。在继承以往国际卫生规约的基础上，条例内容随着时代的发展而不断修订完善。

在2005年修订的《国际卫生条例》中，除了在限制传染病和减少国际商业干扰方面继续做出相关规定外，更加重视人的健康风险，以"全面风险"原则扩大了疾病的管制范围，还将其价值目标定位为"一体化治理"，而不只局限于国家间合作，强调对人类健康的整体性保护，敦促成员国在人权、环保和安全方面取得发展，体现了超越主权国家的一种制度安排，表明了公共卫生治理的全球特征。此外，它还确立了世卫组织作为有关国际卫生工作指导和协调的权威，这就表明该组织能够协调不同的国际组织所制定的不一致的国际公共卫生规则。作为全球公共卫生网络的中枢，世卫组织协调各国卫生体系及技术伙伴之间的工作，并在国家能力强化、全球预警及应对、特定威胁的控制、旅行和运输四个方面进行指导和提出建议。2000年,世卫组织建立"重大疫情全球警报系统",该系统为对抗全球性疾病暴发、传播提供了一个合作性框架,将各个机构和网络的人力、技术资源整合,通过制度性协调、合作,快速确认并作出反应,建立各国疫情信息通报制度和旅游警告制度;协调各国科学研究合作机制,建立传染病学研究的全球合作、临床全球合作、实验室全球合作等国际合作平台,派出卫生专家对各国疫情进行指导与监督,对受疾病影响的国家提供特别技术援助;建立对传染病的长期警惕状态以及能力建设。同时,通过世卫组织大会强化成员国的沟通与合作,促进各国间借鉴经验与教训。

三、全球公共卫生治理的作用

世卫组织成立后,开始担负起全球公共卫生治理的使命。其政策目标重点在不断调整,大致可分为三个阶段:第一阶段从建立初期到20世纪80年代,这一时期由于全球公共卫生总体水平落后和资源能力有限,在全世界范围内消除单一的流行病是世卫组织主要目标。例如消灭疟疾和天花,行动展开方式以技术援助为主,效果显著。第二阶段到20世纪90年代末,以1978年《阿拉木图宣言》为标志,世卫组织开始将工作重点转向初级卫生保健项目,行动展开方式由技术援助转向技术合作。第三阶段从21世纪开始,随着全球化的发展,世界相互依存程度空前提高,公共卫生与社会经济、安全联系越发紧密,2005年世卫组织修订《国际卫生条例》,卫生上升到可持续发展的高度,世卫组织提出"更多更久的保健"的目标。世卫组织机构通过开展一系列专业活动,在全球公共卫生治理中发挥了不可替代的作用。

第一,世卫组织在改善全球健康方面做出了巨大的历史贡献。降低婴儿出生死亡率,根除天花,清除流行性疾病和地方性传染病,推广免疫接种,关注母婴健康和营养,艾滋病防范和治疗,等等,这些行动大幅度提高了人类平均预期寿命和健康水平。

第二,施行灵活的政策,最大限度地团结了各公共卫生参与力量。世卫组织的职员构成一般为医学专业人员,尽量避免触及政治领域。世卫组织的宪章和条约采用弹性约束的原则。例如,在《世界卫生组织基本药物标准清单》遭受巨大阻力的时候,世卫组织采取模糊概念解释的方式,以

第十章 全球公共卫生治理

争取发展中国家药物基本权利与跨国药企利益的平衡。此外,世卫组织与其他国际组织、非政府组织展开广泛的合作。世卫组织尽最大努力争取卫生议题相关者的参与,虽然世卫组织的"软性约束"屡遭质疑,但这些有回旋空间的措施的确有助于缓慢推动卫生合作进程。

第三,持续的卫生援助,有效缩小了南北国家间的医疗卫生差距。二战结束以后,医学研究不断取得新突破,世卫组织的卫生援助将先进的技术应用到广大发展中国家,缩小了南北国家间的医疗差距。首先,世卫组织通过垂直的、自上而下的重点项目,直接利用现代技术帮助发展中国家遏制了传染病的蔓延势头,拯救了大量的生命,提高了人们生存质量;其次,世卫组织持续投入财政资源,购买疫苗、药品和设备等,弥补了落后地区的药品物资短缺,援助过后留下的医疗装备也改善了当地基础卫生设施;最后,发展中国家普遍缺乏研发和生产能力,世卫组织的援助将先进的药品和疫苗资源传递到广大发展中国家,使发展中国家也能分享现代医学技术的红利,而不至于被过度边缘化。

第四,确立社会医学的观念,促进健康、人权和经济发展关系的反思。世卫组织建立的时候有两个突出的理念:一是健康是一种全球公益,健康在消费方面是非竞争性和非排他性的,每个人都有权利享受健康;二是健康权是一种人权。虽然世卫组织一直试图保持技术治理的纯粹性,但在实践中,还是回避不了社会医学的观念,医学不仅是身体上的某次治愈,健康的维护与社会经济发展、人的观念、人的权利保障都有密切的联系。世卫组织通过实践发现,如果不彻底改变人的经济能力、医疗条件和生存环境,像疟疾这样的传染病很难被彻底消除,很容易死灰复燃,也就是所谓的"穷病"。世卫组织关注的基础卫生保健、女性营养和教育、母乳喂养、烟草控制、计划生育、艾滋病等议题,都掺杂了复杂的社会因素,试图提高民众受教育的程度改变贫穷的状况、改变人们生活习惯、改变生育理念提高生育质量、改变对患者的偏见和歧视,这些改变从根本上反映了健康、教育和经济发展的密切关系,许多方面与人权议题密不可分,世卫组织试图通过多方面的努力实现人人健康的宗旨。

第五,推动世卫组织调整和完善卫生治理机制。世卫组织一直致力于探索治理模式,从垂直的"自上而下"直接消除重点疾病,到与当地政府相结合,开展横向的基本卫生保健,再到后期横向、纵向同时推进,反映了世卫组织工作理念的调整和对公共卫生治理理解的变化，也从侧面反映出世卫组织的积极干预在某种程度上改变了人类疾病史的演进轨迹。从欧洲最开始的传染病防范机制，将来自贫穷、落后地区的疾病挡在边境线外，保护自身先进的文明不受侵犯，到国际联盟卫生组织通报传染病信息，进行少部分的援助，再到世卫组织致力于消灭传染病的源头，从根本上遏制疾病的发生，反映了公共卫生治理机制的公平性趋向。世卫组织设定不同的议题和优先事项，推出不同的条约规定，基本涵盖了人类健康的各个领域。世卫组织建立政府和社会资本合作关系，与其他国际组织和非政府组织合作，也是适应卫生治理的复杂化特点，施行"网状"治理机构，不断完善全球卫生治理机制。

第六，健康理念的传播。世卫组织的贡献不仅在于技术的传授，更重要的是健康理念的广泛传播。世卫组织成立时，在《世界卫生组织组织法》中提出获得健康是每一个人的基本权利之一，政府则负有促进人民卫生健康的主要职责，需要采取与此相适应的卫生与社会措施。1979年发布《阿拉木图宣言》，提出了促进卫生与健康事业发展的指导性价值观、开展卫生服务的原则以及满足人们的重点卫生需求和解决基本的健康决定因素的系列办法，特别是阐明了初级卫生保健概念。在2005年通过的《国际卫生条例》中，世卫组织将公共卫生同人类安全联系在一起，指出卫生安全是一项事关全球福祉与发展的重大问题，强调人们必须在保护自己的同时相互保护，以保障全人类免遭传染病、化学和辐射事件的危害。从规范自身角度来看，国际社会对这一规范的理解呈现出层层递进和层层深入的态势，健康权概念的原则在不断清晰，内涵也在不断丰富，同时涵盖了对于获得健康条件的保障和免于传染病等健康威胁侵害的权利。从国家的角度来看，其维护公民健康的责任也是在不断深入和细化。《世界卫生组织组织法》对国家保障公民健康权的责任进行了原则上的认定，《阿拉木图宣言》细化了政府在满足人民健康需求、开展卫生服务以及提供初级卫生保健等方面的具体职责，《国际卫生条例（2005）》进一步澄清了政府在面对突发性公共卫生危机时的主要任务，即在国内保障公民免受危机侵害，在国际上及时向世卫组织通报本国发生的事件，以使世卫组织及时作出决断。同时，健康权规范发展进程是世界各国之间围绕着公民健康权利的共识不断形成和深化的过程，正是这种共识使保障和增进公民健康成为对各国政府有约束力的规范。

第七，国际紧急卫生事件机制的建立。国际紧急卫生事件机制是为了适应 21 世纪传染病治理的新需要，它在公共卫生治理过程中，有效地结合了管制、程序、项目和开发几项任务，满足了在传染病突发情况下，世卫组织快速获取信息、发布通告、募集资金和传播防范观念的需要。传染病的传播既有普遍的规律，又有人们知识的盲区，因此，在应用原有经验和规则的基础上，探索发现新的突发公共卫生事件特点具有重要的意义。全球力量的参与和资源的投入是遏制传染病跨境传播的必要途径，这几项任务互相组合，构成了完整的传染病应对机制，呼吁和督促各行为体实现对公共卫生治理的承诺，提高了世卫组织的合法性和权威性。

第三节　全球公共卫生的治理困境

世卫组织长期以来形成的技术专长以及所提供的政策建议的科学性是其扮演规范性角色的基础，而科学认知的发展和应对经验的积累又有助于提升世卫组织在协调国际集体行动方面的权威性。但随着全球公共卫生领域出现诸多新问题，从多个方面暴露出了世卫组织的局限性。在领导全球一致行动、协调各国政策方面的表现还难以达到人们预期。

一、制约全球公共卫生治理功能发挥的外部因素

（一）全球公共卫生问题的公共属性与国家主权

世卫组织最基础的问题是处理国家主权和全球卫生公共性之间的矛盾。世卫组织是国际政治中的自治行为体，而不仅仅是成员国利益的代言人。世卫组织的特殊利益在于维护和促进全人类的健康福祉，促使各国政府承担维护本国国民健康之责任以及推广同健康相关的知识普及与传播等。在这些特殊利益当中，保障各国人民的健康权是根本，也是实现世卫组织其他利益的基础与前提。只有当各国政府承认维护公民健康权是其职责，并愿意就此问题同世卫组织开展合作时，世卫组织各项利益的实现才具备了条件。

从传统主权观念上讲，公共卫生领域是一个国家的内政问题，提高国家医疗卫生能力、促进国民健康水平都是一国政府应该承担的责任，国家

负责主权范围内的公共卫生安全,由行政部门实行自上而下的统一管理,在领土范围内享有绝对权威。但是,随着人口的全世界流动,公共卫生问题的防控也成为关系到每个人健康安全的全球性问题。世卫组织的成员主要是主权国家,协调的是全球卫生的公共性问题,依托主权国家又超越主权国家。在公共卫生的集体行动中,各行为体出于自身利益考量,行动并不一致。例如对《国际卫生条例》修改时,许多国家强调世卫组织需要平衡公共卫生紧急情况干预与国家主权之间的关系。世卫组织的工作领域不仅包括传染病的防控,而且延伸到促进国家卫生基本设施的改善,以及一国公共卫生的政策干预上,更加剧了这种冲突。如何协调国家主权与国际制度安排之间的冲突是世卫组织需要长期面对的考验。

世卫组织与主权国家这种结构性矛盾导致组织的权威性经常受到挑战。例如,在抗击新冠疫情的疫苗分配中,"疫苗民族主义"空前盛行,众多发达国家利用资金和技术优势囤积疫苗或重要生产原材料,对世卫组织倡议的疫苗行动表示不信任。特朗普政府宣布退出世卫组织,是对授予性权威的直接挑战。2020年4月美国总统特朗普批评世卫组织应对疫情不力,并宣布暂停向世卫组织提供资金。5月29日,特朗普宣布由于世卫组织未能完成美国要求的改革,美国将退出世卫组织。7月6日,特朗普政府正式退出世卫组织。作为世界上综合国力最强大的国家,美国的退出对世卫组织造成严重冲击。正是由于美国政府对全球合作抗击疫情的消极态度,2020年4月举行的二十国集团卫生部长会议,不但没有发表公报,而且在发布的新闻稿中也未提及世卫组织在抗击疫情中的角色与作用。

(二) 公共卫生治理机制的效能不足

作为一个专门的技术性组织,世卫组织的运作方式主要是依靠向国家提供以专业知识为基础的信息说服国家接受某一种观念,从而形成国际共识。世卫组织由一批具有专业知识的专家,诸如包括医生、公共卫生专家、流行病学家以及各类科学家组成。这些专家发挥作用的基础在于自身所具备的专业知识,以及说服国家决策者相信其所提供信息的重要性的能力。一方面,作为专家共同体,世卫组织做出的决定是建立在其工作人员所具备的高度专业化的知识之上的,其决定具有专业性和科学性。另一方面,世卫组织主要通过在各国间塑造关于某一问题的共识来发挥作用,缺乏强制执行能力，也不能迫使成员国遵循其决定。这一事实决定了世卫组织在全球卫生治理中的效用。

世卫组织相关制度并不具备强制执行力，各成员国对相关规范的遵守状况不容乐观，这就给公共卫生危机的防控带来了巨大的隐患。在应对2019年新冠疫情时，世卫组织凭借专业的卫生技术优势，针对疫情提出了各种规范与指南。世卫组织网站及时公布了规范和指南，这有利于其对个人和其他非国家行为者产生直接的规范性影响。但是，仍有国家出现违反《国际卫生条例（2005）》的情况。《国际卫生条例（2005）》第7条要求在突发或不寻常公共卫生事件期间，应保持卫生数据和信息的共享，世卫组织也曾多次就数据共享发表政策声明。但在疫情期间，各国出于各种原因，未能就相关数据实现充分共享。此外，世卫组织总干事多次呼吁不要采取旅行和贸易限制措施，但很多国家在不同程度上没有听从这一建议。《国际卫生条例（2005）》是全球卫生治理的重要法律工具，为世卫组织的疫情防范和快速应对提供了框架。《国际卫生条例（2005）》规定各缔约国应在条例对该缔约国生效之日起5年内，发展、加强和保持其快速与有效应对公共卫生风险和国际关注的突发公共卫生事件的能力。但根据缔约国自我评估年度报告，2018年仍有117个国家没有达到《国际卫生条例（2005）》所规定的防控要求。这不但弱化了这些国家应对疫情的能力，也可能使全球疫情防控出现漏洞。另外，全球公共卫生的治理不仅是疾病的防控，还包括对社会的治理。因此，全球公共卫生的治理需要进行全方位的公共卫生覆盖网络的构建。一方面，对于无力遵守相关规范的发展中国家，需要从努力加强发展中国家公共卫生能力入手，建立完善的公共卫生网络，才能增强发展中国家的遵约能力，强化相关规范的约束力；另一方面，需要增加一定的制约机制，努力使成员国提高本国公共卫生安全的治理水平，从而促进全球公共卫生治理的集体行动能力，使得世卫组织可以更好地履行对各国卫生工作的指导及调整功能。

（三）南北差距的制约

各国卫生管理理念和管理水平的不平衡制约着世卫组织作用的发挥。病毒不分国界，疾病不分种族，但是不同的国家治理能力差异巨大。发达国家占据着大量的医疗资源和服务，发展中国家的短板明显。疾病控制和保健服务系统的差异是全球保健不平等的突出表现,尤其是作为核心的初级卫生保健设施差异较大。高昂的医药和疫苗价格让中低收入国家望而却步。发展中国家人口占全球80%,却只消费全球医药市场供给的20%。21世纪初,世卫组织估计世界人口的1/3无法获得基本药物,非洲和亚洲贫困国家50%以上的人口甚至无法获得最基础的药物。

全球的深化合作意味着要尽早发现和控制公共卫生安全事件,从源头制止,从被动地对传染病做应对转向积极主动的风险管理。但是各国经济社会发展水平不同,疾病防治、控制、治疗的观念和水平相去甚远。例如,西非埃博拉病毒的治理过程中,许多国家的卫生条件恶劣,人们没有形成良好的卫生习惯,而国际组织带去的科学理念又不为当地人接受,对死亡病人不恰当的处理方式,导致了埃博拉疫情的进一步蔓延与扩散。另外,各国之间的信息沟通也不通畅,制约着公共卫生治理的成效。这就需要动员全球、全社会的参与合作,促进政府间的合作与参与,加强国际援助,提高援助水平,加强当地卫生部门的能力建设,在设施建设、科学研究、人员培养等各方面完善当地公共卫生体系;同时重视国际组织、非政府组织、媒体、企业在疾病防控方面的合作,共享知识、技术和物资资源;提高预测和预报、决策能力,持续推进疾病的防控工作。

(四) 治理体系复杂化

世界正面临着越来越多的、波及面更广的公共卫生挑战。全球公共卫生治理主要是通过正式或非正式的制度、规范和治理流程来应对全球公共卫生挑战。这需要国际社会各类行为体的广泛参与和合作。目前全球公共卫生治理体系因为参与者在数量上的增长和种类上的多样化而变得越发复杂。尽管在这个新格局中,世卫组织在影响力和信息资源的掌控上仍占据着中心位置,但越来越多来自不同背景、拥有不同资源、有着不同目标、从不同角度施加影响力的参与者也在通过不同组织形式和不同行为方式更深入、更广泛地参与进来。如世界银行、世界贸易组织、金砖国家、二十国集团、医药行业领域巨型跨国企业以及非政府组织和慈善基金机构等。虽然参与者的增多为全球公共卫生治理的集体行动带来了障碍,但更多的参与者也带来了更多的利益诉求。各参与国是否愿意在主权上进行一定程度的妥协,决定它们能否更深入地参与到全球集体行动当中。

第十章 全球公共卫生治理

全球公共卫生问题的广泛性和多样性特征，使得国际社会难以形成一个合理严谨、集中统一的治理体系。国际社会认识到了全球公共卫生在国家安全、社会与经济发展，以及国内国际政治中的重要性，这也对其治理行动带来挑战。首先，实力强大的国家不希望其行动自由受到限制，它们更倾向于按照自己的方式活动，全球公共卫生治理体系在措施、流程、战略、资金流以及层面上进一步"多元化"；其次，与传统的国际政治、经济体系一样，全球公共卫生治理的同时也需要为发达国家与新兴经济体的共同参与创造条件，这意味着全球公共卫生体系内部运作问题会越来越多地出现在国际政治议程当中；最后，对全球公共卫生产生巨大影响的决策往往出自大国政府或国际机构，而非卫生领域的专家。

新的全球公共卫生参与者在全球范围内加剧了对主导地位、影响力与资源的竞争。对处于主导地位的世卫组织而言，这一变化挤占了其既有的有限资源和资金支持，对其组织的运行管理带来了挑战，并削弱了世卫组织在整个卫生治理领域的地位和影响力，世卫组织的法规和项目的执行力度及权威也受到削弱。重振世卫组织的领导地位并划分权力范围是个亟待解决的问题。

二、世卫组织功能发挥的内部挑战

（一）世卫组织的财务困境

世卫组织无法通过提供专业性服务获得收入，财务来源比较受限。受到金融危机、大国拖欠会费等因素影响，财务困境是世卫组织面临的重大挑战。与大多数国际组织类似，世卫组织的经费主要由两部分构成，分别是会费和自愿捐款。会费是会员国需承担的公共卫生责任，维持世卫组织基本的财务平衡和机构运转，保障其基本功能发挥。自愿捐款是世卫组织财政缺口的重要补充，使世卫组织的活动范围加大、行动能力增强。会费是世卫组织财政的固定收入，按时足额缴纳会费是会员国的基本义务。然而会员国拖欠世卫组织会费现象严重。世卫组织每年都面对会费收缴不足的困扰。以美国为例，2020年4月，美国还拖欠2019年会费达8249万美元，超过68%的费用尚未缴清。直到2021年拜登政府上台后才补缴了所欠款项。在世卫组织194个会员国和2个准会员国中，每年都有接近半数的会员国不同程度拖欠会费。

国际组织与全球治理

财政不足是困扰世卫组织的长期问题。2020—2021 年（两年期）世卫组织的预算为 48.4 亿美元，相比 2018—2019 年增长 9.5%。尽管预算增长迅速，但从绝对规模上来说依然较低。如美国疾病控制和预防中心 2020 年申请的预算为 65.94 亿美元，而世卫组织的预算仅为其 1/3。世卫组织的预算甚至比美国很多大型医院的预算还少。会费不足导致世卫组织财务状况常年失调。成员国缴纳的会费在世卫组织整体预算中的比例不断下降，而自愿捐资的比重不断上升。会费作为世卫组织的固定性收入，常年维持在世卫组织年度预算总额的 20% 左右。自成立之初，世卫组织就与会员国关于财务问题争论不休。世卫组织前总干事布伦特兰和陈冯富珍都曾建议各国增加缴付会费，遭到美国、日本及德国等主要缴费大国反对，无果而终。发达国家无意愿增加评定会费，而中小国家更无能力多缴纳或者施压大国。日益增长的财政压力只有转移到自愿捐款部分，自愿捐款在世卫组织筹资中所占比例逐年增大，2020—2021 年度预算中更是高占 84%。自愿捐款可以指定用途，资金分配受捐助国和私有部门偏好驱动。带有条件性的自愿捐款比例的不断提高在较大程度上影响了世卫组织运作的自主性。

财务困境和资源不足严重限制了世卫组织的行动力效率和职能的发挥。例如，在 2014 年西非埃博拉疫情期间，大量医护人员被拖欠薪水而集体罢工，影响了疫情控制的进程。在面对国际公共卫生紧急事件时，大量的医疗防护物资、试剂盒、药物和疫苗投入对于控制疫情蔓延起到关键的作用。财务困境使世卫组织的职能无法充分发挥。新冠疫情发生后，世卫组织及时动员相关资源向有关国家和地区提供了技术、物资和资金支持。但世卫组织动员的资源远远不及联合国、世界银行、国际货币基金组织等其他国际组织。例如，为了抗击新冠疫情，联合国从中央应急基金中拨款 1500 万美元给世卫组织（以及联合国儿童基金会），以资助其监测病毒传播、调查病例和支持国家实验室的运作。疫情发生后，世界银行和国际货币基金组织都宣布动用大量资源来支持成员应对疫情。例如，2020 年 3 月世界银行集团宣布将提供 120 亿美元来支持各成员加强公共卫生防范体系的建设，包括遏制、诊断和治疗疾病，随后救助资金规模被提高至 140 亿美元。2020 年 3 月，国际货币基金组织宣布将通过快速拨付的紧急融资机制向低收入和新兴市场国家提供 500 亿美元的可用资金，以应对新冠疫情。此后，紧急融资机制规模被提高至 1000 亿美元。国际货币基金组织还利用控灾减灾信托，向符合条件的国家提供前期赠款，用于减免它们的到期债务，以应对卫生危机。

（二）治理规范冲突

新的全球公共卫生挑战与新参与者也在不断改变着全球公共卫生的面貌。应对全球性卫生挑战已不仅是传统的全球公共卫生主导者，如世卫组织、美国和其他经济合作与发展组织成员国的责任，而且国际社会治理公共卫生问题也不再仅停留在政府层面，更多的资源、资金和援助开始通过新兴经济体、非政府组织，以及民间组织进入到全球公共卫生治理当中。这些新生力量在为国际卫生事业注入更多活力的同时，也给全球公共卫生治理规范的适用性带来了挑战。例如，世界贸易组织成员围绕贸易与健康建立卫生技术的开发产生、知识产权保护方面的规定。传统的国际卫生治理机制和规范逐渐不再适用于不断变化中的治理环境：一方面，之前的机制可能未将新的非国家行为体纳入考虑范围；另一方面，新参与者加入到现有治理体系后，其治理方式与传统行为模式和规范并不完全一致，其带来的新治理方式与传统国际规范和机制产生冲突。

（三）突发问题应对能力不足

应对突发公共卫生危机是世卫组织的核心任务之一。2019年暴发的新冠疫情，表明世卫组织应对全球卫生危机的能力不足。疫情短时间内演变为全球大流行，表明世卫组织现有公共卫生监测体系在探测和报告新发传染病方面能力的严重不足。特别是基于特定疾病的监测系统，缺乏更广泛监测健康的能力，使这既是世卫组织本身职能建设的不足，也源于全球卫生治理规则效力的不足和资源不足。世卫组织在实行全球卫生监测方面面临众多挑战，其中一个挑战是缺乏一个全球性的能够促进各国快速高效地共享数据和信息的数据框架。世卫组织指出，目前仍然没有一个统一的让公共卫生机构和服务机构直接向世卫组织传送信息的公共卫生报告机制。这种机制的缺乏，阻碍了分类数据的共享，降低了世卫组织应对突发公共卫生事件的能力。世卫组织缺乏应对突发公共卫生事件的资源保障机制。

应对突发公共卫生危机时，世卫组织在领导全球一致行动、协调各国政策方面面临着很多困难和阻力。2010年海地暴发霍乱时，有本地人认为是联合国维和人员导致了疫情暴发。尽管有大量媒体报道此事，世卫组织却始终保持沉默，没有对事实进行必要的澄清。2014年埃博拉疫情在非洲暴发时，尽管世卫组织作出了较快应对，也宣布本次疫情构成了"国际关注的突发公共卫生事件"，但是各国政府对于世卫组织的警告反应迟缓，导致疫区国家医疗卫生系统几乎完全崩溃。在新冠疫情期间，世卫组织同样未能有效发挥协调各国一致抗疫的职能。在新冠疫情危机中，各国之间缺乏采取一致行动应对疫情的共识也体现得很明显，甚至有些国家出于私利对世卫组织进行诋毁和不符合实际的攻击。尽管世卫组织多次对疫情进行预警，某些国家仍然对此置若罔闻，最终导致国内疫情大暴发。例如，美国出于各种原因，不断将疫情政治化，将卫生议题作为外交政策工具。这无疑同促进卫生安全的全球卫生治理目标相违背，恶化了应对疫情本应具备的全球合作基础。在疫情暴发后，美国一些政客不断对中国进行指责和攻击。在国内疫情形势趋向严峻、本应同其他国家共同应对危机的时刻，美国特朗普政府却多次对世卫组织进行无端指责，批评该组织未能及时公布疫情，也未能出台有效的防疫措施。

事实证明，世卫组织倡导的观念要形成共识，有赖于各国特别是大国之间的有效协调。在面对一些国家的不合作态度时，世卫组织无法采取更加强有力的措施来应对局面，只能通过呼吁团结这种方式在道义上凝聚国际共识。例如，美国前总统特朗普就多次围绕疫情防控、患者救治、疫苗生产等问题同世卫组织和国内卫生专家产生分歧，并压制不同意见。但是，世卫组织缺少足够手段来应对影响公共卫生问题的社会和政治因素，更无法对国家行为体施加强制性约束，而其倡议能否成为国际共识也依赖于各国，特别是大国之间的协调与配合。

另外，在人类面临着未知的新病毒或新出现的公共卫生问题时，即便作为该领域的技术权威，世卫组织也面临着科学认识上的不确定，尤其是在疫情发生初期。世卫组织主要通过为国家提供以专业知识为基础的指导和建议来应对危机，但在面对一种新问题时，它也要经过认知进化过程来逐渐认清问题本质，进而才能提出有效的政策建议。问题本身的突发性和紧急性与认识问题的渐进性之间的内在矛盾，导致世卫组织往往难以及时向各国提供精准有效信息，影响了国际共识的形成。在2014年非洲暴发埃博拉疫情时，世卫组织曾经错误地将霍乱和萨拉热作为导致疫情暴发的病因。在将甲型流感病毒和寨卡病毒宣布为"国际关注的突发公共卫生事件"时,世卫组织也表示对于病毒的认识仍然有待深入,关于相关疾病的致病机理、病毒未来的传播和发展等仍有很多不确定性。在新冠疫情期间,世卫组织从认为本次疫情不构成"国际关注的突发公共卫生事件",到将疫情认定为此类事件,再到宣布其构成全球性大流行疾病,对于这一全新病毒的认识也是在不断进化的。